R 35624

Paris
1822

Fabre d'Olivet, Antoine

De l'état social de l'homme, ou vues philosophiques sur l'histoire du genre humain...

Tome 1

KNODERER 1877

DE
L'ÉTAT SOCIAL
DE L'HOMME.

TOME I.

DE L'IMPRIMERIE DE CRAPELET.

DE
L'ÉTAT SOCIAL
DE L'HOMME;

OU

VUES PHILOSOPHIQUES

SUR L'HISTOIRE DU GENRE HUMAIN,

PRÉCÉDÉES D'UNE DISSERTATION INTRODUCTIVE SUR LES MOTIFS
ET L'OBJET DE CET OUVRAGE,

PAR M. FABRE D'OLIVET.

TOME PREMIER.

A PARIS,

CHEZ J. L. J. BRIÈRE, LIBRAIRE,

RUE DES NOYERS, n° 37.

1822.

TABLE DES CHAPITRES

CONTENUS

DANS LE TOME PREMIER.

Dissertation introductive................ Page 1
  §. Ier. Préambule. Motifs de cet ouvrage......... *ibid.*
  §. II. Que la connaissance de l'Homme est indispensable au Législateur. En quoi consiste cette connaissance... 17
  §. III. Constitution métaphysique de l'Homme.... 27
  §. IV. L'Homme est une des trois grandes puissances qui régissent l'Univers. Quelles sont les deux autres. Distinction de ces puissances : la Volonté de l'Homme, le Destin et la Providence.................. 44

PREMIÈRE PARTIE.

LIVRE PREMIER.

Chapitre premier. Que le Genre humain, considéré comme Règne hominal, se divise en quatre races principales, qui ont chacune leur histoire particulière. Commencements de la Race blanche ou boréenne, qui doit faire le sujet de cet ouvrage....................... 65

Chap. II. L'Amour, principe de sociabilité et de civilisation dans l'Homme : comment.................. 72

Chap. III. Le Mariage, base de l'Édifice social : quel est son principe et quelles sont ses conséquences..... 80

Chap. IV. Que l'Homme est d'abord muet, et que son premier langage consiste en signes. Origine de la parole.................................... Page 87

Chap. V. Digression sur les quatre âges du Monde, et réflexions à ce sujet. Première Révolution dans l'État social, et première manifestation de la Volonté générale.. 98

Chap. VI. Suite. Sort déplorable de la Femme à l'origine des sociétés. Seconde Révolution : la Guerre et ses conséquences. Opposition des Races............... 109

Chap. VII. Première Organisation sociale. Troisième Révolution : la Servitude et ses suites................ 120

Chap. VIII. Quatrième Révolution : la Paix et le Commerce... 127

Chap. IX. De la Propriété et de l'Inégalité des conditions : leur origine.. 137

Chap. X. Situation de la Race blanche ou boréenne à cette première époque de sa civilisation................. 143

Chap. XI. Cinquième Révolution. Développement de l'Intelligence humaine. Origine du Culte............ 149

Chap. XII. Récapitulation............................ 159

LIVRE SECOND.

Chapitre premier. Premières formes du Culte. Création du Sacerdoce et de la Royauté..................... 163

Chap. II. Sixième révolution. Schisme politique et religieux. Origine des Celtes, Bodohnes ou Nomades, et des Amazones...................................... 168

Chap. III. Première Division géographique de l'Europe... 177

CHAP. IV. Du premier partage des Terres, et de la Propriété territoriale.................... *Page* 182

CHAP. V. Origine de la Musique et de la Poésie. Invention des autres Sciences..................... 187

CHAP. VI. Déviation du Culte : par quoi causée. Superstition et fanatisme : leur origine................ 195

CHAP. VII. Septième Révolution dans l'État social. Établissement d'une Théocratie.................. 203

CHAP. VIII. Apparition d'un Envoyé divin.......... 211

CHAP. IX. Suites de cet événement. L'Envoyé divin est persécuté. Il se sépare des Celtes................ 215

CHAP. X. Quel était cet Envoyé divin, appelé *Ram*. Sa pensée religieuse et politique.................. 222

CHAP. XI. Établissement d'un Empire universel, théocratique et royal............................. 230

CHAP. XII. Récapitulation....................... 241

LIVRE TROISIÈME.

CHAPITRE PREMIER. Digression sur les Celtes. Origine des Saliens et des Ripuaires. Leurs Emblèmes. Loi Salique............................... 244

CHAP. II. Unité divine admise dans l'Empire universel. Détails historiques. Origine du Zodiaque.......... 251

CHAP. III. Conséquences d'un Empire universel. Étude de l'Univers. Est-il le produit d'une Unité absolue, ou d'une Duité combinée?........................ 260

CHAP. IV. Huitième Révolution : Division des Principes. Influence de la Musique, considérée comme science universelle. Question sur la Cause première. Est-elle mâle ou femelle? Schisme dans l'Empire à ce sujet..... 267

CHAP. V. Origine des Pasteurs phéniciens : leurs opinions sur la Cause première. Leurs Conquêtes. Nouveaux Schismes d'où sortent les Persans et les Chinois. Établissement des Mystères : pourquoi.......... *Page* 276

CHAP. VI. Réflexions sur le démembrement de l'Empire universel............................... 287

CHAP. VII. Les Phéniciens se divisent ; leur culte s'altère. Fondation de l'Empire assyrien. Neuvième Révolution dans l'État social : apparition d'un Conquérant politique, Ninus................................... 294

CHAP. VIII. Nouveaux développements de la Sphère intellectuelle. Autre Envoyé divin, Krishnen. Origine de la Magie parmi les Chaldéens, et de la Théurgie en Égypte. Nouvelles vues sur l'Univers. Admission d'une Triade dans l'Unité divine......................... 302

CHAP. IX. L'apparition du Conquérant politique entraîne le despotisme et la chute de la Théocratie. Suite de ces événements. Mission d'Orphée, de Moïse et de Foë. Fondation de Troie............................. 311

CHAP. X. Quels étaient Orphée, Moïse et Foë. Leur doctrine. Établissement des Amphyctions en Grèce. Dixième Révolution. Origine des Confédérations et de la Représentation nationale......................... 320

CHAP. XI. Quel était le but de la mission d'Orphée, de Moïse et de Foë. Mouvement politique et moral du Monde, pendant l'espace d'environ mille ans. Apparition de Pythagore et de plusieurs autres grands hommes. 333

CHAP. XII. Récapitulation...................... 347

TABLE DES CHAPITRES

CONTENUS

DANS LE TOME SECOND.

SECONDE PARTIE.

LIVRE QUATRIÈME.

CHAPITRE PREMIER. Onzième Révolution dans l'État social. Les Cultes dégénèrent; les idées intellectuelles se matérialisent. Admission de deux Doctrines, l'une secrète, l'autre publique.................... *Page* 2

CHAP. II. La lutte s'ouvre entre l'Asie et l'Europe. Prise de Troie par les Grecs. Abaissement de l'Empire assyrien. Élévation de la Perse sous Cyrus. Expédition de Xerxès. Triomphe de la Grèce. Conquêtes d'Alexandre. Fautes de ce Conquérant.......................... 8

CHAP. III. La Grèce perd son existence politique. Réflexions sur la durée relative des divers gouvernements.... 17

CHAP. IV. Commencements de Rome. Sa lutte avec Carthage. Ses triomphes........................... 22

CHAP. V. Réflexions sur les causes qui amenèrent la chute de la République romaine. Conquête des Gaules par César. Guerres civiles. Proscriptions. Victoire d'Octave................................... 28

Chap. VI. Mission de Jésus : son objet. Mission d'Odin et d'Apollonius de Tyane : à quel but. . . . . *Page* 37

Chap. VII. Conquête d'Odin : sa Doctrine et celle d'Apollonius. Fondation du Christianisme. 50

Chap. VIII. Douzième Révolution dans l'État social. Constantin est forcé d'embrasser le Christianisme et d'abandonner Rome. Invasion des Goths, disciples d'Odin. Chute de l'Empire romain. 59

Chap. IX. Réflexions sur ces événements. Situation du Sacerdoce et de la Royauté. Nouveaux mouvements de la Volonté de l'homme. 68

Chap. X. Vue rapide sur l'état de l'Asie. Mission de Mahomed, et ses suites. Treizième Révolution. 75

Chap. XI. Règne de Charlemagne. Quatorzième Révolution. Les Croisades. Prise de Jérusalem par les Chrétiens ; prise de Constantinople par les Musulmans. Causes et résultats de ces événements. 86

Chap. XII. Récapitulation. 99

LIVRE CINQUIÈME.

Chapitre premier. Digression sur le Genre humain, considéré comme Règne hominal ; sur son essence intime, sa composition, la solidarité de ses membres, et les moyens d'élaboration qu'il renferme en lui. 103

Chap. II. Utilité de la Féodalité et du Christianisme. Modification de ces deux régimes l'un par l'autre. La Chevalerie et ses suites. Réformation de l'État social en Europe. 110

Chap. III. Coup d'œil historique et politique sur les principales Nations de l'Europe. Espagne. 123

CHAP. IV. France. Angleterre. Italie......... *Page* 131

CHAP. V. Quelle était Rome, et ce qu'elle aurait dû être. Situation respective des Papes et des Empereurs : leurs divisions... 143

CHAP. VI. Lutte de la France contre l'Angleterre. Danger de la France, abandonnée par le Destin. Mouvement de la Providence en sa faveur. Jeanne d'Arc......... 157

CHAP. VII. Causes d'un double mouvement de la Volonté dans le système politique et dans le culte. Quinzième Révolution. Découverte du Nouveau-Monde........ 174

CHAP. VIII. Quelle était la situation de l'hémisphère occidental à l'époque de sa découverte. Révolutions qu'il avait éprouvées. Ile Atlantique................... 181

CHAP. IX. Conquête des Espagnols, et leurs crimes en Amérique. Établissements des Portugais en Asie. Résultats généraux.. 195

CHAP. X. Schisme de Luther. Comment Charles-Quint pouvait l'arrêter...................................... 208

CHAP. XI. Suites du Schisme de Luther. Anabaptistes. Législation de Calvin à Genève................... 216

CHAP. XII. Récapitulation....................... 228

LIVRE SIXIÈME.

CHAPITRE PREMIER. Invention de la poudre à canon, et de l'Art de l'imprimerie. Causes et effets de ces deux inventions. Beaux-Arts. Arts utiles. Commodité de la vie. 229

CHAP. II. Institution des Jésuites : à quel but. Quel était Ignace de Loyola. Nouvelles réflexions sur la conduite de Charles VII, roi de France; sur celle de François I ;

sur celle de Philippe II, roi d'Espagne; sur celle de Henri IV, roi de France. Assassinat de ce Monarque.................................... *Page* 238

Chap. III. Mouvement de la Volonté européenne vers l'Amérique. Moyens de ce mouvement. Règne de Jacques Ier en Angleterre. Malheurs de son fils, Charles Ier. Quel était Cromwell. Fondation de la secte des Quakers par Fox et Penn. Transplantation de cette secte en Amérique.. 248

Chap. IV. Établissement des Jésuites au Paraguai. Vue sur l'Asie. Révolution en Chine et au Japon. Antique Histoire du Japon. Mission de Sin-mou; sa Doctrine, et forme de son Gouvernement. Mission de Soctotaïs, sectateur de Foë. Doctrine des Disciples de Kong-Tzée. Fautes commises par les Missionnaires chrétiens..... 256

Chap. V. Continuation de la vue sur l'Asie. Puissance des Ottomans. Éclat de leur Empire, et son déclin. Vue rapide sur la Perse et sur l'Inde.................... 271

Chap. VI. Considérations sur la Russie et sur la Suède. Pierre Ier. Charles XII. Lutte entre ces deux Monarques. La victoire demeure à la Russie; pourquoi....... 282

Chap. VII. Élévation de la Prusse sous Frédéric II. Fautes que commet ce Prince. Démembrement de la Pologne. Vue sur la Pologne, sur le Danemarck, et sur les autres puissances du nord de l'Europe. Quelques réflexions sur le ministère du cardinal de Richelieu............ 294

Chap. VIII. État de la France sous Louis XIV. Sa grandeur. Son déclin causé par madame de Maintenon. Révocation de l'Édit de Nantes. Réflexions à cet égard. Minorité de Louis XV. Naissance du Philosophisme. La Volonté triomphe du Destin. Voltaire, Rousseau. Influence de ces deux hommes.......................... *Page* 304

Chap. IX. Suites de la Révolution d'Angleterre. Mouvement de la Volonté en Amérique. Sa propagation en France... 314

Chap. X. Suppression des Jésuites. Situation des esprits à l'époque de la Révolution française. Élévation de Bonaparte.. 321

Chap. XI. Quel était Napoléon Bonaparte. Sa chute. Restauration de la famille des Bourbons............. 333

Chap. XII. Récapitulation........................ 339

LIVRE SEPTIÈME.

Chapitre premier. De l'influence politique des trois grandes Puissances de l'Univers sur les Hommes et sur les Gouvernements....................................... 341

Chap. II. Principe du Gouvernement républicain. D'où vient la souveraineté du Peuple. Comment se fondent les Républiques. Situation de la Religion dans les Républiques modernes........................... 347

Chap. III. La Volonté de l'Homme mise au-dessus de la Providence dans les Républiques. Mesures qu'elle prend pour dominer le Destin. Origine de l'esclavage domestique. Différence de cet esclavage avec le servage féodal et la captivité militaire. Réflexions à cet égard....... 357

Chap. IV. Autres mesures que prend la Volonté pour dominer le Destin dans les Républiques : comment elles échouent. Amalgame tenté entre la Volonté et le Destin dans les Républiques modernes. Origine de l'Emporocratie : quel est son ressort...................... 367

Chap. V. Principe du Gouvernement monarchique. Le Destin y domine la Volonté. Ce Gouvernement est naturel à l'Homme, et surtout à l'Homme de Race jaune. La Race blanche incline vers la République : pourquoi. Origine du Gouvernement impérial et féodal. Principe du Gouvernement théocratique. Mouvement des trois Puissances.. *Page* 380

Chap. VI. Quelles sont les causes qui s'opposent à l'établissement du Despotisme et de la Démocratie. La terreur manque au Despote, comme l'esclavage au Démagogue. Origine de la Monarchie constitutionnelle. Distinction entre ce qui est légitime et ce qui est légal........ 390

Chap. VII. Distinction importante entre l'Essence de la Religion et ses formes. Les formes qui constituent les Cultes peuvent appartenir au Destin comme à la Volonté : l'Essence est toujours providentielle, et mène à la Théocratie. Cause des querelles religieuses et des Schismes.... 400

Chap. VIII. Nouvelles considérations sur l'État social. Quel est son type universel. Comment les trois Puissances déterminent les trois formes de Gouvernement. Ces trois formes réunies donnent naissance à la vraie Théocratie. Différence entre l'Emporocratie et la Monarchie constitutionnelle....................................... 410

Chap. IX. Quel pourrait être le ressort politique de la Monarchie constitutionnelle. Dangers de cette Monarchie dénuée de ressort. Considérations nouvelles sur les trois formes de Gouvernement, et sur leurs diverses espèces.. 423

Chap. X. Véritable situation des choses en Europe. Combat entre les Hommes de la Volonté et ceux du Destin : les Libéraux et les Royalistes. Quels sont les Hommes mixtes, appelés Ministériels. Danger où se trouve l'Ordre social. Moyens de l'éviter...................... *Page* 434

Chap. XI. Appel de la Providence dans les Gouvernements mixtes pour les rendre unitaires............... 445

Chap. XII. Récapitulation générale................ 448

DISSERTATION INTRODUCTIVE.

§. Ier.

Préambule. Motifs de cet Ouvrage.

L'ouvrage que je publie sur l'état social de l'homme fut d'abord destiné à faire partie d'un ouvrage plus considérable que j'avais médité sur l'histoire de la terre et de ses habitants, et pour lequel j'avais rassemblé un grand nombre de matériaux. Mon intention était de réunir sous un même point de vue, et dans l'ordonnance d'un même tableau, l'histoire générale du globe que nous habitons, sous tous les rapports d'histoire naturelle et politique, physique et métaphysique, civile et religieuse, depuis l'origine des choses jusqu'à leurs derniers développements; de manière à exposer sans aucun préjugé les systèmes cosmogoniques et géologiques de tous les peuples, leurs doctrines religieuses et politiques, leurs gouvernements, leurs mœurs, leurs relations diverses, l'influence réciproque qu'ils ont exercée sur la civilisation, leurs mouvements sur la terre, et les événements heureux ou malheureux qui signalèrent leur existence plus ou moins agitée, plus ou moins longue, plus ou moins intéressante; afin de tirer de tout cela des lumières plus étendues et plus sûres qu'on ne les a obtenues jusqu'ici sur la nature intime des choses, et surtout celle de l'homme, qu'il nous importe tant de connaître.

Quand je formai ce dessein, j'étais encore jeune, et plein de cette espérance que donne une jeunesse trop présomptueuse; je ne voyais aucun des obstacles qui devaient m'arrêter dans l'immense carrière que je me flattais de parcourir : fier de quelque force morale, et déterminé à un travail opiniâtre, je croyais que rien ne résisterait au double ascendant de la persévérance et de l'amour de la vérité. Je me livrais donc à l'étude avec une insatiable ardeur, et j'augmentais sans cesse l'amas de mes connaissances, sans trop m'inquiéter de l'usage que j'en pourrais faire un jour. Il faut dire que j'étais un peu forcé, par ma position politique, à la réclusion que nécessitait un pareil dévouement. Quoique je n'eusse nullement marqué dans le cours de la révolution, que je me fusse tenu à une égale distance des partis, étranger à toute brigue, à toute ambition, j'avais assez connu les choses et les hommes pour que mes opinions et mon caractère ne restassent pas tout-à-fait dans l'obscurité. Des circonstances indépendantes de ma volonté les avaient fait connaître à Bonaparte, en exagérant encore à ses yeux ce qu'ils pouvaient avoir de contraire à ses desseins; en sorte que, dès son entrée au consulat, il avait pris contre moi une haine assez forte pour le déterminer à me proscrire sans motifs, en insérant exprès mon nom parmi ceux de deux cents infortunés qu'il envoya périr sur les bords inhospitaliers de l'Afrique. Si, par un bienfait signalé de la Providence, j'échappai à cette proscription, je dus agir avec beaucoup de prudence, tant que dura le règne de Napoléon, pour éviter les piéges qu'il aurait pu former le dessein de me tendre.

Mon goût et ma situation coïncidaient donc à me faire chérir la retraite, et me livraient de concert à l'étude.

Cependant, lorsque, me reposant un moment de mes travaux explorateurs, je vins à jeter les yeux sur les fruits de mon exploration, je vis avec un peu de surprise que les plus grandes difficultés n'étaient pas là où je les avais d'abord imaginées, et qu'il n'était pas tant question de ramasser des matériaux pour en construire l'édifice que je méditais, que de bien connaître leur nature, afin de les ranger, non selon leur forme, mais selon leur homogénéité; leur forme dépendant presque toujours du temps et des circonstances extérieures, et leur homogénéité tenant à l'essence même des choses. Cette réflexion m'ayant amené à examiner profondément plusieurs doctrines que les savants classaient ordinairement comme disparates et opposées, je me convainquis que cette disparité et cette opposition consistaient uniquement dans les formes, le fond étant essentiellement le même. Je pressentis dès lors l'existence d'une grande Unité, source éternelle d'où tout découle; et je vis clairement que les hommes ne sont pas aussi loin de la vérité qu'ils le croient généralement. Leur plus grande erreur est de la chercher là où elle n'est pas, et de s'attacher aux formes, tandis qu'ils devraient les éviter, au contraire, pour approfondir l'essence; surtout en considérant que ces formes sont le plus souvent leur propre ouvrage, comme cela est arrivé dans des monuments littéraires de la plus haute importance, et principalement dans la cosmogonie de Moïse. Je demande la liberté de m'arrêter un moment sur ce fait extraordinaire, parce qu'il éclaircira plusieurs choses qui paraîtraient, sans cela, obscures par la suite.

Si, lorsqu'on veut écrire l'histoire de la terre, on prend cette cosmogonie selon ses formes vulgaires, telles que les donnent des traductions erronées, on se trouve tout à coup dans une contradiction choquante avec les cosmogonies des nations les plus illustres, les plus anciennes et les plus éclairées du monde : alors il faut de toute nécessité, ou la rejeter à l'instant, ou considérer les écrivains sacrés des Chinois, des Hindoux, des Perses, des Chaldéens, des Égyptiens, des Grecs, des Étrusques, des Celtes nos aïeux, comme des imposteurs ou des imbéciles ; car tous, sans exception, donnent à la terre une antiquité incomparablement plus grande que cette cosmogonie. Il faut renverser toute la chronologie des nations, tronquer leur histoire, rapetisser tout ce qu'elles ont vu de grand, agrandir tout ce qui leur a été imperceptible, et renoncer à cette sagesse si vantée des Égyptiens, à cette sagesse que les plus grands hommes ont été chercher au péril de leur vie, et dont Pythagore et Platon nous ont transmis les irréfragables monuments. Mais comment rejeter une telle cosmogonie? Cela ne se peut pas ; car, outre qu'elle sert de base aux trois plus puissants cultes de la terre, soit par leur antiquité, soit par leur éclat ou leur étendue, le judaïsme, le christianisme et l'islamisme, il est évident, pour quiconque peut sentir les choses divines, que, même à travers le voile épais que les traducteurs de Moïse ont étendu sur les écrits de cet habile théocrate, on y découvre des traces non équivoques de l'inspiration dont il était animé. Cependant doit-on, en consacrant cette cosmogonie telle qu'elle est contenue dans les traductions vulgaires, continuer à s'isoler du reste du monde, regarder comme impie ou mensonger tout ce qui n'y est pas conforme, et faire que l'Europe éclairée et puissante traite comme sacrilége le reste de la terre, et se comporte à son égard comme se comportait, il y a quelques mille ans, une petite contrée ignorante et pauvre, appelée la Judée? Cela se peut encore moins.

Mais, dira-t-on, pourquoi s'inquiéter d'une chose qu'on devrait paisiblement laisser tomber dans l'oubli? Les livres de la nature de ceux de Moïse sont écrits pour des temps de ténèbres. Le mieux qu'on ait à faire, dans des siècles radieux comme les nôtres, c'est de les abandonner au peuple, qui les révère sans les comprendre. Les savants n'ont pas besoin d'être instruits de ce que pensait, il y a quatre mille ans, le législateur des Hébreux, pour bâtir des systèmes cosmogoniques et géologiques; nos encyclopédies sont pleines de choses admirables à ce sujet. Admirables, en effet, si on en juge par le nombre; mais tellement vaines, tellement futiles, que, tandis que le livre de Moïse se soutient depuis quarante siècles, et fixe les regards des peuples, quelques jours suffisent pour renverser ceux qu'on prétend lui opposer, et pour éteindre les frivoles bluettes qui s'élèvent contre cet imposant météore.

Croyez-moi, savants de la terre, ce n'est point en dédaignant les livres sacrés des nations que vous montrerez votre science; c'est en les expliquant. On ne peut point écrire l'histoire sans monuments; et celle de la terre n'en a pas d'autres. Ces livres sont les véritables archives où ses titres sont contenus. Il faut en explorer les pages vénérables, les comparer entre elles, et savoir y trouver la vérité, qui souvent y languit couverte par la rouille des âges. Voilà ce que je pensai. Je vis que, si je voulais écrire l'histoire de la terre, je devais connaître les monuments qui la contiennent, et surtout m'assurer si j'étais en état de les bien expliquer. Or, que la cosmogonie de Moïse soit un de ces monuments, est assurément hors de doute. Il serait donc ridicule de prétendre l'ignorer, et de vouloir, sans y faire attention, marcher sur une route dont il occupe toute l'étendue. Mais si l'historien est forcé, comme je le dis, de s'arrêter devant ce colosse monumental, et d'en adopter les principes, que deviendront tous les autres monuments qu'il rencontrera sur ses pas, et dont les principes également imposants et vénérés se trouveront contredits? Que fera-t-il de toutes les découvertes modernes qui ne pourront pas s'y adapter? Dira-t-il à l'évidence qu'elle est trompeuse, et à l'expérience qu'elle a cessé de montrer l'enchaînement des effets aux causes? Non; à moins que l'ignorance et le préjugé n'aient d'avance étendu un double bandeau sur ses yeux. Cet historien raisonnera sans doute comme je raisonnai à sa place.

Je me dis : Puisque le Sépher de Moïse, qui contient la cosmogonie de cet homme célèbre, est évidemment le fruit d'un génie très élevé, conduit par une inspiration divine, il ne peut contenir que des principes vrais. Si ce génie a quelquefois erré, ce ne peut être que dans l'enchaînement des conséquences, en franchissant des idées intermédiaires, ou en rapportant à une certaine cause des effets qui appartenaient à l'autre; mais ces erreurs légères, qui tiennent souvent à la promptitude de l'élocution et à l'éclat des images, ne font rien à la vérité fondamentale, qui est l'ame de ses écrits, et qui doit se trouver essentiellement identique dans tous les livres sacrés des nations, émanés comme le sien de la source unique et féconde d'où découle toute vérité. Si cela ne paraît pas ainsi, c'est que le Sépher, composé dans une langue depuis long-temps ignorée ou perdue, n'est plus entendu, et que ses traducteurs en ont volontairement ou involontairement dénaturé ou perverti le sens.

Après avoir fait ce raisonnement, je passai

de suite à son application. J'examinai de toute la force dont j'étais capable l'hébreu du Sépher, et je ne tardai pas à voir, comme je l'ai dit ailleurs, qu'il n'était pas rendu dans les traductions vulgaires, et que Moïse ne disait presque pas un mot en hébreu de ce qu'on lui faisait dire en grec ou en latin.

Il est complétement inutile que je répète ici plus au long ce qu'on peut trouver entièrement développé dans l'ouvrage que j'ai composé exprès sur ce sujet (1); qu'il me suffise de dire, pour l'intelligence de celui-ci, que le temps que j'avais destiné pour écrire l'histoire de la terre, après que j'en aurais rassemblé les matériaux, fut presque entièrement employé à expliquer un seul des monuments qui les contenait en partie, afin que ce monument d'une irréfragable authenticité ne contrariât pas, par son opposition formelle, l'ordonnance de l'édifice, et ne le fit pas crouler par sa base, en lui refusant son appui fondamental. Cette explication même, faite à la manière ordinaire, n'aurait pas suffi. Il fallut prouver aux autres, avec beaucoup de travail et de peine, ce que je m'étais

---

(1) *La Langue hébraïque restituée*, etc., 2 vol. *in-4°*, dans lesquels on trouve la cosmogonie de Moïse, telle qu'elle est contenue dans les dix premiers chapitres du *Beræshith*, vulgairement dit *la Genèse*. Cet Ouvrage se trouve à la même adresse que celui-ci.

assez facilement prouvé à moi-même; et pour restituer une langue perdue depuis plus de vingt-quatre siècles, créer une grammaire et un dictionnaire radical, appuyer la traduction verbale de quelques chapitres du Sépher d'une multitude de notes puisées dans toutes les langues de l'Orient; et pour tout dire enfin, élever vingt pages de texte jusqu'à la hauteur de deux volumes in-quarto d'explications et de preuves.

Ce ne fut pas tout : pour tirer ces deux volumes de l'obscurité de mon portefeuille, où ils seraient restés infailliblement, faute d'avoir les moyens de subvenir aux frais considérables de leur impression, il fallut attirer les regards sur eux; ce que je ne pus faire sans me mettre moi-même dans une sorte d'évidence qui déplut à Napoléon, alors tout-puissant, et qui me rendit la victime d'une persécution sourde, à la vérité, mais non moins pénible, puisqu'elle me priva des seuls moyens que j'eusse de subsister (1). Mes deux volumes furent, il est vrai, imprimés, mais plus tard, et par un concours de circonstances particulières que je puis bien, à juste titre, regarder comme providentielles.

L'impression de mon livre sur la langue hé-

---

(1) Voyez une petite brochure intitulée : *Notions sur le sens de l'ouïe*, etc., dans laquelle il est parlé en détail de ces tracasseries.

braïque, loin de me donner les facilités sur lesquelles je comptais pour poursuivre mon dessein sur l'histoire de la terre, parut achever de me les ravir, au contraire, en me livrant à des discussions métaphysiques et littéraires qui, se changeant en dissensions, portèrent leur venin jusque dans l'enceinte de mes foyers domestiques.

Cependant le temps s'est passé; et puisque, favorisé de toute la force de l'âge, j'ai vainement essayé de remplir un dessein peut-être hors de proportion avec mes moyens physiques et moraux, dois-je espérer davantage d'y atteindre aujourd'hui que l'automne de ma vie en laisse tous les jours évaporer les feux? Il y aurait de la présomption à le croire. Mais ce que je n'aurai pas pu faire, un autre le pourra peut-être, placé dans des circonstances plus heureuses que moi. Ma gloire, si je puis en obtenir une, sera de lui avoir tracé et aplani la route. Déjà je lui ai donné, dans ma traduction du Sépher de Moïse, un inébranlable fondement. Si je puis jamais en terminer le commentaire, je montrerai que la cosmogonie de ce grand homme est conforme, pour l'essence des choses, avec toutes les cosmogonies sacrées reçues par les nations. Je ferai pour elle ce que j'ai fait pour les *Vers dorés* de Pythagore, dans les examens desquels j'ai prouvé que les idées philosophiques et théosophiques qui y sont contenues avaient été les mêmes dans tous les temps et chez tous les hommes capables de les concevoir. J'avais auparavant indiqué l'origine de la poésie, et fait voir en quoi son essence diffère de sa forme : ceci tenait toujours à l'histoire de la terre ; car les premiers oracles s'y sont rendus en vers ; et ce n'est pas à tort que la poésie a été nommée la langue des Dieux.

Parmi les morceaux que j'avais travaillés pour entrer dans le grand ouvrage dont j'ai parlé, ceux qui m'ont paru le plus dignes de voir le jour sont ceux qui ont rapport à l'état social de l'homme, et aux diverses formes de gouvernement. Quand même je n'aurais pas été poussé à les publier pour fournir des matériaux utiles à ceux qui voudront se livrer aux mêmes études que moi, il me semble que les circonstances imminentes dans lesquelles nous nous trouvons m'y auraient déterminé. Tout le monde est occupé de politique, chacun rêve son utopie, et je ne vois pas, parmi les ouvrages innombrables qui paraissent sur cette matière, qu'aucun touche aux véritables principes : la plupart, loin d'éclaircir cet important mystère de la société humaine, du nœud qui la forme et de la législation qui la conduit, paraissent, au contraire, destinés à le couvrir des plus épaisses ténèbres. En général, ceux qui écrivent sur ce grave sujet, plus occupés d'eux-mêmes et de leurs passions particulières, que de l'universalité des choses, dont l'ensemble leur échappe, circonscrivent trop leurs vues, et montrent trop évidemment qu'ils ne connaissent rien à l'histoire de la terre. Parce qu'ils ont entendu parler des Grecs et des Romains, ou qu'ils ont lu les annales de ces deux peuples dans Hérodote ou Thucydide, dans Tite-Live ou Tacite, ils s'imaginent que tout est connu : trompés par des guides, enivrés de leur propre idée, ils tracent à leur suite, de mille manières, le même chemin dans des sables mouvants; ils impriment sans cesse de nouveaux pas sur des vestiges effacés, et finissent toujours par s'égarer dans des déserts ou se perdre dans des précipices. Ce qui leur manque, c'est, je le répète, la connaissance des véritables principes; et cette connaissance qui dépend de celle de l'universalité des choses, en est toujours produite, ou la produit irrésistiblement.

J'ai bien long-temps médité sur ces principes, et je crois les avoir pénétrés. Mon dessein est de les faire connaître; mais cette entreprise n'est pas sans quelque difficulté; car, quoique ces principes aient un nom très connu et très usité, il s'en faut de beaucoup que ce nom donne la juste idée de la chose immense qu'il exprime. Il ne suffirait donc pas de nommer ces principes pour en donner même la plus vague connaissance; il ne suffirait pas non plus de les définir, puisque toute définition de principes est incomplète, par cela même qu'elle définit ce qui est indéfinissable, et donne des bornes à ce qui n'en a pas. Il faut, de toute nécessité, les voir agir pour les comprendre, et chercher à les distinguer dans leurs effets, puisqu'il est absolument impossible de les saisir dans leur cause. Ces considérations, et d'autres qui se découvriront facilement dans le cours de cet ouvrage, m'ont déterminé à laisser d'abord de côté la forme didactique ou dogmatique, pour prendre la forme historique, afin d'avoir occasion de mettre en action ou en récit plusieurs choses dont les développements m'auraient été interdits autrement, ou m'auraient entraîné dans des longueurs interminables.

Cette forme historique que j'ai principalement adoptée m'a d'ailleurs offert plusieurs avantages : elle m'a permis non seulement de mettre souvent en scène et de personnifier même les principes politiques, pour en faire mieux sentir l'action; mais elle m'a donné lieu de présenter en abrégé le tableau particulier de l'histoire de la terre sous le rapport politique, tel que je l'avais originellement conçu, et que je l'avais déjà esquissé, pour le faire entrer comme partie intégrante dans le tableau général dont je m'occupais. J'ose me flatter qu'un lecteur, curieux de remonter des effets aux causes, et de connaitre les événements antérieurs, me pardonnera les détails trop connus dans lesquels je suis forcé d'entrer, en faveur des choses peu connues ou complétement ignorées que je lui montrerai pour la première fois. Je pense aussi qu'il me permettra quelques hypothèses indispensables dans le mouvement transcendantal que j'ai pris vers l'origine des sociétés humaines. Sans doute qu'il ne me demandera pas des preuves historiques à l'époque où il n'existait pas d'histoire, et qu'il se contentera de preuves morales ou physiques que je lui donnerai; preuves tirées des déductions rationnelles ou des analogies étymologiques. Il lui suffira de voir, quand les preuves historiques viendront, qu'elles ne contredisent en aucune manière ces premières hypothèses, qu'elles les soutiennent, au contraire, et qu'elles en sont soutenues.

Il ne me reste plus, pour terminer ce préambule, qu'un mot à dire, et ce mot est peut-être le plus important. Nous allons nous entretenir de l'Homme; et cet être ne nous est encore connu ni dans son origine, ni dans ses facultés, ni dans l'ordre hiérarchique qu'il occupe dans l'univers. Le connaitre dans son origine, c'est-à-dire dans son principe ontologique, nous est inutile pour le moment, puisque nous n'avons pas besoin de savoir ce qu'il a été hors de l'ordre actuel des choses, mais seulement de connaître ce qu'il est dans cet ordre : ainsi nous pouvons laisser à la cosmogonie, dont l'ontologie proprement dite constitue une partie, le soin de nous enseigner l'origine de l'homme, comme elle nous enseigne l'origine de la terre ; c'est dans les écrits de Moïse et des autres écrivains hiérographes que nous pouvons apprendre ces choses; mais nous ne pouvons nous dispenser d'interroger la science anthropologique si elle existe, ou de la créer si elle n'existe pas, pour nous instruire de ce qu'est l'homme en tant qu'homme, quelles sont ses facultés morales et physiques, comment il est constitué intellectuellement et corporellement, de la même manière que nous interrogerions la science géologique ou géographique, si nous voulions nous occuper des formes intérieures ou extérieures de la terre. Je suppose que ces deux dernières sciences sont connues de mes lecteurs, du moins en général, et qu'il a sur l'homme corporel autant de notions positives qu'il lui en est nécessaire pour lire l'histoire commune, telle qu'elle est vulgairement écrite. Mais mon intention, en traitant de l'état social de l'homme, et de l'histoire politique et philosophique du genre humain, n'étant pas de répéter ce qu'on trouve partout;

mais voulant, au contraire, exposer des choses nouvelles, et m'élever à des hauteurs peu fréquentées, j'ai besoin de faire connaitre d'avance la constitution intellectuelle, métaphysique de l'homme, telle que je la conçois, afin que je puisse me faire entendre quand je parlerai du développement successif de ses facultés morales, et de leur action.

§. II.

Que la connaissance de l'Homme est indispensable au législateur. En quoi consiste cette connaissance.

Je réclame ici un peu plus d'attention qu'on n'en accorde ordinairement à des discours préliminaires, parce qu'il ne s'agit pas tant de préparer l'esprit à recevoir de certaines idées, que de le mettre en état de les bien comprendre avant de les recevoir.

Puisque c'est de l'homme et pour l'homme que les écrivains politiques et les législateurs ont écrit, il est évident que la première et la plus indispensable connaissance devait être pour eux, l'Homme; et néanmoins c'est une connaissance que la plupart ne possédaient pas, qu'ils ne cherchaient pas à acquérir, et qu'ils auraient été souvent incapables de trouver, quand même ils l'auraient cherchée. Ils recevaient l'homme tel que les naturalistes et les physiciens le leur présentaient, selon la science anthropographique plus qu'anthropologique, pour un animal, faisant partie du règne animal, et ne différant des autres animaux que par un certain principe de raison, que Dieu, ou plutôt la Nature décorée de ce nom, lui avait donné, comme elle avait donné des plumes aux oiseaux et la fourrure aux ours : ce qui pouvait aller jusqu'à le faire désigner par l'épithète d'*animal raisonnable*. Mais attendu que ce principe de raison, suivant les plus profonds physiologistes, paraissait n'être pas étranger à certaines classes d'animaux, aux chiens, aux chevaux, aux éléphants, etc.; et qu'on avait vu des perroquets apprendre même une langue, et se servir de la parole pour exprimer des idées raisonnables, soit en répondant aux interrogations, soit en interrogeant eux-mêmes, ainsi que le rapporte Locke; il découlait de cette observation, que l'homme ne jouissait de ce principe que du plus au moins à l'égard des autres animaux, et qu'il ne devait cette supériorité accidentelle qu'à la souplesse de ses membres, à la perfection de ses organes, qui lui en permettaient l'entier développement. On attribuait à la forme de sa main, par exemple, tous ses progrès dans les sciences et dans les arts; et l'on ne craignait pas d'insinuer qu'un cheval aurait pu égaler Archimède comme géomètre, ou Timothée comme musicien, s'il avait reçu de la nature des membres aussi souples et des doigts aussi heureusement conformés. Le préjugé à cet égard était si profondément enraciné, qu'un historien moderne osait bien avouer qu'il ne voyait entre l'animal et l'homme de différence réelle que celle des vêtements; et qu'un autre écrivain bien plus célèbre, considérant cette supériorité de raison que l'homme manifeste quelquefois comme une lueur mensongère qui affaiblit la force de son instinct, dérange sa santé et trouble son repos, ainsi qu'en effet il s'en trouvait peut-être malade et troublé lui-même, assurait que si la nature nous a destinés à être sains, l'homme qui médite est un animal dépravé.

Or, si pour méditer seulement l'homme se déprave, à plus forte raison s'il contemple, s'il admire, et surtout s'il adore!

Lorsque, après avoir posé de semblables prémisses, on raisonne sur l'État social, et que, ne voyant dans l'homme qu'un animal plus ou moins parfait, on s'érige en législateur, il est évident qu'à moins d'être inconséquent, on ne peut proposer que des lois instinctives, dont l'effet certain est de ramener le Genre humain vers une nature âpre et sauvage, dont son intelligence tend toujours à l'éloigner. C'est bien ce que voient d'autres écrivains qui, réunissant une plus grande exaltation d'idées à la même ignorance de principes, et se trouvant effrayés des conséquences où ces tristes précepteurs les entraînent, se jettent avec force du côté opposé, et franchissent le juste milieu si recommandé par les sages. Ceux-là faisaient de l'homme un pur animal; ceux-ci en font une intelligence pure. Les uns plaçaient leur point d'appui dans ses besoins les plus physiques; les autres le posent dans ses espérances les plus spirituelles; et tandis que les premiers le resserrent dans un cercle matériel, dont toutes les puissances de son être le poussent à sortir, les seconds, se perdant dans les plus vagues abstractions, le lancent dans une sphère illimitée, à l'aspect de laquelle son imagination même recule épouvantée.

Non : l'homme n'est ni un animal ni une intelligence; c'est un être mitoyen, placé entre la matière et l'esprit, entre le ciel et la terre, pour en être le lien. Les définitions qu'on a essayé d'en donner pèchent toutes par défaut ou par excès. Quand on l'appelle un animal raisonnable, on dit trop peu; quand on le désigne comme une intelligence servie par des organes, on dit trop. L'homme, en prenant même ses formes physiques pour celles d'un animal, est plus que raisonnable; il est intelligent et libre.

En accordant qu'il soit une intelligence dans sa partie purement spirituelle, il n'est pas vrai que cette intelligence soit toujours servie par des organes, puisque ces organes, visiblement indépendants d'elle, sont entraînés souvent par des impulsions aveugles, et produisent des actes qu'elle désavoue. Si j'étais interpellé de donner moi-même une définition de l'Homme, je dirais que c'est un être corporel élevé à la vie intellectuelle, susceptible d'admiration et d'adoration; ou bien un être intellectuel asservi à des organes, susceptible de dégradation. Mais les définitions, telles qu'elles soient, représenteront toujours assez mal un être aussi compliqué : il vaut mieux tâcher de le faire connaître.

Interrogeons un moment les archives sacrées du genre humain.

Les philosophes, naturalistes ou physiciens qui ont renfermé l'homme dans la classe des animaux ont commis une faute énorme. Trompés par leurs superficielles observations, par leurs frivoles expériences, ils ont négligé de consulter la voix des siècles, les traditions de tous les peuples. S'ils avaient ouverts les livres sacrés des plus anciennes nations du monde, ceux des Chinois, des Hindoux, des Hébreux ou des Parses, ils y auraient vu que le règne animal existait tout entier avant que l'Homme existât.

Lorsque l'Homme parut sur la scène de l'univers, il forma à lui seul un quatrième règne, le *Règne hominal.* Ce règne est nommé *Pan-Kou* par les Chinois, *Pourou* par les Brahmes, *Kai-Omordz* ou *Meschia* par les sectateurs de Zoroastre, et *Adam* par les Hébreux et par tous les peuples qui reçoivent le Sépher de Moïse, soit qu'ils s'y rattachent par l'Évangile comme les chrétiens, soit qu'ils y remontent par le Coran et l'Évangile comme les Musulmans. Je sais bien que ceux des interprètes de ces livres qui ne s'arrêtent qu'aux formes littérales et vulgaires, qui restent étrangers à la manière d'écrire des anciens, prennent également aujourd'hui *Pan-Kou, Pourou, Kai-Omordz* ou *Adam* pour un seul homme, le premier individu de l'espèce; mais j'ai assez prouvé dans ma traduction de la Cosmogonie de Moïse, contenue dans les dix premiers chapitres du Sépher, qu'il fallait entendre par *Adam*, non pas l'homme en particulier, mais l'Homme en général, l'Homme universel, le Genre humain tout entier, le *Règne hominal* enfin. Si les circonstances me permettent un jour de donner sur cette Cosmogonie le commentaire que j'ai promis, je prouverai de la même manière, que le premier homme des Chinois, des Hindoux ou des Parses, *Pan-Kou, Pourou* ou *Kai-Omordz*, doit être également universalisé, et conçu, non comme un seul homme, mais comme la réunion de tous les hommes qui sont entrés, entrent ou entreront dans la composition de ce grand tout que j'appelle le *Règne hominal*.

Mais enfin en supposant, malgré les preuves nombreuses apportées à l'appui de ma traduction, preuves que nul n'a osé encore attaquer sérieusement depuis cinq ans qu'elles sont émises et connues; en supposant, dis-je, qu'on voulût prendre Adam et les différents êtres cosmogoniques qui lui correspondent dans les livres sacrés des autres nations, pour un homme individuel, il restera toujours certain que tous ces livres s'accordent à distinguer ces êtres du règne animal, en les faisant paraître seuls à une époque différente, et en les rendant l'objet d'une création spéciale; ce qui m'autorise assez à ne point confondre l'homme avec les animaux en les renfermant avec eux dans la même catégorie; mais, au contraire, à faire du genre humain un règne supérieur comme je l'ai fait.

D'ailleurs que l'on interroge les plus savants géologistes, ceux qui ont pénétré le plus avant dans la connaissance matérielle de notre globe, ils vous diront que, parvenus à une certaine profondeur, on ne trouve plus aucun vestige, aucun détriment qui annonce la présence de l'homme dans les premiers âges du monde, tandis que les débris et les ossements des animaux s'y rencontrent avec profusion; ce qui s'accorde parfaitement avec les traditions sacrées dont j'ai parlé. (1)

J'ai déjà eu occasion dans mes Examens sur les *Vers dorés* de Pythagore, de parler de l'Homme, et de réunir comme en un faisceau les traditions sacrées, conservées dans les mystères antiques, les pensées des théosophes et des philosophes les plus célèbres, pour en former un tout qui pût nous éclairer sur l'essence intime de cet être, d'autant plus important et plus difficile à connaître qu'il n'appartient pas à une nature simple, matérielle ou spirituelle, ni même à une nature double, matérielle et spirituelle tout ensemble; mais, comme je l'ai montré dans cet ouvrage, à une nature triple, enchaînée elle-même à une quatrième puissance qui le constitue. Je reproduirai tout à l'heure ce résultat de mes études antérieures,

---

(1) Si mon intention avait été de faire un ouvrage d'érudition j'aurais pu entasser ici les citations, et appeler toute l'antiquité en témoignage, non seulement de ce que j'ai dit jusqu'ici, mais de ce que j'ai à dire encore; mais comme cet appareil scolastique ne servirait qu'à retarder ma marche dans un ouvrage destiné à exposer plutôt des pensées que des faits, je me suis abstenu et je m'abstiendrai de rien citer; priant seulement le lecteur de croire que toutes les autorités sur lesquelles je m'appuierai sont inattaquables du côté de la science, et reposent sur des bases historiques inébranlables.

et j'en rapprocherai les traits disséminés ailleurs, en y ajoutant quelques développements que la méditation et l'expérience m'ont suggérés depuis. Posons d'abord quelques idées générales.

Au moment où l'Homme parut sur la terre, les trois règnes qui en forment l'ensemble et la divisent existaient. Le règne minéral, le végétal et l'animal avaient été l'objet de trois créations successives, de trois apparitions ou de trois développements; l'Homme, ou plutôt le règne hominal, fut le quatrième. L'intervalle qui sépara ces diverses apparitions est mesuré, dans le Sépher de Moïse, par un mot qui exprime une *manifestation phénoménale*; en sorte qu'en le prenant dans le sens le plus restreint, on a pu lui faire signifier un *jour* : mais ce sens est évidemment forcé, et on ne peut se refuser d'y voir un période de temps indéterminé, toujours relatif à l'être auquel il est appliqué. Chez les nations dont j'ai parlé, où les divers développements de la nature se trouvent énoncés à peu près comme dans le Sépher de Moïse, on mesure ordinairement ce période par la durée de la grande année, équivalente à cette révolution astronomique, appelée aujourd'hui précession des équinoxes, ou par une de ses divisions; en sorte qu'on peut la concevoir comme 9, 18, 27 ou 36 mille de nos années ordinaires.

Mais quelle que soit la longueur temporelle de ce période, nommé par Moïse une manifestation, une immensité, une mer, ou un jour, ce n'est pas ici de quoi il s'agit : le point important est d'avoir démontré, par l'accord de toutes les cosmogonies, que l'Homme ne fut jamais compris dans le règne animal. Ce règne, au contraire, ainsi que les deux autres plus inférieurs, le végétal et le minéral, furent compris dans le sien, et lui furent entièrement subordonnés.

L'Homme, destiné à être le nœud qui unit la Divinité à la matière, fut, selon l'expression d'un moderne naturaliste, la chaine de communication entre tous les êtres. Placé aux confins de deux mondes, il devint la voie d'exaltation dans le corps, et celle d'abaissement dans l'esprit divin. L'essence élaborée des trois règnes de la nature se réunit en lui à une puissance volitive, libre dans son essor, qui en fit le type vivant de l'univers, et l'image de Dieu même. Dieu est le centre et la circonférence de tout ce qui est : l'Homme, à l'imitation de Dieu, est le centre et la circonférence de la sphère qu'il habite ; il n'existe que lui seul dans cette sphère qui soit composé de quatre essences : aussi est-ce lui que Pythagore désignait par son mystérieux quaternaire :

...... Immense et pur symbole,
Source de la nature, et modèle des Dieux.

La notion de toutes choses est congénère à l'Homme; la science de l'immensité et de l'éternité est dans son esprit. Des ténèbres épaisses lui en dérobent souvent, il est vrai, le discernement et l'usage; mais il suffit de l'exercice assidu de ses facultés pour changer ces ténèbres en lumière, et lui rendre la possession de ses trésors. Rien ne peut résister à la puissance de sa volonté, quand sa volonté, émue par l'amour divin, principe de toute vertu, agit d'accord avec la Providence. Mais, sans nous engager plus avant dans ces idées, qui trouveront mieux leur place ailleurs, continuons nos recherches.

§. III.

Constitution intellectuelle, métaphysique de l'Homme.

L'Homme, comme je viens de le dire, appartient à une nature triple; il peut donc vivre d'une triple vie: d'une vie instinctive, d'une vie animique, ou d'une vie intellectuelle. Ces trois vies, quand elles sont toutes les trois développées, se confondent dans une quatrième, qui est la vie propre et volitive de cet être admirable, dont la source immortelle est dans la vie et la volonté divine. Chacune de ces vies a son centre particulier et sa sphère appropriée.

Je vais tâcher de présenter à l'esprit du lecteur une vue métaphysique de la constitution intellectuelle de l'homme; mais je dois le prévenir qu'il ne doit rien concevoir de matériel dans ce que je lui dirai à cet égard. Quoique je sois obligé, pour me faire entendre, de me servir de termes qui rappellent des objets physiques, tels que ceux de centre, de sphère, de circonférence, de rayon, etc. on ne doit point penser qu'il entre rien de corporel, ni surtout rien de mécanique dans ces choses. Ces mots que j'emploierai, faute d'autres, doivent être entendus par l'esprit seul, et abstraction faite de toute matière.

L'homme, considéré spirituellement, dans l'absence de ses organes corporels, peut donc être conçu sous la forme d'une sphère lumineuse, dans laquelle trois foyers centraux donnent naissance à trois sphères distinctes, toutes les trois enveloppées par la circonférence de cette sphère. De chacun de ces trois foyers rayonne une des trois vies dont j'ai parlé. Au foyer inférieur appartient la vie instinctive; au foyer médiane, la vie animique; et au foyer supérieur, la vie intellectuelle. Parmi ces trois centres vitaux, on peut regarder le centre animique comme le point fondamental; le premier mobile sur lequel repose et se meut tout l'édifice de l'être spirituel humain. Ce centre, en déployant sa circonférence, atteint les deux autres centres, et réunit sur lui-même les points opposés des deux circonférences qu'ils déploient : en sorte que les trois sphères vitales, en se mouvant l'une dans l'autre, se communiquent leurs natures diverses, et portent de l'une à l'autre leur influence réciproque.

Dès que le premier mouvement est donné à l'être humain en puissance, et qu'il passe en acte par un effet de sa nature, ainsi déterminée par la Cause première de tous les êtres, le foyer instinctif attire et développe les éléments du *corps*; le foyer animique crée l'*ame*, et l'intellectuel élabore l'*esprit*. L'homme se compose donc de corps, d'ame et d'esprit. Au corps appartiennent les *besoins*; à l'ame, les *passions*; à l'esprit, les *inspirations*.

A mesure que chaque foyer grandit et rayonne, il déploie une circonférence qui, se divisant par son rayon propre, présente six points lumineux, à chacun desquels se manifeste une faculté, c'est-à-dire un mode particulier d'action, selon la vie de la sphère, animique, instinctive ou intellectuelle.

Afin d'éviter la confusion, nous ne nommerons que trois de ces facultés sur chaque circonférence; ce qui nous en donnera neuf en tout; savoir:

Pour la sphère instinctive : la *sensation*, l'*instinct*, le *sens commun*.

Pour la sphère animique : le *sentiment*, l'entendement, la *raison*.

Pour la sphère intellectuelle : l'*assentiment*, l'*intelligence*, la *sagacité*.

L'origine de toutes ces facultés est d'abord dans la sphère instinctive : c'est là qu'elles prennent toutes naissance, et qu'elles reçoivent toutes leurs premières formes. Les deux autres sphères, qui ne se développent qu'après, n'acquièrent leurs facultés relatives que secondairement, et par transformation; c'est-à-dire que la sphère instinctive étant entièrement développée, et portant par son point circonférenciel, la *sensation*, par exemple, au centre animique, ce centre est ébranlé; il se déploie, s'empare de cette faculté qui l'émeut, et transforme la sensation en *sentiment*. Ce sentiment, porté de la même manière, et lorsque toutes les conditions sont remplies pour cela, au centre intellectuel, y est saisi à son tour par ce centre, et transformé en *assentiment*. Ainsi l'*instinct* proprement dit, passant de la sphère instinctive dans l'animique, s'y transforme en *entendement*; et l'entendement devient *intelligence*, par une suite de son passage de cette dernière sphère dans la sphère intellectuelle. Cette transformation a lieu par toutes les autres facultés de ce genre, quel qu'en soit le nombre.

Mais cette transformation qui s'exécute sur

les facultés du genre de la sensation, que je considère comme des affections circonférencielles, et par conséquent extérieures, s'exécute aussi sur les besoins, qui sont des affections centrales, intérieures; de manière que le besoin, porté du centre instinctif au centre animique, y devient ou peut y devenir passion; et que si cette passion passe du centre animique au centre intellectuel, elle peut y prendre le caractère d'une inspiration, et réagir sur la passion, comme la passion réagit sur le besoin.

A présent, considérons que toute affection circonférencielle du genre de la sensation excite un mouvement plus ou moins fort dans le centre instinctif, et s'y représente à l'instant comme *plaisir* ou *douleur*, selon que ce mouvement est agréable ou fâcheux, et qu'il prend sa source dans le *bien* ou dans le *mal* physiques. L'intensité du plaisir ou de la douleur est relative à celle du mouvement excité, et à sa nature. Si ce mouvement a une certaine force, il fait naître, selon qu'il est agréable ou douloureux, deux effets inévitables; l'*attrait* qui l'attire, ou la *crainte* qui le repousse : s'il est faible et douteux, il produit l'*indolence*.

De même que le centre instinctif perçoit par la sensation le bien et le mal physiques sous les noms de *plaisir* ou de *douleur*, le centre animique développe par le sentiment le bien et le mal moraux sous les noms d'*amour* ou de *haine*; et le centre intellectuel se représente le bien et le mal intellectuels sous les noms de *vérité* ou d'*erreur*. Mais ces effets inévitables d'attrait ou de crainte qui s'attachent à la sensation instinctive, selon qu'elle excite le plaisir ou la douleur, ne survivent pas à cette sensation, et disparaissent avec elle; tandis que, dans la sphère animique, le sentiment qui fait naître l'amour ou la haine, amenant également deux effets certains, le *desir* ou la *terreur*, loin de disparaître avec la cause du sentiment qui les a produits, persistent, au contraire, encore long-temps après avec ce même sentiment, prennent le caractère de passions, et appellent ou repoussent la cause qui les a fait naître. La différence notable de la vie instinctive et de la vie animique est là; le lecteur attentif et curieux doit le remarquer et y réfléchir. Les sensations instinctives sont toutes actuelles, et leurs effets instantanés; mais les sentiments animiques sont durables, indépendamment du mouvement physique qui les produit. Quant aux assentiments intellectuels qui affirment la vérité ou l'erreur, ils sont non seulement durables comme les sentiments, mais influents, encore même qu'ils sont passés.

Pour ce qui est de l'*indolence*, qu'excite un mouvement faible ou douteux dans la sensation physique, elle se transforme en *apathie* dans le sentiment moral, et en cette sorte d'*indifférence* dans l'assentiment intellectuel, qui confond la vérité et l'erreur, et laisse insouciant sur l'une comme sur l'autre. Cet état, habituel dans l'enfance de l'individu, comme dans l'enfance du règne, domine également dans celle des sociétés. (1)

Cette existence tripliforme de l'homme, quoiqu'elle paraisse déjà très compliquée, à cause des actions nombreuses et des réactions qu'opèrent incessamment, les uns à l'égard des autres, les besoins instinctifs, les passions animiques et les inspirations intellectuelles, serait encore très simple, et n'offrirait guère que celle d'un être nécessité, si nous n'avions pas à considérer

---

(1) Comme mon intention n'a pas été de donner ici un système complet de la science anthropologique, mais seulement d'en établir les principes, je n'entrerai pas dans le détail de toutes les transformations qui ont lieu entre les besoins de toutes sortes, les passions et les inspirations qui en naissent et les réactionnent; ni dans celui plus considérable encore des innombrables variations qu'amènent dans les sensations, dans les sentiments ou dans les assentiments, les six sens dont l'homme est doué, le tact, le goût, l'odorat, l'ouïe, la vue et le sens mental, qui, réunissant tous les autres, les conçoit, les compare, et les ramène à l'unité dont leur nature les éloigne. Un pareil travail comporterait seul un long ouvrage qui sortirait nécessairement des bornes d'une simple dissertation.

cette quatrième vie, qui renferme les trois autres, et donne à l'homme la liberté, qu'il n'aurait pas sans elle.

Redoublons ici d'attention, car le sujet est important et difficile.

Sur le centre même de la sphère animique, premier mobile de l'être spirituel humain, porte un autre centre qui y est inhérent, dont la circonférence, en se déployant, atteint les points extrêmes des sphères instinctive et intellectuelle, et les enveloppe également. Cette quatrième sphère, dans l'intérieur de laquelle se meuvent les trois sphères de l'instinct, de l'ame et de l'esprit, à la place et selon le mode que j'ai tâché de décrire, est celle de la puissance efficiente, volitive, dont l'essence, émanée de la Divinité, est indestructible et irréfragable comme elle. Cette sphère, dont la vie incessamment rayonne du centre à la circonférence, peut s'étendre ou se resserrer dans l'espace éthéré jusqu'à des bornes qui pourraient s'appeler infinies, si Dieu n'était pas le seul être infini. Voilà quelle est la sphère lumineuse dont j'ai parlé au commencement de cet article.

Lorsque cette sphère est suffisamment développée, sa circonférence, déterminée par l'étendue de son rayon, admet un grand nombre de facultés; les unes primordiales, les autres secondaires, faibles d'abord, mais qui se renforcent graduellement à mesure que le rayon qui les produit acquiert de la force et de la grandeur. Parmi ces facultés, nous en nommerons seulement douze, six primordiales, et six secondaires, en commençant par les plus inférieures, et finissant par les plus élevées.

Ces douze facultés sont : l'*attention* et la *perception*, la *réflexion* et la *répétition*, la *comparaison* et le *jugement*, la *rétention* et la *mémoire*, le *discernement* et la *compréhension*, l'*imagination* et la *création*.

La puissance volitive, qui porte ses facultés partout avec elle, les place où elle veut, dans la sphère instinctive, dans l'animique, dans l'intellectuelle; car cette puissance est toujours là où elle veut être. La triple vie que j'ai décrite est son domaine, elle en use à son gré, sans que rien puisse attenter à sa liberté qu'elle-même, ainsi que je le dirai dans la suite de cet ouvrage.

Dès qu'une sensation, un sentiment, un assentiment, se manifestent dans l'une des trois vies qui lui sont soumises, elle en a la *perception*, par l'*attention* qu'elle leur donne; et, usant de sa faculté de s'en procurer la *répétition*, même en l'absence de leur cause, elle les examine par la *réflexion*. La *comparaison* qu'elle en fait, selon le type de ce qu'elle approuve ou de ce qu'elle n'approuve pas, détermine son *juge-*

ment. Ensuite elle forme sa *mémoire* par la *rétention* de son propre travail, arrive au *discernement*, et par conséquent à la *compréhension*, et enfin rassemble, rapproche par l'*imagination*, les idées disséminées, et parvient à la *création* de sa pensée. C'est bien à tort, comme on voit, que l'on confond, dans le langage vulgaire, une *idée* avec une *pensée*. Une idée est l'effet simple d'une sensation, d'un sentiment ou d'un assentiment; tandis qu'une pensée est un effet composé, un résultat quelquefois immense. Avoir des idées, c'est sentir; avoir des pensées, c'est opérer.

La même opération que je viens de décrire succinctement, s'exécute de la même manière sur les besoins, les passions et les inspirations: mais, dans ce dernier cas, le travail de la puissance volitive est central; au lieu que, dans le premier cas, il était circonférenciel. C'est ici où cette magnifique puissance se montre dans tout son éclat, devient le type de l'univers, et mérite le nom de microcosme, que toute l'antiquité lui a donné.

De même que la sphère instinctive agit par *besoin*, l'animique par *passion*, l'intellectuelle par *inspiration*, la sphère volitive agit par *détermination*; et de là dépend la liberté de l'homme, sa force, et la manifestation de sa céleste origine. Rien n'est si simple que cette action que les philosophes et les moralistes ont eu tant de peine à expliquer. Je vais tâcher de la faire sentir.

La présence d'un besoin, d'une passion, ou d'une inspiration, excite dans la sphère où elle est produite un mouvement giratoire plus ou moins rapide, selon l'intensité de l'un ou de l'autre : ce mouvement est ordinairement appelé *appétit* ou *appétence* dans l'instinct, *émotion* ou *entraînement* dans l'ame et dans l'esprit ; souvent ces termes se substituent les uns aux autres, et se varient par des synonymes dont le sens exprime plus ou moins de force dans le mouvement. La puissance volitive, qui en est ébranlée, a trois déterminations dont elle est libre de faire usage : premièrement, elle cède au mouvement, et sa sphère tourne du même côté que la sphère agitée ; secondement, elle y résiste, et tourne du côté opposé ; troisièmement, elle demeure en repos. Dans le premier cas, elle se laisse nécessiter par l'instinct, entraîner par l'ame, ou émouvoir par l'esprit, et connive avec le besoin, la passion ou l'inspiration ; dans le second, elle les combat, et amortit leur mouvement par le sien ; dans le troisième, elle suspend l'acquiescement ou le rejet, et examine ce qu'il lui convient le mieux de faire. Quelle que soit sa détermination, sa volonté efficiente, qui se manifeste librement, trouve des moyens de servir ses diverses appétences, de les combattre, ou de méditer sur leurs causes, leurs formes et leurs conséquences. Ces moyens, qui sont dans le rayonnement continuel du centre à la circonférence, et de la circonférence au centre, sont très nombreux. Je vais seulement signaler ici ceux qui s'attachent plus particulièrement aux douze facultés que j'ai déjà nommées.

L'attention et la perception agissent par *individualisation* et *numération*.

La réflexion et la répétition, par *décomposition* et *analyse*.

La comparaison et le jugement, par *analogie* et *synthèse*.

La rétention et la mémoire, par *méthode* et *catégorie*.

Le discernement et la compréhension, par *induction* et *déduction*.

L'imagination et la création, par *abstraction* et *généralisation*.

L'emploi de ces moyens, et de beaucoup d'autres qu'il serait trop long de nommer, s'appelle *méditation*. La méditation constitue la force de la volonté qui l'emploie. L'acquiescement de cette volonté, ou sa résistance, selon qu'ils sont bien ou mal appliqués, selon qu'ils sont simultanés ou long-temps débattus, font de l'homme un être puissant ou faible, élevé ou vil, sage ou ignorant, vertueux ou vicieux : les oppositions, les contradictions, les orages de toutes sortes qui s'élèvent dans son sein, n'ont point d'autres causes que les mouvements des trois sphères vitales, l'instinctive, l'animique et l'intellectuelle, souvent opposés entre eux, et plus souvent encore contradictoires avec le mouvement régulateur de la puissance volitive, qui refuse son adhésion déterminative, ou qui ne la donne qu'après de violents combats.

Lorsque les déterminations de la volonté ont lieu sur des objets du ressort de la sensation, du sentiment ou de l'assentiment, l'acquiescement ou la résistance suivent simultanément l'impulsion de l'instinct, de l'entendement ou de l'intelligence, et portent leur nom : quand ils sont précédés de la méditation, ils prennent le caractère du sens commun, de la raison ou de la sagacité, et sont dits leur appartenir, et même être leur propre création.

Après avoir tracé ce rapide tableau de la constitution intellectuelle, métaphysique, de l'homme, je n'ai pas besoin, je pense, de dire qu'il n'est qu'esquissé, et qu'il demande, de la part de celui qui voudra le saisir dans son ensemble et dans ses détails, une grande force d'attention et une étude répétée. J'aurais bien voulu éviter tant de peine à mes lecteurs; et l'on pensera peut-être que j'y serais parvenu en entrant moi-même dans plus de détails; mais on se trompe; je n'aurais fait qu'allonger ma description, sans autre fruit que d'en diminuer la clarté. J'ai dit tout ce qu'il était essentiel de dire; j'ai apporté tous mes soins à bien distinguer les masses. Quant aux détails, il faut les éviter tant qu'on peut dans un sujet où ils sont infinis, et c'est précisément ici le cas. Il se présentera d'ailleurs, dans l'ouvrage qui va suivre, plusieurs occasions d'appliquer et de développer les principes que j'ai posés. Tout ce qui me reste à faire pour le moment, c'est de prévenir sur quelques difficultés qui pourront se rencontrer dans leur application.

L'homme, n'ayant jamais été analysé aussi rigoureusement que je viens de le faire dans son ensemble, et son anatomie métaphysique n'ayant jamais été aussi nettement présentée, on s'est habitué à prendre très souvent pour le tout une seule de ses parties, et à appeler *ame*, par exemple, non seulement l'ame proprement dite, mais encore les trois sphères vitales, et même la sphère volitive qui les enveloppe. D'autres fois on s'est contenté de nommer cet ensemble *esprit*, par opposition au corps; et puis encore, *intelligence*, par opposition à l'instinct. Tantôt on a considéré le seul *entendement* comme la réunion de toutes les facultés, et la *raison* comme la règle universelle, vraie ou fausse, de toutes les déterminations de la volonté. Cet abus de termes ne saurait être dangereux quand il peut être apprécié. Ce qu'on a fait par habitude, on peut le continuer pour la commodité du discours, et pour éviter les longueurs d'une élocution embarrassée ; mais il faut prendre garde de ne pas le faire par ignorance. Si l'on veut connaître l'homme en lui-même, il faut le considérer tel que je viens d'en tracer le tableau, car il est ainsi.

Quand je dis néanmoins que l'homme est ainsi, cela ne doit s'entendre que de l'Homme en général, considéré abstractivement dans la possibilité de son essence. L'homme individuel est très rarement développé dans toutes ses modifications mentales, même aujourd'hui que le règne hominal jouit d'une grande puissance dans la nature. Dans l'enfance du règne, la masse de l'humanité était loin d'être ce qu'elle est à présent ; la vie instinctive était dans l'individu la vie prépondérante, l'animique ne jetait que de faibles lueurs, et l'intellectuelle n'existait encore qu'en germe. Tel on voit l'enfant naître dans la débilité de tous ses organes, privé même de la plupart des sens physiques, sans aucun indice des facultés imposantes qu'il doit avoir un jour, se développer peu à peu, prendre des forces, acquérir l'ouïe et la vue qui lui manquaient, croître, connaître ses besoins, manifester ses passions, donner des preuves de son intelligence, s'instruire, s'éclairer, et devenir enfin un homme parfait par l'usage de sa volonté; tel on doit considérer le règne hominal passant par toutes les phases de l'enfance, de l'adolescence, de la jeunesse et de l'âge viril. Un homme particulier est à une grande nation, comme une grande nation est au règne en général. Qui sait, par exemple, combien d'hommes avaient fourni leur carrière depuis la plus faible aurore de la vie jusqu'à son extrême déclin, parmi les peuples d'Assyrie ou d'Égypte, durant la longue existence de ces deux peuples? et qui sait combien de peuples semblables sont destinés encore à briller et à s'éteindre sur la scène du monde, avant que l'Homme universel arrive à la caducité?

En traçant le tableau métaphysique qu'on a vu, j'ai considéré l'homme dans le plus grand développement qu'il puisse atteindre aujourd'hui. Ce développement même n'appartient pas à tous les hommes; il n'appartient pas même à la plus grande partie d'entre eux; il n'est l'apanage que du petit nombre. La nature ne fait pas les hommes égaux; les ames diffèrent encore plus que les corps. J'ai déjà énoncé cette grande vérité dans mes Examens des *Vers dorés* de Pythagore, en montrant que telle était la doctrine des mystères et la pensée de tous les sages de l'antiquité. L'égalité sans doute est dans l'essence volitive de tous, puisque cette essence est divine; mais l'inégalité s'est glissée dans les facultés par la diversité de l'emploi et la différence de l'exercice; le temps ne s'est point mesuré également pour les uns comme pour les autres; les positions ont changé, les routes de la vie se sont raccourcies ou allongées; et, quoiqu'il soit bien certain que tous les hommes partis du même principe doivent parvenir au même but, il y en a beaucoup, et c'est le plus grand nombre, qui sont très loin d'être arrivés, tandis que quelques uns le sont, que d'autres sont près de l'être, et que plusieurs, obligés de recommencer leur carrière, ne font qu'échapper au néant qui les aurait engloutis si l'éternité de leur existence n'était pas assurée par l'éternité de son auteur.

L'égalité animique est donc, dans l'actualité des choses, une chimère encore plus grande que l'égalité des forces instinctives du corps. L'inégalité est partout, et dans l'intelligence encore plus que dans tout le reste; puisqu'il y a parmi les hommes existants, et surtout parmi ceux dont la civilisation n'est qu'ébauchée, un grand nombre d'hommes dont le centre intellectuel n'est pas même encore en voie de développement. Quant à l'inégalité politique, nous verrons plus loin, dans l'ouvrage qui va suivre, ce qu'on doit en penser.

§. IV.

L'Homme est une des trois grandes puissances de l'Univers : quelles sont les deux autres.

Évitons la faute que presque tous les philosophes ont commise, surtout dans ces temps modernes, et songeons que s'il est ridicule de prétendre écrire sur l'homme sans le connaître, il est à la fois ridicule et odieux de prétendre lui tracer une route sans être parfaitement instruit du lieu d'où il part, du but où il tend, et de l'objet de son voyage. Connaissons bien surtout sa position, et cherchons avec soin, puisqu'il est lui-même une puissance, quelles sont les puissances supérieures ou inférieures avec lesquelles il doit se trouver en contact.

Que l'Homme universel soit une puissance, c'est ce qui est constaté par tous les codes sacrés des nations; c'est ce qui est senti par tous les sages; c'est ce qui est même avoué par tous les vrais savants. Je lis dans un *Dictionnaire d'histoire naturelle*, imprimé tout récemment, ces phrases remarquables : « L'homme possède « l'extrait de la puissance organisatrice; c'est « dans son cerveau que vient aboutir l'intelli-« gence qui a présidé à la formation des êtres....

« Il naît ministre et interprète des volontés
« divines sur tout ce qui respire.... Le sceptre
« de la terre lui est confié. » Environ quinze
siècles avant notre ère, Moïse avait mis ces paroles dans la bouche de la Divinité s'adressant
à l'homme : « Fructifiez et multipliez-vous, et
« remplissez l'étendue terrestre. Que la splen-
« deur éblouissante, que l'éclat terrifiant qui
« vous entourera frappe de respect l'animalité
« entière, depuis l'oiseau des régions les plus
« élevées jusqu'au reptile qui reçoit le mouve-
« ment originel de l'élément adamique, et jus-
« qu'au poisson des mers; sous votre puissance
« ils sont également mis. » Et long-temps avant
Moïse, le législateur des Chinois avait dit, en
propres termes et sans figures, que l'Homme est
une des trois puissances qui régissent l'univers.

Il vaut mieux sans doute recevoir ces textes
et une infinité d'autres que je pourrais citer
dans le même sens, que de croire avec Anaxagore, copié par Helvétius, que l'homme est un
animal dont toute l'intelligence vient de la conformation de sa main; ou bien avec Hobbes,
suivi par Locke et Condillac, qu'il ne porte
avec lui rien d'inné, qu'il ne peut user de rien
sans habitude, et qu'il naît méchant et dans un
état de guerre avec ses semblables.

Mais quoiqu'il soit très vrai, comme l'affirment tous les sages et tous les théosophes en attestant le nom de la Divinité, que l'Homme soit une puissance destinée par l'éternelle sagesse à dominer la nature inférieure, à ramener l'harmonie dans la discordance de ses élémens, à coordonner ses trois règnes entre eux, et à les élever de la diversité à l'unité, il n'est pourtant pas vrai, comme l'ont cru sans réflexion et sans examen des hommes plus enthousiastes que judicieux, que cette puissance ait paru sur la terre toute faite, munie de toutes ses forces, possédant tous ses développements, et, pour ainsi dire, descendant du ciel environnée d'une gloire recueillie sans trouble, et d'une science acquise sans peine. Cette idée exagérée qui sort du juste milieu, si recommandé par les sages, sort aussi de la vérité. L'Homme est une puissance sans doute, mais une puissance en germe, laquelle, pour manifester ses propriétés, pour atteindre à la hauteur où ses destinées l'appellent, a besoin d'une action intérieure évertuée par une action extérieure qui la réactionne. C'est une plante céleste dont les racines attachées à la terre doivent y pomper les forces élémentaires, afin de les élaborer par un travail particulier; et qui, élevant peu à peu sa tige majestueuse, et se couvrant en sa saison de fleurs et de fruits intellectuels, les mûrisse aux rayons de la lumière divine, et les offre en holocauste au Dieu de l'univers.

Cette comparaison, qui est très juste, peut être continuée. Un arbre, quand il est encore jeune, ne porte point encore des fruits, et le cultivateur ne lui en demande pas. Il lui en demande même d'autant moins qu'il sait que leur importance et leur utilité plus grandes exigent une élaboration plus longue, et rendent son espèce moins hâtive; mais quand le temps est arrivé de faire la récolte, il la fait; et chaque saison qui la renouvelle doit en augmenter la quantité, si la bonté de l'arbre répond à la bonté de la culture. Quand la récolte manque plusieurs fois de suite sans que des accidens extérieurs, des orages ou des souffles destructeurs aient nui à sa fécondité, l'arbre est réputé mauvais, vicieux, et comme tel, suivant l'expression énergique de Jésus, arraché et jeté au feu.

Or, ce qu'est la culture à l'arbre, la civilisation l'est à l'homme. Sans l'une, la plante abandonnée à une nature pauvre et dégradée, ne porterait que des fleurs simples et sans éclat, que des fruits lactescents ou résineux, fades ou acerbes, et souvent empoisonnés; sans l'autre, l'homme livré à une nature marâtre, sévère pour lui, parce qu'elle ne le reconnaît pas pour son propre enfant, ne développerait que des facultés sauvages, et n'offrirait que le caractère d'un être déplacé, souffrant et féroce, avide et malheureux.

C'est donc de la civilisation que tout dépend dans l'homme; c'est donc sur son état social que se fonde l'édifice de sa grandeur. Attachons avec force nos regards sur ces points importants, et ne craignons pas d'en faire notre étude. Il n'est point d'objet plus digne de notre examen. Il n'est pas d'étude dont les résultats nous promettent plus d'avantages.

Mais si l'homme n'est d'abord, comme je viens de le dire, qu'une puissance en germe que la civilisation doive développer, d'où lui viendront les principes de cette indispensable culture? Je réponds que ce sera de deux puissances auxquelles il se trouve lié, et dont il doit former la troisième, selon la tradition du théosophe chinois déjà citée. Ces deux puissances, au milieu desquelles il se trouve placé, sont le Destin et la Providence. Au-dessous de lui est le Destin, nature nécessitée et naturée; au-dessus de lui est la Providence, nature libre et naturante. Il est, lui, comme règne hominal, la volonté médiatrice, la force efficiente, placée entre ces deux natures pour leur servir de lien, de moyen de communication, et réunir deux actions, deux mouvements, qui seraient incompatibles sans lui.

Les trois puissances que je viens de nommer, la Providence, l'Homme considéré comme règne hominal, et le Destin, constituent le ternaire universel. Rien n'échappe à leur action ; tout leur est soumis dans l'univers ; tout, excepté Dieu lui-même qui, les enveloppant de son insondable unité, forme avec elle cette tétrade sacrée des anciens, cet immense quaternaire, qui est tout dans tout, et hors duquel il n'est rien.

J'aurai beaucoup à parler dans l'ouvrage qui va suivre de ces trois puissances ; et je signalerai, autant qu'il sera en moi, leur action respective, et la part que chacune d'elles prend dans les événements divers qui varient la scène du monde et changent la face de l'univers. Ce sera pour la première fois qu'on les verra paraître ensemble comme causes motrices, indépendantes l'une de l'autre, quoique également liées à la cause unique qui les régit, agir selon leur nature, conjointes ou séparées, et donner ainsi la raison suffisante de toutes choses. Ces trois puissances, considérées comme principes principiants, sont très difficiles à définir ; car, ainsi que je l'ai déjà énoncé, on ne saurait jamais définir un principe ; mais elles peuvent être connues par leurs actes, et saisies dans leurs mouvements, puisqu'elles ne sortent pas de la sphère où l'homme individu est renfermé comme partie intégrante de l'Homme universel. Ce qui s'oppose à ce que Dieu puisse être connu et saisi de la même manière que ces trois puissances qui en émanent, c'est parce que cet Être absolu les contient sans en être contenu, et les enchaîne sans en être enchaîné. Il tient, selon la belle métaphore d'Homère, la chaîne d'or qui enveloppe tous les êtres, et qui descend des hauteurs du brillant Olympe jusqu'au centre du ténébreux Tartare; mais cette chaîne, qu'il ébranle à son gré, le laisse toujours immobile et libre. Contentons-nous d'adorer en silence cet Être ineffable, ce Dieu hors duquel il n'est point de Dieux; et, sans chercher à sonder son insondable essence, cherchons à connaître le puissant ternaire dans lequel il se réfléchit : la Providence, l'Homme et le Destin. Ce que je vais dire ici ne sera en substance que ce que j'ai déjà dit dans mes Examens sur les *Vers dorés* de Pythagore, ou ailleurs; mais dans une matière aussi difficile il est impossible de ne pas se répéter.

Le Destin est la partie inférieure et instinctive de la Nature universelle, que j'ai appelée *nature naturée*. On nomme son action propre *fatalité*. La forme par laquelle il se manifeste à nous se nomme *nécessité*; c'est elle qui lie la cause à l'effet. Les trois règnes de la nature élémentaire, le minéral, le végétal et l'animal, sont le domaine du Destin; c'est-à-dire que tout s'y passe d'une manière fatale et forcée, selon des lois déterminées d'avance. Le Destin ne donne le principe de rien, mais il s'en empare, dès qu'il est donné, pour en dominer les conséquences. C'est par la nécessité seule de ces conséquences qu'il influe sur l'avenir, et se fait sentir dans le présent; car tout ce qu'il possède en propre est dans le passé. On peut donc entendre par le Destin, cette puissance d'après laquelle nous concevons que les choses faites sont faites, qu'elles sont ainsi et pas autrement, et que, posées une fois selon leur nature, elles ont des résultats forcés qui se développent successivement et nécessairement.

Au moment où l'homme arrive sur la terre il appartient au Destin, qui l'entraîne longtemps dans le tourbillon de la fatalité. Mais quoique plongé dans ce tourbillon, et d'abord soumis à son influence comme tous les êtres élémentaires, il porte en lui un germe divin qui ne saurait jamais se confondre entièrement avec lui. Ce germe, actionné par le Destin lui-même, se développe pour s'y opposer. C'est une étincelle de la volonté divine qui, participant à la vie universelle, vient dans la nature élémentaire pour y ramener l'harmonie. A mesure que ce germe se développe il opère, selon son énergie, sur les choses forcées, et opère librement sur elles. La liberté est son essence. Le mystère de son principe est tel, que son énergie s'augmente à mesure qu'elle s'exerce, et que sa force, quoique comprimée indéfiniment, n'est jamais vaincue. Lorsque ce germe est entièrement développé, il constitue la Volonté de l'Homme universel, l'une des trois grandes puissances de l'univers. Cette puissance, égale à celle du Destin qui lui est inférieure, et même à celle de la Providence qui lui est supérieure, ne relève que de Dieu seul, auquel les autres sont également soumises, chacune selon son rang, ainsi que je l'ai déjà dit. C'est la Volonté de l'homme, qui, comme puissance médiane, réunit le Destin et la Providence; sans elle, ces deux puissances extrêmes, non seulement ne se réuniraient jamais, mais même ne se connaîtraient pas. Cette volonté, en déployant son activité, modifie les choses coexistantes, en crée de nouvelles, qui deviennent à l'instant la propriété du Destin, et prépare pour l'avenir des mutations dans ce qui était fait, et des conséquences nécessaires dans ce qui vient de l'être.

La Providence est la partie supérieure et intelligente de la Nature universelle, que j'ai appelée *nature naturante*. C'est une loi vivante, émanée de la Divinité, au moyen de laquelle toutes les choses se déterminent en puissance d'être. Tous les principes inférieurs émanent d'elle; toutes les causes puisent dans son sein leur origine et leur force. Le but de la Providence est la perfection de tous les êtres; et cette perfection, elle en reçoit de Dieu même le type irréfragable. Le moyen qu'elle a pour parvenir à ce but est ce que nous appelons le *temps*. Mais le temps n'existe pas pour elle suivant l'idée que nous en avons. Elle le conçoit comme un mouvement de l'éternité. Cette puissance suprême n'agit immédiatement que sur les choses universelles; mais cette action, par un enchaînement de ses conséquences, peut se faire sentir médiatement sur les choses particulières; en sorte que les plus petits détails de la vie humaine peuvent y être intéressés, ou en être déduits, selon qu'ils se lient par des nœuds invisibles à des événements universels. L'homme est un germe divin qu'elle sème dans la fatalité du Destin, afin de la changer et de s'en rendre maîtresse au moyen de la volonté de cet être médiane. Cette volonté, étant essentiellement libre, peut s'exercer aussi-bien sur l'action de la Providence que sur celle du Destin; mais, avec cette différence néanmoins, que, si elle change réellement l'événement du Destin, qui était fixe et nécessaire, et cela en opposant la nécessité à la nécessité, et le Destin au Destin, elle ne peut rien contre l'événement providentiel, précisément parce qu'il est indifférent dans sa forme, et qu'il parvient toujours à son but par quelque route que ce soit. C'est le temps seul et la forme qui varient. La Providence n'est enchaînée ni à l'un ni à l'autre. La seule différence est pour l'homme qui change les formes de la vie, raccourcit ou allonge le temps, jouit ou souffre, selon qu'il fait le bien ou le mal; c'est-à-dire selon qu'il unit son action particulière à l'action universelle ou qu'il l'en distingue.

Voilà ce que je puis dire, en général, de ces trois grandes puissances qui composent le ternaire universel, et de l'action desquelles dépendent toutes choses. Je sens bien que le lecteur, qui ne sera pas même médiocrement attentif, trouvera beaucoup à desirer dans ce que je viens de dire, et pourra se plaindre du vague et de l'obscurité de mes expressions; mais ce n'est pas ma faute si la matière est en elle-même vague et obscure. Si la distinction à faire entre la Providence, le Destin et la Volonté de l'homme, avait été tellement facile; si l'on avait pu arriver sans de pénibles efforts à la connaissance de ces trois puissances, et qu'à l'évidence de leur existence on eût pu joindre la classification nette et précise de leurs attributs, je ne vois pas pourquoi, dans ces temps modernes, aucun savant n'aurait encore signalé leur action respective, ni essayé de fonder sur elle les bases de leurs systèmes, tant physiques que métaphysiques, tant politiques que religieux. Il faut bien qu'il y ait quelque difficulté à faire la distinction que je tente pour la première fois depuis Pythagore ou Kong-Tzée, puisque la plupart des écrivains qui m'ont précédé dans la carrière, n'ont vu qu'un principe là où il y en a trois. Les uns, comme Bossuet, ont tout attribué à la Providence; les autres, comme Hobbes, ont tout fait découler du Destin; et les troisièmes, comme Rousseau, n'ont voulu reconnaître partout que la Volonté de l'homme. Une foule d'hommes se sont égarés sur les pas de ces deux derniers; et, suivant la froideur de leur raison ou la fougue de leurs passions, ont cru voir la vérité tantôt dans les écrits de Hobbes, tantôt dans ceux de Rousseau; et cela, parce que le Destin et la Volonté que l'un et l'autre avaient choisis pour mobile unique de leurs méditations, sont plus faciles à saisir que la Providence, dont la marche plus élevée et presque toujours couverte d'un voile, demande, pour être aperçue, une intelligence plus calme; et, pour être admise, une foi moins assujettie à la raison instinctive et moins troublée par les orages des passions animiques.

Je voudrais de bon cœur, pour répondre à l'attente de mes lecteurs, pouvoir leur démontrer, à la manière des géomètres, l'existence des trois puissances dont il s'agit, et leur apprendre à les reconnaître à l'instant partout où leur action propre se manifeste; mais cela serait une entreprise aussi vaine que ridicule. Une pareille démonstration ne peut se renfermer dans un syllogisme; une connaissance aussi étendue ne peut résulter d'un dilemme. Il faut toujours, quelques paroles que j'emploie, que la méditation du lecteur supplée à l'insuffisance du discours. Je me regarderais très heureux si, parvenu à la fin de l'ouvrage dans lequel je vais m'engager, cette démonstration se trouvait dans l'ensemble des faits, et cette connaissance dans leur comparaison et dans l'application qu'un lecteur judicieux ne manquera pas d'en faire. Je ne négligerai rien pour lui faciliter ce travail; et je saisirai toutes les occasions, en grand nombre, qui se présenteront pour revenir sur les notions générales que j'ai données, et pour les fortifier par des exemples.

Cette Dissertation introductive pourrait être terminée ici, puisque, après y avoir exposé l'occasion et le sujet de mon ouvrage, y avoir présenté l'analyse des facultés de l'être qui doit en être le principal objet, j'y ai dévoilé d'avance les causes motrices des événements que j'allais y décrire : cependant, pour répondre autant qu'il est en moi au desir de quelques amis dont le suffrage m'est précieux, et qui m'ont pressé d'entrer dans quelques nouveaux détails, à l'égard de ce que j'entends par les trois grandes puissances qui régissent l'univers, je vais ajouter à ce que j'ai dit en général un exemple en particulier, tiré du règne végétal, celui des trois règnes inférieurs où l'action de ces trois puissances, plus équilibrée et plus uniforme, paraît offrir plus de prise à l'examen. Prenons un gland de chêne. Je dis que dans ce gland est renfermé la vie propre d'un chêne, la germination future de l'arbre qui porte ce nom, ses racines, son tronc, ses rameaux, son arborification, sa fructification, tout ce qui le constituera chêne, avec la suite incalculable des chênes qui peuvent en provenir. Il y a ici pour moi deux puissances clairement manifestées. Premièrement, j'y sens une puissance occulte, incompréhensible, insaisissable dans son essence, qui a infusé dans ce gland la vie en puissance d'un chêne, qui a spécifié cette vie, vie d'un chêne, et non pas vie d'un orme, d'un peuplier, d'un noyer, ni d'aucun autre arbre. Cette vie, qui se manifeste sous la forme végétale, et sous la forme végétale du chêne, tient néanmoins à la vie universelle; car tout ce qui vit, vit de cette vie. Tout ce qui est, est : il n'y a pas deux verbes être (1). Or cette puissance occulte, qui donne la puissance d'être, et qui

---

(1) On peut voir ce que j'ai dit, sur ce verbe unique dans ma *Grammaire de la langue hébraïque*, ch. VII, §. 1.

spécifie la vie dans cette puissance d'être, s'appelle PROVIDENCE. Secondement, je vois dans le gland une puissance patente, compréhensible, saisissable dans ses formes, qui se manifestant comme l'effet nécessaire de l'infusion vitale dont j'ai parlé, et qui y a été faite on ne sait *comment*, en montrera irrésistiblement le *pourquoi*, c'est-à-dire en fera résulter un chêne, toutes les fois que le gland se trouvera dans une situation convenable pour cela. Cette puissance, qui se montre toujours comme la conséquence d'un principe ou le résultat d'une cause, s'appelle DESTIN. Il y a cette différence notable entre le Destin et la Providence, que le destin a besoin d'une condition, comme nous venons de le voir, pour exister; tandis que la Providence n'en a pas besoin pour être. *Exister* est donc le verbe du Destin; mais la Providence seule, *est*.

Cependant, au moment où j'examine ce gland, j'ai le sentiment d'une troisième puissance qui n'est point dans le gland, et qui peut en disposer : cette puissance, qui tient à l'essence de la Providence parce qu'elle est, dépend aussi des formes du destin, parce qu'elle existe. Je la sens libre, puisqu'elle est en moi, et que rien ne m'empêche de la développer selon l'étendue de mes forces. Je tiens le gland; je puis le manger, et l'assimiler ainsi à ma substance; je puis le donner à un animal qui le mangera; je puis le détruire en l'écrasant sous mes pieds; je puis le semer, et lui faire produire un chêne..... Je l'écrase sous mes pieds : le gland est détruit. Son destin est-il anéanti? Non, il est changé; un nouveau destin qui est mon ouvrage commence pour lui. Les débris du gland se décomposent selon des lois fatales, fixes et irrésistibles; les élémens qui s'étaient réunis pour entrer dans sa composition, se dissolvent; chacun revient à sa place; et la vie, à laquelle ils servaient d'enveloppe, inaltérable dans son essence, portée de nouveau par son véhicule approprié dans les canaux nourriciers d'un chêne, va féconder un autre gland, et s'offrir derechef aux chances du destin. La puissance qui peut ainsi s'emparer des principes donnés par la Providence, et agir efficacement sur les conséquences du Destin, s'appelle VOLONTÉ DE L'HOMME.

Cette volonté peut agir de la même manière sur toutes les choses, tant physiques que métaphysiques, soumises à sa sphère d'activité; car la nature est semblable partout. Elle peut non seulement interrompre et changer le destin, mais en modifier toutes les conséquences; elle peut aussi transformer les principes providentiels, et c'est là sans doute son plus brillant avantage. Je donnerai un exemple de cette modification et de cette transformation, en suivant la comparaison que j'ai prise dans le règne végétal, comme le plus facile à saisir et à généraliser.

Je suppose qu'au lieu d'examiner un gland, ce soit une pomme que j'aie examinée; mais une pomme sauvage, acerbe, qui n'ait encore reçu que les influences du destin : si je sème cette pomme, et que je cultive avec soin l'arbre qui en proviendra, les fruits qui en naîtront seront sensiblement améliorés, et s'amélioreront de plus en plus par la culture. Sans cette culture, effet de ma volonté, rien ne se serait amélioré; car le Destin est une puissance stationnaire qui ne porte rien à la perfection : mais une fois que je possède un pommier amélioré par la culture, je puis, au moyen de la greffe, me servir de ce pommier pour en améliorer une foule d'autres, modifier leur destin, et, d'acerbe qu'il était, le rendre doux. Je puis faire plus; je puis en transporter le principe sur des sauvageons d'une autre espèce, et transformer ainsi des arbustes stériles en des arbres fructueux. Or, ce qui s'opère dans un règne au moyen de la culture, s'opère dans un autre au moyen de la civilisation. Les institutions civiles et religieuses font ici ce que font là les cultures diverses et les greffes.

Il me semble, d'après ce que je viens de dire, que l'action respective de la Providence, du

Destin et de la Volonté de l'homme, est très facile à distinguer dans le règne végétal; elle l'est beaucoup moins sans doute dans le règne animal, et beaucoup moins encore dans le règne hominal; mais elle n'échappe pas tellement à la vue de l'esprit, que cette vue ne puisse bien la saisir, quand l'esprit peut admettre une fois son existence. L'action du destin et celle de la volonté y marchent même assez à découvert; celle de la Providence est, je l'avoue, plus ensevelie et plus voilée : cela doit être ainsi pour qu'elle ne puisse jamais être comprise. Si l'homme pouvait prévoir d'avance quels sont les desseins de la Providence, il pourrait, en vertu de son libre arbitre, s'opposer à leur exécution; et c'est ce qui ne doit jamais être, du moins directement.

Au reste, il est une dernière question qu'on peut m'adresser sur l'essence des trois puissances universelles, dont je vais essayer, pour la première fois, de signaler l'action. J'ai dit qu'elles émanent de Dieu même, et forment un ternaire que l'unité divine enveloppe : mais doit-on les concevoir comme trois êtres distincts? Non : mais comme trois vies distinctes dans un même être; trois lois, trois modes d'être, trois natures comprises dans une seule Nature. L'homme, dont j'ai donné la constitution métaphysique, est une image abrégée de l'univers : il vit également de trois vies que son unité volitive enveloppe. En comparant l'univers à l'homme, nous pouvons concevoir que la Providence y représente la sphère intellectuelle; le Destin, la sphère instinctive; et la Volonté de l'homme elle-même, la sphère animique. Ces sphères ne sont pas trois êtres distincts, quoique, pour éviter les longueurs d'élocution et les périphrases, je les personnifierai souvent en signalant leur action : ce sont, comme je viens de le dire, trois vies diverses, vivant de la vie universelle, et donnant la vie particulière à une multitude d'êtres providentiels, instinctifs ou animiques; c'est-à-dire qui suivent la loi de la Providence, du Destin ou de la Volonté : ainsi, quand je dirai plus loin que la Providence, le Destin ou la Volonté agissent, cela voudra dire que la loi providentielle, fatidique ou volitive, se déploie, devient cause efficiente, et produit tel ou tel effet, tel ou tel événement : cela voudra dire aussi, selon l'occasion qui sera facilement sentie, que des êtres quelconques soumis à l'une de ces lois, servent ce mouvement ou le provoquent; et, pour citer un exemple entre mille, que je dise que la Providence conduit Moïse; cette phrase voudra dire que la loi providentielle est la loi de cet homme divin, et qu'il vit principalement de la vie intellectuelle dont elle est la régulatrice. Que je dise que le Destin provoque la prise de Constantinople par les Turcs; cela voudra dire que la prise de cette ville est une conséquence fatale des événements antérieurs, et que l'impulsion des Turcs qui s'en emparent tient à la loi fatidique à laquelle ils obéissent. Que je dise enfin que Luther est l'instrument de la Volonté de l'homme qui provoque un schisme dans la chrétienté; cela voudra dire que Luther, entraîné par des passions animiques très fortes, se rend l'interprète de toutes les passions analogues aux siennes, et leur présente un foyer où leurs rayons venant à se rencontrer et à se réfléchir, causent un embrasement moral qui met en lambeaux le culte chrétien.

Après avoir donné ces éclaircissements et ces explications, je ne crois pas encore avoir tout éclairci ni tout expliqué; mais enfin je suis obligé de m'en reposer un peu sur la sagacité du lecteur, qui suppléera à ce que je puis avoir omis. Déterminé à dévoiler ce que mes études et mes méditations m'avaient appris sur l'origine des sociétés humaines et sur l'histoire de l'homme, j'ai osé, en peu de pages, parcourir un intervalle de douze mille ans. Je me suis trouvé en présence d'une multitude de faits que j'ai essayé de classer, et d'une foule d'êtres dont j'ai rapidement esquissé le caractère. Ma plume, consacrée à la vérité, n'a jamais fléchi devant elle; je l'ai toujours dite avec la forte conviction de la dire : si mes lecteurs peuvent la reconnaitre au signe indélébile dont la Providence l'a marquée, leur suffrage sera la plus douce récompense de mes travaux. Si, après de mûres réflexions, ils jugent que j'ai été dans l'erreur, j'ose encore m'en reposer sur l'équité de leur jugement pour croire qu'en doutant si je me suis trompé, ils ne douteront pas du moins de la parfaite bonne foi qui me rend impossible le desir de tromper personne.

DE L'ÉTAT SOCIAL DE L'HOMME.

PREMIÈRE PARTIE.

LIVRE PREMIER.

CHAPITRE PREMIER.

Division du Genre humain, considéré comme Règne hominal, en quatre Races principales. Digression sur la Race blanche, objet de cet Ouvrage.

Je traiterai, dans cet Ouvrage, non de l'origine de l'Homme, mais de celle des sociétés humaines. L'histoire s'occupe seulement de la seconde de ces origines. C'est à la cosmogonie qu'il appartient de dévoiler la première. L'histoire prend l'Homme au moment de son apparition sur la terre; et, sans s'inquiéter de son principe ontologique, cherche à trouver le principe de sociabilité qui le porte à se rapprocher de ses semblables, et à sortir de l'état d'isolement et d'ignorance où la nature semblait l'avoir réduit, en ne le distinguant presque pas, pour la forme, de plusieurs autres animaux. Je dirai quel est le principe divin que la Providence a implanté dans son sein; je montrerai par quelles circonstances nécessaires, dépendantes du Destin, ce principe de perfectibilité se trouve réactionné; comment il se développe, et quels admirables secours il reçoit de lui-même, lorsque l'homme qu'il éclaire peut faire usage de sa volonté pour adoucir de plus en plus, par la culture de son esprit, ce que son destin a de rigoureux et de sauvage; afin de porter sa civilisation et son bonheur au dernier degré de perfection dont ils sont susceptibles.

Je vais me transporter, à cet effet, à une époque assez reculée de celle où nous vivons; et, raffermissant mes yeux, qu'un long préjugé pourrait avoir affaiblis, fixer, à travers l'obscurité des siècles, le moment où la Race blanche, dont nous faisons partie, vint à paraître sur la scène du monde. A cette époque, dont plus tard je chercherai à déterminer la date, la Race blanche était encore faible, sauvage, sans lois, sans arts, sans culture d'aucune espèce, dénuée de souvenirs, et trop dépourvue d'entendement pour concevoir même une espérance. Elle habitait les environs du pôle boréal, d'où elle avait tiré son origine. La Race noire, plus ancienne qu'elle, dominait alors sur la terre, et y tenait le sceptre de la science et du pouvoir : elle possédait toute l'Afrique et la plus grande partie de l'Asie, où elle avait asservi et comprimé la Race jaune. Quelques débris de la Race rouge languissaient obscurément sur les sommets des plus hautes montagnes de l'Amérique, et survivaient à l'horrible catastrophe qui venait de les frapper : ces faibles débris étaient inconnus; la Race rouge, à laquelle ils avaient appartenu, avait naguère possédé l'hémisphère occidental du globe; la Race jaune, l'oriental; la Race noire, alors souveraine, s'étendait au sud, sur la ligne équatoriale; et, comme je viens de le dire, la Race blanche, qui ne faisait que de naître, errait aux environs du pôle boréal.

Ces quatre Races principales, et les nombreuses variétés qui peuvent résulter de leurs mélanges, composent le *Règne hominal* (1). Elles sont, à proprement dire, dans ce Règne, ce que sont les genres dans les autres règnes. On peut y concevoir les nations et les peuples divers comme des espèces particulières dans ces genres. Ces quatre Races se sont heurtées et brisées tour à tour, distinguées et confondues souvent. Elles se sont disputé plusieurs fois

---

(1) Si on a lu la Dissertation introductive, en tête de cet Ouvrage, et nécessaire pour en donner l'intelligence, on sait que j'entends par le *Règne hominal* la totalité des hommes, qu'on appelle ordinairement *Genre humain*.

le sceptre du monde ; se le sont arraché ou partagé à plusieurs reprises. Mon intention n'est point d'entrer dans ces vicissitudes, antérieures à l'ordre de choses actuel, dont les détails infinis m'accableraient d'un inutile fardeau, et ne me conduiraient pas au but que je me propose. Je dois m'attacher seulement à la Race blanche, à laquelle nous appartenons, et en crayonner l'histoire depuis l'époque de sa dernière apparition aux environs du pôle boréal : c'est de là qu'elle est descendue à diverses reprises, par essaims, pour faire des incursions tant sur les autres races, quand elles dominaient encore, que sur elle-même, quand elle a eu saisi la domination.

Le vague souvenir de cette origine, surnageant sur le torrent des siècles, a fait surnommer le pôle boréal la pépinière du Genre humain. Il a donné naissance au nom des Hyperboréens et à toutes les fables allégoriques qu'on a débitées sur eux ; il a fourni enfin les nombreuses traditions qui ont conduit Olaüs Rudbeck à placer en Scandinavie l'Atlantide de Platon, et autorisé Bailly à voir sur les roches désertes et blanchies par les frimas du Spitzberg, le berceau de toutes les sciences, de tous les arts, et de toutes les mythologies du monde. (1)

Il est assurément très difficile de dire à quelle

---

(1) On peut voir dans les écrits de ces deux auteurs les preuves nombreuses qu'ils apportent à l'appui de leurs assertions. Ces preuves, insuffisantes dans leurs hypothèses,

époque la Race blanche ou hyperboréenne commença à se réunir par quelques formes de civilisation, et encore moins à quelle époque plus reculée elle commença à exister. Moïse, qui en parle au sixième chapitre du *Béræshith* (1), sous le nom des Ghiboréens, dont les noms ont été si célèbres, dit-il, dans la profondeur des temps, rapporte leur origine aux premiers âges du monde. On trouve cent fois le nom des Hyperboréens dans les écrits des anciens, et jamais aucune lumière positive sur leur compte. Selon Diodore de Sicile, leur pays était le plus voisin de la lune : ce qui peut s'entendre de l'élévation du pôle qu'ils habitaient. Eschyle, dans son Prométhée, les plaçait sur les monts Riphées. Un certain Aristée de Proconèse, qui avait fait, dit-on, un poëme sur ces peuples, et qui prétendait les avoir visités, assurait qu'ils occupaient la contrée du nord-est de la Haute-Asie, que nous nommons aujourd'hui Sibérie. Hécatée d'Abdère, dans un ouvrage publié du temps d'Alexandre, les rejetait encore plus loin, et les logeait parmi les ours blancs de la Nouvelle-Zemble, dans une île appelée *Élixoïa*. La vérité pure est, comme l'avouait Pindare plus de cinq siècles avant

---

deviennent irrésistibles quand il n'est question que de fixer la première demeure de la Race blanche, et le lieu de son origine.

(1) C'est le premier Livre du Sépher appelé vulgairement *la Genèse*.

notre ère, qu'on ignorait entièrement dans quelle région était situé le pays de ces peuples. Hérodote lui-même, si curieux de rassembler toutes les traditions antiques, avait inutilement interrogé les Scythes à leur sujet; il n'avait pu rien découvrir de certain.

Toutes ces contradictions, toutes ces incertitudes, provenaient de la confusion qu'on faisait d'une race d'hommes, de laquelle était issue une foule de peuples, avec un seul peuple. On tombait alors dans la même erreur où nous tomberions aujourd'hui, si, confondant la Race noire avec une des nations qui en tire son origine, nous voulions absolument circonscrire le pays de la race entière dans le pays occupé par cette seule nation. La Race noire a pris certainement naissance dans le voisinage de la ligne équatoriale, et s'est répandue de là sur le continent africain, d'où elle a étendu ensuite son empire sur la terre entière et sur la Race blanche elle-même, avant que celle-ci eût la force de le lui disputer. Il est possible qu'à une époque très reculée, la Race noire se soit appelée sudéenne ou suthéenne, comme la Race blanche s'est nommée boréenne, ghiboréenne ou hyperboréenne; et que de là soit venue l'horreur qui s'est généralement attachée au nom de Suthéen, parmi les nations d'origine blanche. On sait que ces nations ont toujours placé au sud le domicile de l'Esprit infernal, appelé par cette raison *Suth* ou *Soth* par les Égyptiens, *Sath* par les Phéniciens, et *Sathan* ou *Satan* par les Arabes et les Hébreux. (1)

---

(1) Ce nom a servi de racine à celui de Saturne chez les Étrusques, et de Sathur, Suthur ou Surthur chez le Scandinave, divinité terrible ou bienfaisante, suivant la manière de l'envisager. C'est du celte-saxon *Suth* que dérivent l'anglais *South*, le belge *Suyd*, et l'allemand et le français *Sud*, pour désigner la partie du globe terrestre opposée au pôle boréal. Il est à remarquer que ce mot, qu'on rend ordinairement par celui de *Midi*, n'y a aucun rapport étymologique. Il désigne proprement tout ce qui est opposé à l'élévation, tout ce qui est bas, tout ce qui sert de base ou de siége. Le mot *Sédiment* en dérive par le latin *Sedere*, qui lui-même vient du celte-saxon *Sitten*, en allemand *Sitzen*, s'asseoir.

CHAPITRE II.

L'Amour, principe de sociabilité et de civilisation dans l'Homme : comment.

Renouons à présent le fil de mes idées, que cette digression nécessaire a un peu interrompu, et voyons quels furent les commencements de la civilisation dans la Race boréenne, dont je m'occupe exclusivement.

Il est présumable qu'à l'époque où cette Race parut sur la terre, sous des formes très rappprochées de celles de plusieurs espèces d'animaux, elle put, malgré la différence absolue de son origine, et, la tendance contraire de ses destinées, rester assez long-temps confondue parmi elles. Cela dépendait de l'assoupissement de ses facultés, même instinctives; les deux sphères supérieures de l'âme et de l'esprit n'étant nullement développées dans l'homme, il ne vivait alors que par la sensation, et, toujours nécessité par elle, n'avait d'instinct que pour la perception seule, sans atteindre même à l'attention. L'individualisation était son seul moyen; l'attrait et la crainte étaient ses seuls moteurs, et, dans leur absence, l'indolence devenait son état habituel. (1)

---

(1) Le lecteur doit ici revenir, s'il ne l'a présent à la mé-

Mais l'homme n'avait pas été destiné à vivre seul et isolé sur la terre; il portait en lui un principe de sociabilité et de perfectibilité qui ne pouvait pas rester toujours stationnaire : or, le moyen par lequel ce principe devait être tiré de sa léthargie, avait été placé par la haute sagesse de son auteur dans la compagne de l'homme, dans la femme, dont l'organisation différente dans des points très importants, tant physiques que métaphysiques, lui donnait des émotions inverses. Tel avait été le décret divin, dès l'origine même des choses, que cet être universel, destiné à mettre l'harmonie dans les éléments, et à dominer les trois Règnes de la Nature, recevrait ses premières impulsions de la femme, et tiendrait de l'Amour ses premiers développements. L'Amour, origine de tous les êtres, devait être la source féconde de sa civilisation, et produire ainsi tant d'effets opposés, tant de félicités et tant de peines, et un mélange si grand de science et d'aveuglement, de vertus et de vices.

L'Amour, principe de vie et de fécondité, avait donc été destiné à être le conservateur du monde et son législateur. Vérité profonde que les anciens sages avaient connue, et qu'ils avaient même énoncée clairement dans leurs cosmogonies, en lui attribuant le débrouillement du chaos. Isis et Cérès, si souvent

---

moire, sur ce que j'ai dit dans la Dissertation introductive, touchant la constitution métaphysique de l'homme.

appelées législatrices, n'étaient que le type divinisé de la nature féminine (1), considéré comme le foyer vivant d'où cet amour s'était réfléchi.

Si l'homme n'avait été qu'un pur animal, toujours nécessité de la même manière, et que sa compagne, semblable aux femelles des autres animaux, eût éprouvé de la même manière les mêmes besoins que lui; qu'ils eussent été soumis l'un et l'autre aux crises régulières des mêmes desirs, également sentis, également partagés; s'ils avaient eu enfin, et pour m'exprimer en propres termes, des saisons périodiques d'ardeur amoureuse, de chaleur ou de rut, jamais l'homme ne se serait civilisé. Mais c'était loin d'être ainsi. Les mêmes sensations, quoique procédant des mêmes causes, ne produisaient pas les mêmes effets dans les deux sexes. Ceci est digne de la plus haute attention; et je prie le lecteur de fixer un moment avec force sa vue mentale sur ce point presque imperceptible de la constitution humaine. C'est ici le germe de toute civilisation, le point séminal d'où tout doit éclore, le puissant mobile duquel tout doit recevoir le mouvement dans l'ordre social.

Jouir avant de posséder, voilà l'instinct de l'homme : posséder avant de jouir, voilà l'instinct de la femme. Expliquons ceci; mais faisons un mo-

---

(1) Le nom d'Isis vient du mot Ishah, qui signifie *la femme, la dame*. Le nom de Cérès a la même racine que le mot *heré*, qui veut dire *la souveraine*. Ce mot *heré* forme le nom de Junon en grec, Ἥρη ou Ἥρα.

ment abstraction des passions que l'État social a fait naître, et des sentiments que l'imagination a exaltés. Renfermons-nous dans le seul instinct, et voyons comment il agit sous l'influence seule des besoins : considérons l'homme de la nature, et non celui de la société.

Au moment où une sensation agréable viendra ébranler l'instinct de cet homme, qu'éprouvera-t-il ? le voici. Il attachera à l'attrait découlant nécessairement de cette sensation, le besoin actuel de jouir de son objet, et celui plus éloigné de le posséder : c'està-dire, en supposant que ce soit un fruit quelconque qui ait frappé sa vue et excité son appétit, que l'homme instinctif éprouvera le besoin de le manger avant d'éprouver celui d'aviser aux moyens de s'en assurer la possession : ce qui le portera brusquement en avant, au hasard de tout ce qui peut en arriver; de sorte que si une sensation de crainte, un bruit imprévu, l'aspect d'un adversaire, venait le frapper, son idée première serait d'en braver la cause au lieu de la fuir. Tandis que, si la femme purement instinctive se trouve placée dans une pareille circonstance, elle éprouvera précisément tout le contraire. Elle attachera à l'attrait découlant d'une sensation agréable, le besoin actuel d'en posséder l'objet, et celui plus éloigné d'en jouir en toute sécurité : ce qui à la vue d'un fruit qu'elle aura envie de manger, la fera songer d'abord aux moyens de s'en assurer la possession, et la tiendra en suspens; de manière que si une sensation de crainte vient à la saisir, sa première idée sera d'en fuir la cause au lieu de la braver.

Cette disposition contraire dans la constitution morale des deux sexes, établissait entre eux, dès l'origine, une différence frappante, qui empêchait leurs passions de se manifester sous les mêmes formes, faisait naître, de la même sensation, un autre sentiment; du même sentiment une autre pensée; et leur imprimait, par conséquent, un mouvement tout opposé. Jouir avant de posséder, et combattre avant de fuir, constituait donc l'instinct de l'homme; tandis que posséder avant de jouir, et fuir avant de combattre, constituait celui de la femme.

Or, si l'on veut examiner un moment les principales conséquences qui devaient découler de cette différence notable, quand elle était décidée entre les deux sexes; c'est-à-dire, quand il se trouvait une femme assez heureusement organisée pour pousser seulement la perception jusqu'à l'attention, on verra qu'il était inévitable qu'elle ne présentât pas à l'homme, conduit à elle par l'attrait sexuel, une résistance réelle et non attendue; car beaucoup plus occupée de l'idée de posséder que de celle de jouir, et nullement nécessitée par l'appétit qui maîtrisait l'homme, elle pouvait examiner dans son instinct quel avantage réel lui procurerait la sensation qu'on lui proposait. Le plaisir attaché à cette sensation n'en étant pas un pour elle, et l'absence de tout avantage se présentant à ses yeux avec le cortége inséparable de la crainte, elle prenait soudain le parti de fuir.

La nature de l'homme n'est point, comme je l'ai dit, de reculer devant un obstacle. Son premier mouvement est, au contraire, de le braver et de le vaincre. A la vue de la femme qui le fuit, il ne reste donc pas en place, il ne lui tourne pas le dos; mais poussé par l'attrait qui le subjugue, il se précipite sur ses traces. Souvent plus légère que lui, elle lui échappe; quelquefois il la saisit; mais quel que soit l'événement, l'attention de l'homme est éveillée. Le combat même qui s'engage lui fait sentir dans son résultat, heureux ou malheureux, que son but n'est pas rempli. Alors il réfléchit, mais la femme a réfléchi avant lui. Elle a vu qu'il n'est pas bon pour elle de se laisser vaincre; et il a senti qu'il eût mieux valu pour lui qu'elle eût cédé. Pourquoi donc a-t-elle fui? sa réflexion encore faible ne lui permet pas de comprendre qu'on puisse résister à un penchant, et qu'il y ait surtout un autre penchant que le sien. Mais le fait existe, il se renouvelle. L'homme réfléchit encore. Il parvient, par la répétition intérieure de sa propre idée, à la retenir, et sa mémoire se formant, son génie fait un pas énorme. Il trouve qu'il y a plusieurs besoins en lui, et pour la première fois peut-être il en compte jusqu'à trois, et il les distingue. Ainsi agissent dans la sphère de sa volonté la numération et l'individualisation.

Si la femme vers laquelle un penchant irrésistible l'entraînait, a fui, sans doute qu'un autre penchant a nécessité sa fuite : quel pouvait être ce penchant ? la faim peut-être ! Ce besoin terrible qui se représente dans la partie instinctive de son être, en l'absence de la sensation même, y produit une révolution importante et soudaine ; pour la première fois la sphère animique est ébranlée, et la pitié s'y manifeste. Cette douce passion, la première dont l'ame soit affectée, est le vrai caractère de l'humanité. C'est elle qui fait de l'homme un être véritablement sociable. Les philosophes qui ont cru que cette passion pourrait être réveillée ou produite, à son origine, par l'aspect d'un être souffrant, se sont trompés. L'aspect de la douleur éveille la crainte, et la crainte, la terreur. Cette transformation de la sensation en sentiment est instantanée. Il y a dans la pitié l'impression d'une idée antérieure qui se transforme en sentiment sans le secours de la sensation. Aussi la pitié est-elle plus profondément morale que la terreur, et tient plus intimement à la nature de l'homme.

Mais dès que l'homme a commencé à sentir la pitié, il n'est pas loin de connaître l'amour. Il réfléchit déjà aux moyens qu'il doit prendre pour empêcher la femme de fuir à son approche ; et, quoiqu'il se trompe absolument sur les motifs de cette fuite, il n'en arrive pas moins au but de ses desirs. Il saisit le moment où il a fait une double récolte de fruits, une chasse ou une pêche abondante, et lorsqu'il a trouvé l'objet de ses vœux, il lui offre ses présents. A cette vue, la femme est touchée, non pas de la manière dont le croit son amant, par la satisfaction d'un besoin actuel, mais par le penchant inné qui la porte à posséder. Elle sent à l'instant tout le parti qu'elle peut tirer de cet événement pour l'avenir; et comme elle l'attribue, avec raison, à un certain charme qu'elle inspire, elle éprouve dans son instinct une sensation agréable, qui ébranle chez elle la sphère animique, et y réveille la vanité.

Dès le moment que la femme a reçu les présents de l'homme, et qu'elle lui a tendu la main, le lien conjugal est ourdi, et la société a commencé.

CHAPITRE III.

Le Mariage, base de l'Édifice social ; quel est son principe, et quelles sont ses conséquences.

Pour peu qu'on soit instruit dans la connaissance des traditions antiques, on n'aura point de peine à y retrouver les deux tableaux que je viens de tracer, parce qu'ils sont vrais au fond, quoique les formes en aient pu varier de mille manières, à diverses époques, et en divers lieux. La mythologie grecque, si brillante et si riche, offre un grand nombre d'exemples de ces luttes amoureuses, entre des dieux ou des satyres poursuivant des nymphes qui les fuient. Tantôt c'est Apollon qui court sur les traces de Daphné, Jupiter qui presse les pas de Io, Pan qui cherche à saisir Syrinx ou Pénélope. Dans les plus anciennes cérémonies nuptiales, on voit toujours l'époux faire des cadeaux à l'épouse, et même lui constituer une dot. Cette dot, que l'homme donnait autrefois, et qu'il donne même encore chez quelques peuples, a changé de place parmi nous et chez la plupart des nations modernes, et a dû être principalement offerte du côté de la femme, par des raisons que je montrerai plus loin. Ce changement n'empêche pourtant pas l'usage antique de survivre encore dans les présents de noces qu'on appelle corbeille de mariage, comme si par ce mot de corbeille on voulait rappeler que ce présent consista d'abord en fruits, ou en aliments quelconques.

Cependant l'événement auquel j'ai attribué justement le commencement de la société humaine, avait pu se répéter simultanément, ou à des époques très rapprochées, en des endroits différents; en sorte que des foyers de civilisation s'établissaient en grand nombre dans la même contrée. C'étaient des germes que la Providence avait jetés au sein de la race boréenne, et qui devaient s'y développer sous l'influence du Destin et de la volonté particulière de l'homme.

Les sentiments qui avaient réuni les deux sexes, non plus par l'effet d'un appétit aveugle, mais par celui d'un acte réfléchi, n'étaient pas les mêmes, ainsi que je l'ai dit; mais leur différence, ignorée par les deux époux, disparaissait dans l'identité du but. La pitié que l'homme avait ressentie lui laissait penser que sa compagne le choisissait comme un appui tutélaire; et la femme, touchée par la vanité, voyait son ouvrage dans le bonheur de son époux. D'un côté l'orgueil naissait, et de l'autre la compassion. Ainsi les sentiments s'opposaient et s'enchaînaient dans les deux sexes.

Du moment que l'instinct seul n'avait plus préparé la couche nuptiale, et qu'un sentiment animique plus noble et plus élevé avait présidé aux mystères de l'hymen, une sorte de pacte avait été tacitement passé entre les deux époux, duquel il résultait que le plus fort s'engageait à protéger le plus faible, et le plus faible à rester attaché au plus fort. Ce pacte, en augmentant le bonheur de l'homme, en lui faisant connaître des plaisirs qu'il ignorait, augmenta aussi ses travaux. Il fallut qu'il pourvût non seulement à sa nourriture, mais à celle de sa femme, quand sa grossesse trop avancée ne lui permettait plus de le suivre; et ensuite à celle de ses enfants. La raison instinctive, qu'on appelle aussi sens commun, ou bon sens, ne tarda pas à lui faire comprendre que des moyens ordinaires, suffisants jusque là, ne lui suffisaient plus, et qu'il fallait en chercher d'autres. Cette raison, réagissant sur l'instinct, y fit naître la ruse. Il tendit des piéges au gibier dont il se nourrissait. Il inventa la flèche et l'épieu du chasseur; il trouva l'art de rendre sa pêche plus abondante au moyen du hameçon et du filet. Le besoin et l'habitude doublèrent ses forces et son adresse. Sa femme, douée de plus de finesse dans les organes, joignit à plus de ruse que lui une observation plus sûre, et un pressentiment plus prompt. Elle apprit bientôt à tresser quelques joncs pour former des sortes de corbeilles qui, après avoir servi de berceau à ses enfants, devinrent les premiers meubles de son informe ménage. En filant grossièrement le poil de plusieurs espèces d'animaux, elle forma facilement des cordes, qui servirent à tendre l'arc et à façonner des filets. Ces cordes, entrelacées d'une certaine manière, se changèrent bientôt sous ses doigts en des étoffes grossières, dont sans doute l'invention lui parut aussi admirable que l'usage lui en sembla commode, tant pour ses enfants que pour elle et pour son mari. Ces étoffes, qu'un climat rigoureux rendait souvent nécessaires, suppléèrent aux peaux de bêtes, dont il n'était pas toujours facile de se pourvoir.

Il est inutile, je pense, de pousser plus loin ces détails, que chacun peut étendre à son gré, et embellir des couleurs de son imagination. Lorsque les principes sont posés, les conséquences deviennent faciles. Seulement, je prie le lecteur de prendre garde de tomber ici dans une erreur, dont l'imputation me serait fâcheuse. Quoique je donne évidemment pour principe à l'état social le mariage, c'est-à-dire le consentement libre et mutuel de l'homme et de la femme se réunissant par un pacte tacite, pour supporter et partager ensemble les peines et les plaisirs de la vie, et que je fasse découler l'existence de ce lien des sensations opposées des deux sexes, et du développement de leurs facultés instinctives, il s'en faut bien, ainsi que je crois avoir pris soin de le faire entendre, que je regarde la formation de ce lien comme fortuite. Si cette formation eût dû être telle, jamais elle n'aurait eu lieu. Ceux des animaux que la nature n'a point réunis dès l'origine de l'espèce ne se réunissent jamais. C'est parce que l'homme n'est point un animal, et surtout parce qu'il est perfectible, qu'il peut passer d'un état à un autre, et devenir, de génération en génération, de plus en plus instinctif, animique ou intellectuel. Le mariage, sur lequel repose tout l'édifice de la société, est l'ouvrage même de la Providence, qui l'a déterminé en principe. Quand il passe en acte, c'est une loi divine qui s'accomplit, et qui s'accomplit par des moyens arrêtés d'avance, et pour atteindre un but irrésistiblement fixé.

Que si l'on me demande pourquoi ce lien, étant d'une indispensable nécessité à la civilisation du Règne hominal, si éminemment nécessaire elle-même, il n'a pas été tissu d'avance, comme on le remarque dans quelques espèces d'animaux; je répondrai que c'est parce que la Providence et le Destin ont une manière contraire d'opérer, appropriée à leur essence opposée. Ce que fait le Destin, il le fait d'abord tout entier, forcé dans toutes ses parties; et il le laisse tel qu'il l'a fait, sans le pousser jamais plus avant, de son propre mouvement: tandis que la Providence, ne produisant rien qu'en principe, donne à toutes les choses qui émanent d'elle une impulsion progressive, qui, les portant sans cesse de puissance en acte, les amène par degrés à la perfection dont elles sont susceptibles. Si l'homme appartenait au Destin, il serait ce que des philosophes à vue courte lui ont attribué d'être: sans progression dans sa marche, et par conséquent sans avenir. Mais, comme ouvrage de la Providence, il avance librement dans la route qui lui est tracée, se perfectionne à mesure qu'il avance, et tend ainsi à l'immortalité.

Voilà ce qu'on doit bien se persuader, si l'on veut pénétrer dans l'essence des choses, et comprendre le mot de cette profonde énigme de l'univers, que les anciens symbolisaient par la figure du Sphinx. L'homme est la propriété de la Providence, qui, en tant que loi vivante, expression de la volonté divine, en détermine l'existence potentielle ; mais comme cet être doit puiser tous les éléments de son existence actuelle dans le domaine du Destin, dont il est chargé de dominer et de régulariser les productions, il doit le faire par le déploiement de sa volonté efficiente, absolument libre dans son essence. De l'usage de cette volonté dépend son sort ultérieur. Tandis que la Providence l'appelle et le dirige par ses inspirations, le Destin lui résiste et l'arrête par ses besoins. Ses passions, qui lui appartiennent, l'inclinent avec force d'un ou d'autre côté, et, selon les déterminations qu'elles provoquent, livrent son avenir à l'une de ces deux puissances : car il ne peut être sa propriété absolue, que tandis qu'il jouit de la vie élémentaire, passagère et bornée.

Son état social dépend donc, ainsi que je l'ai montré, du déploiement de ses facultés qui amène le mariage ; et l'état social, une fois constitué, donne naissance à la propriété, d'où résulte le droit politique. Mais puisque l'état social se trouve l'ouvrage de trois puissances distinctes : la Providence, qui donne le principe ; le Destin, qui fournit les éléments; et la Volonté humaine, qui trouve les moyens; il est évident que le droit politique qui en émane doit également recevoir l'influence de ces trois puissances, et, selon qu'elles le dominent l'une ou l'autre, séparément ou conjointement, prendre des formes analogues à leur action. Ces formes qui, en dernière analyse, se réduisent à trois principales, peuvent néanmoins varier et se nuancer de beaucoup de manières, par leurs mélanges et leurs oppositions, et amener des conséquences presque infinies. Je signalerai ces formes diverses, simples ou mixtes, dans la suite de cet ouvrage, après avoir nettement établi l'ordre, la nature et l'action des trois puissances qui les créent. Je vais montrer dans le chapitre suivant l'origine d'un des plus beaux résultats et des plus brillants phénomènes qui s'attachent à la formation de la société humaine : la parole.

CHAPITRE IV.

Que l'homme est d'abord muet, et que son premier langage consiste en signes. De la parole. Transformation du langage muet en langage articulé, et suite de cette transformation.

L'homme, doué en principe de toutes les forces, de toutes les facultés, de tous les moyens dont il peut être revêtu par la suite, ne possède en acte aucune de ces choses quand il paraît à la lumière. Il est faible et débile, et dénué de tout. L'individu nous donne à cet égard un exemple frappant de ce qu'est le Règne à son origine. Les uns qui, pour se tirer d'embarras sur des points très difficiles, assurent que l'homme arrive sur la terre aussi robuste de corps qu'éclairé d'esprit, disent une chose que l'expérience dément et que le raison réprouve. Les autres qui, en recevant cet être admirable tel que la nature le donne, attribuent à la conformation de ses organes et à ses seules sensations physiques tant de sublimes conceptions qui y sont étrangères, tombent dans la plus absurde des contradictions, et révèlent leur ignorance. Et ceux enfin qui se croient obligés, pour expliquer le moindre phénomène, d'appeler Dieu lui-même sur la scène pour le rendre le précepteur d'un être si souvent rebelle à ses leçons, annoncent trop qu'ils trouvent plus facile de trancher le nœud gordien que de le dénouer. Ils agissent comme les auteurs des anciennes tragédies, qui, ne sachant plus que faire de leurs acteurs, les mettaient à la raison par un coup de tonnerre.

Je ne saurais trop le répéter : heureux si je parviens à le faire comprendre! l'homme est un germe divin qui se développe par la réaction de ses sens. Tout est inné en lui, tout : ce qu'il reçoit de l'extérieur n'est que l'occasion de ses idées, et non pas ses idées elles-mêmes. C'est une plante, comme je l'ai déjà dit, qui porte des pensées, comme un rosier porte des roses, et un pommier des pommes. L'un et l'autre ont besoin de réaction. Mais est-ce que l'eau ou l'air, desquels le rosier ou le pommier tirent leur nutriment, ont quelques rapports avec l'essence intime de la rose ou de la pomme? Aucun. Ils y sont indifférents, et font aussi-bien croître des orties ou des baies empoisonnées de morelle, si le germe en est offert à leur action dans une situation convenable. Ainsi donc, quoique l'homme ait reçu à son origine une étincelle du Verbe divin, il n'apporte pas avec lui sur la terre une langue toute formée. Il recèle bien en lui le principe de la parole en puissance, mais non pas en acte. Pour qu'il parle, il faut qu'il ait senti la nécessité de parler, qu'il l'ait voulu fortement; car c'est une des opérations les plus difficiles de son entendement. Tant qu'il vit isolé et purement instinctif, il ne parle pas; il ne sent pas même le besoin de la parole; il serait incapable de faire aucun effort de volonté pour y atteindre : plongé dans un mutisme absolu, il s'y complaît; tout ce qui ébranle son ouïe est bruit; il ne distingue pas les sons comme sons, mais comme ébranlements; et ces ébranlements, analogues à toutes ses autres sensations, n'excitent en lui que l'attrait ou la crainte, selon qu'ils éveillent l'idée du plaisir ou de la douleur. Mais dès le moment qu'il est entré dans l'état social, par une suite de l'événement que j'ai raconté, mille circonstances qui s'accumulent autour de lui, lui rendent nécessaire un langage quelconque : il a besoin d'un moyen de communication entre ses idées et celles de sa compagne. Il veut lui faire connaître ses desirs et surtout ses espérances; car depuis qu'il a de l'orgueil, il a aussi des espérances; et sa compagne est aussi d'autant plus empressée à lui communiquer les siennes, que sa vanité, plus active et plus circonscrite, les lui suggère plus souvent et en plus grand nombre.

A peine cette volonté est déterminée en eux, que les moyens de la satisfaire se présentent : ces moyens sont tels, qu'ils les emploient sans les chercher, et comme s'ils les avaient toujours eus. Ils ne se doutent pas, en les employant, qu'ils posent les fondements du plus admirable édifice. Ces moyens sont des *signes* qu'ils effectuent par un mouvement d'intention instinctive, et qu'ils comprennent de même. Ceci est extrêmement remarquable, que les signes n'aient pas besoin d'une convention antérieure pour être compris; du moins ceux qui sont radicaux, comme par exemple les signes qui expriment l'adhésion ou le refus, l'affirmation ou la négation, l'invitation de s'approcher ou l'ordre de s'éloigner, la menace ou l'accord, etc. J'engage le lecteur à réfléchir un moment sur ce point, car c'est là qu'il trouvera l'origine de la parole, si longuement et si vainement cherchée. Transportons-nous chez quelque peuple que ce soit, civilisé ou sauvage, habitant le nord ou le midi de la terre, l'ancien ou le nouveau monde; n'écoutons pas les mots divers dont ils se servent pour exprimer l'idée de l'affirmation ou de la négation, *oui* et *non*, mais considérons les signes qui accompagnent ces mots : nous verrons qu'ils sont partout les mêmes. C'est l'inclination de la tête sur une ligne perpendiculaire qui exprime l'affirmation; et sa double rotation sur une ligne horizontale qui indique la négation. Voyons-nous le bras étendu et la main ouverte se replier vers la poitrine, cela nous invite d'approcher. Voyons-nous, au contraire, le bras, d'abord plié, se déplier avec violence en étendant la main, cela nous ordonne de nous éloigner. Les bras de l'homme sont-ils tendus et les poings fermés, il menace. Les laisse-t-il tomber doucement en ouvrant les deux mains, il accède. Menons avec nous des muets de naissance; plus le peuple sera sauvage et voisin de la nature, mieux il les comprendra, et mieux il en sera compris; et cela par la raison toute simple qu'ils seront plus près les uns et les autres de la langue primitive du Genre humain.

Ne craignons point d'annoncer cette importante vérité : toutes les langues que les hommes parlent et qu'ils ont parlées sur la face de la terre, et la masse incalculable de mots qui entrent ou sont entrés dans la composition de ces langues, ont pris naissance dans une très petite quantité de signes radicaux. En cherchant, il y a quelques années, à restituer la langue hébraïque dans ses principes constitutifs, trouvant entre mes mains un idiome dont l'étonnante simplicité rend l'analyse très facile, j'ai vu la vérité que j'annonce, et je l'ai prouvée autant qu'il m'a été possible; en montrant, d'abord, que les caractères tracés ou les lettres n'avaient été, dans l'origine de cet idiome, que les signes mêmes qu'on avait désignés par une sorte d'hiéroglyphe; et ensuite, que ces caractères, en se rapprochant par groupes de deux ou de trois, avaient formé des racines monosyllabiques, et ces racines, en s'adjoignant un nouveau caractère, ou se réunissant entre elles, une foule de mots.

Ce n'est pas ici le lieu d'entrer dans des détails grammaticaux qui y seraient déplacés. Je ne dois poser que des principes. Le lecteur curieux de ces sortes de recherches peut consulter, s'il le juge à propos, la grammaire et le vocabulaire que j'ai donnés de la langue hébraïque; je continue ma marche.

Le premier langage connu de l'homme fut donc un langage muet. On n'en peut concevoir d'autre, sans admettre une infusion en lui de la parole divine; ce qui, supposant une infusion semblable de toutes les autres sciences, est démontré faux par le fait. Les philosophes qui ont recours à une convention antérieure pour chaque terme de la langue, tombent dans une contradiction choquante. La Providence, je l'ai assez dit, ne donne que les principes de toutes choses : c'est à l'homme à les développer.

Mais au moment où ce langage muet s'établit entre les deux époux, au moment où un signe émis comme l'expression d'une pensée, porta cette pensée de l'ame de l'un dans celle de l'autre, et qu'elle y fut comprise, elle excita dans la sphère animique un mouvement qui donna naissance à l'entendement. Cette faculté centrale ne tarda pas à produire ses facultés circonférencielles, analogues; et dès lors l'homme put, jusqu'à un certain point, comparer et juger, discerner et comprendre.

Bientôt il s'aperçut, en faisant usage de ces facultés nouvelles, que la plupart des signes qu'il émettait pour exprimer sa pensée, étaient accompagnés de certaines exclamations de voix, de certains cris plus ou moins faibles ou forts, plus ou moins âpres ou doux, qui ne manquaient guère de se représenter ensemble. Il remarqua cette coïncidence que sa compagne avait remarquée avant lui, et tous les deux jugèrent que ce pouvait être commode, soit dans l'obscurité, soit lorsque l'éloignement ou un obstacle leur dérobait la vue l'un de l'autre, de substituer ces diverses inflexions de voix aux divers signes qu'elles accompagnaient. Ils le firent peut-être dans quelque circonstance urgente, émus par quelque crainte ou par quelque désir véhément, et ils virent avec une bien vive joie qu'ils s'étaient entendus et compris.

Dire combien cette substitution fut importante pour l'humanité, est sans doute inutile. Le lecteur sent bien que rien de plus grand ne pouvait avoir lieu dans la nature, et que si le moment où un pareil événement se présenta pour la première fois, eût pu être fixé, il eût mérité les honneurs d'une commémoration éternelle. Mais il ne le fut pas. Eh! qui peut savoir quand et comment, chez quel peuple, et dans quelle contrée il arriva? Peut-être fut-il stérile plusieurs fois de suite, ou bien l'informe langage auquel il avait donné naissance disparut-il avec l'humble cahutte qui le recelait. Car tandis que, pour plus de rapidité, je rapporte tout au même couple, peut-on douter que plusieurs générations n'aient pu s'écouler entre les moindres événements? Les premiers pas que fait l'homme dans la carrière de la civilisation sont lents et pénibles. Il est souvent obligé de recommencer les mêmes choses. Le Règne hominal entier est sans doute indestructible, la race même est forte; mais l'homme individuel est très faible, surtout à son origine. C'est pourtant sur lui que reposent les fondements de tout l'édifice.

Cependant, comme je l'ai dit, plusieurs mariages s'étant formés simultanément ou à peu d'intervalle l'un de l'autre, dans la même contrée, et dans plusieurs contrées à la fois, avaient donné naissance à un grand nombre de familles plus ou moins rapprochées l'une de l'autre, qui suivaient à peu près la même marche, et se développaient de la même manière, grâce à l'action providentielle qui l'avait ainsi déterminé. Ces familles, dont j'ai placé, à dessein, l'existence dans la race boréenne ou hyperboréenne, habitaient, par conséquent, les environs du pôle boréal, et recevaient nécessairement les influences du climat rigoureux sous lequel elles étaient obligées de vivre. Leurs habitudes, leurs mœurs, leurs manières de se nourrir, de se vêtir, de se loger, tout s'en ressentait ; tout, autour d'elles, prenait un caractère particulier. Leurs cahuttes ressemblaient à celles qu'habitent encore de nos jours les peuples occupant les régions les plus septentrionales de l'Europe et de l'Asie. Ce n'étaient guère que des trous creusés en terre, dont quelques branchages couverts de peau bouchaient l'ouverture. Le nom de *tanière* qui s'en est perpétué jusqu'à nous, signifiait dans le langage primitif de l'Europe, un feu en terre ; ce qui prouve que l'usage du feu, très promptement connu d'une race d'hommes à laquelle il était si nécessaire, remonte à l'antiquité la plus reculée.

Aucun sujet de discorde ou de haine ne pouvait naître au milieu de ces familles, qu'aucun intérêt particulier ne divisait, et dont les chefs, ou chasseurs ou pêcheurs, trouvaient facilement à pourvoir à leur subsistance. La paix profonde qui régnait parmi elles, en les rapprochant par des loisirs communs, facilitait entre elles des alliances qui les rapprochaient chaque jour davantage, en les unissant par des liens de parenté que les femmes furent les premières à connaître et à faire respecter. L'autorité qu'elles conservaient sur leurs filles, et l'avantage qu'elles en retiraient, faisaient la force et l'utilité de ces liens. Le langage, d'abord muet et réduit au signe seul, étant devenu articulé par la substitution qui se fit insensiblement de l'inflexion de voix qui accompagnait ordinairement le signe, au signe lui-même, s'étendit assez rapidement. Il fut d'abord très pauvre, comme tous les idiomes sauvages; mais, le nombre des idées étant très borné parmi ces familles, il suffisait à leurs besoins. Il ne faut pas oublier que les langues les plus riches aujourd'hui ont commencé par n'être composées que d'une très petite quantité de termes radicaux. Ainsi, par exemple, la langue chinoise qui se compose de plus de quatre-vingt mille caractères, n'offre guère que deux cent cinquante racines, qui forment à peine douze cents mots primitifs par les variations de l'accent.

Je ne dirai pas ici, comment le signe s'étant

d'abord changé en nom, au moyen de l'inflexion vocale, le nom se changea en verbe par l'adjonction qui s'y fit du signe; ni comment ce signe verbal, lui-même, s'étant encore vocalisé, pour ainsi dire, se changea en une sorte d'affixe, ou de préposition inséparable qui verbalisa les noms sans le secours du signe. Je suis entré ailleurs dans des détails plus que suffisants à cet égard (1). Tout ce que je dois ajouter, par occasion, c'est que lorsque le langage se fut vocalisé, et que les termes radicaux en furent généralement admis dans une Peuplade formée par un certain nombre de familles réunies et liées entre elles par tous les nœuds de la parenté, celui qui trouvait ou qui inventait une chose nouvelle, lui donnait nécessairement un nom qui la caractérisait et lui restait attaché. Ainsi, par exemple, le mot *rân* ou *rên*, s'étant appliqué au signe qui indiquait le mouvement de la course ou de la fuite, se donna à la Rêne, qui est un animal septentrional très vite à la course. Ainsi le mot *vâg*, s'étant également substitué au signe qui exprimait le mouvement d'aller en avant, se donna à toute machine servant à transporter d'un lieu à un autre, et particulièrement au chariot, dont la Race boréenne fit un grand usage, lorsque s'étant considérablement augmentée, elle se ré-

---

(1) Dans mon ouvrage sur la langue hébraïque, et dans celui sur la langue d'Oc.

pandit au loin, et jeta des essaims sur l'Europe et sur l'Asie. (1)

---

(1) Le mot *rên*, n'ayant pas pu s'appliquer dans des climats plus tempérés à la rêne qui n'y existe pas, s'est appliqué parmi nous au *renard*, et cela par la même raison. Du mot *vag*, qui signifiait un *chariot*, nous avons tiré le verbe *vaguer*. Tous les peuples du Nord ont nommé *veg* la route tracée par le chariot *vag*; et ce mot, changé par la prononciation, est devenu pour les Latins *via*; pour nous, *voie*; pour les Anglais, *way*, etc.

Je me retiens pour ne pas tomber dans une prolixité inutile et fatigante, dans laquelle mon penchant et mon occupation favorite m'entraîneraient peut-être. Je desire seulement que le lecteur reste persuadé, lorsque je lui présenterai plus loin une étymologie quelconque, que la racine sur laquelle je l'appuierai, d'origine boréenne ou sudéenne, celtique ou atlantique, est réellement authentique, et ne peut être attaquée du côté de la science. Si je n'en donne pas toujours la preuve, c'est pour éviter les longueurs et l'inutile étalage d'une érudition scolastique hors de place. La plupart de mes lecteurs le verront d'ailleurs facilement. Qui ne sait, par exemple, que la racine *rân* ou *rên*, que je viens de rapporter, exprime le sens de courir ou de couler, dans tous les idiomes celtiques? Le celte gallique dit *dho runnia*; l'armorique, *redek*; l'irlandais, *reathaim* ou *ruidim*; le saxon, *rannian*; le belge, *runne*; l'allemand *rennen*, etc. Le grec ῥέω signifie *s'écouler, s'enfuir*. C'est à cette racine que s'attache l'oscitanique *riu*, un ruisseau, une rivière, et tous ses dérivés; de là viennent les noms du *Rhein* et du *Rhône*, etc.

CHAPITRE V.

Digressions sur les quatre Ages du monde, et réflexions à ce sujet. Première Révolution dans l'État social, et première manifestation de la volonté générale.

Les poètes, et après eux les philosophes systématiques, ont beaucoup parlé des quatre âges du monde, connus dans les mystères antiques sous les noms d'Age d'or, d'argent, d'airain, et de fer; et sans s'inquiéter s'ils n'intervertissaient pas l'ordre de ces âges, ont donné le nom d'Age d'or à cette époque où l'homme, à peine échappé aux influences du seul instinct, commençait à faire le premier essai de ses facultés animiques, et à jouir de leurs résultats. C'était sans doute l'enfance du Règne hominal, l'aurore de la vie sociale. Ces commencements n'étaient pas sans douceur, comparés surtout à l'état d'assoupissement absolu et de ténèbres qui les avait précédés. Mais ce serait étrangement s'abuser, de croire que c'était là le point culminant de la félicité, le point où devait s'arrêter la civilisation. Une enfance, hors de ses limites naturelles, deviendrait imbécillité ; une aurore qui n'amènerait jamais le soleil frapperait la terre de stérilité et de stupeur.

Un auteur moderne a déjà remarqué, avec beaucoup de sagacité, que les hommes, portés naturellement à embellir le passé, surtout quand ils sont vieux, ont agi en corps de nation, précisément comme ils agissent en simples particuliers; ils ont toujours fait l'éloge des premiers âges du monde, sans trop réfléchir que ces premiers moments de leur existence sociale furent bien loin d'être aussi agréables qu'ils le prétendent. L'imagination légère et presque enfantine des Grecs a singulièrement embrouillé ce tableau, en le transportant à dessein, et pour plaire à la multitude, de la fin au commencement des temps. Ce qu'ils ont nommé l'Age d'or devait être appelé l'âge de fer ou de plomb, puisque c'était celui de Saturne, représenté comme un tyran soupçonneux et cruel, mutilant et détrônant son père pour lui succéder, et dévorant ses propres enfants pour se délivrer de la crainte d'un successeur. Saturne était là le symbole du Destin. Selon la doctrine des mystères, le passage du règne du Destin à celui de la Providence était préparé par deux règnes médianes: celui de Jupiter, et celui de Cérès, appelée Isis par les Égyptiens. L'un de ces règnes servait à réprimer l'audace des Titans, c'est-à-dire à subjuguer les espèces animales, et à établir l'harmonie dans la Nature par le redressement du cours des fleuves, le desséchement des marais, l'invention des arts, les travaux de l'agriculture, etc. L'autre servait à régulariser la société, par l'établissement des lois civiles, politiques et religieuses. On qualifiait ces deux règnes, d'âges d'airain et d'argent. Le nom d'Age d'or, qui suivait, était réservé au règne de Dionysos ou d'Osiris. Ce règne, qui devait apporter le bonheur sur la terre et l'y maintenir long-temps, était assujetti à des retours périodiques, qui se mesuraient par la durée de la grande année. Ainsi, selon cette doctrine mystérieuse, les quatre âges devaient se succéder incessamment sur la terre, comme les quatre saisons, jusqu'à la fin des temps, en commençant par l'âge de fer ou le règne de Saturne, assimilé à l'hiver.

Le système des Brahmes est, à cet égard, conforme à celui des mystères égyptiens, d'où les Grecs avaient tiré les leurs. Le Satya-youg, qui répond au premier âge, est celui de la réalité physique. Suivant ce qu'on dit dans les Pouranas, c'est un âge rempli de catastrophes effrayantes, où les éléments conjurés se livrent la guerre, où les Dieux sont assaillis par les démons, où le globe terrestre, d'abord enseveli sous les ondes, est à chaque instant menacé d'une ruine totale. Le Tetra-youg, qui le suit, n'est guère plus heureux. Ce n'est qu'à l'époque du Douapar-youg que la terre commence à présenter une image plus riante et plus tranquille. La sagesse, réunie à la valeur, y parle par la bouche de Rama et de Krishnen. Les hommes écoutent et suivent leurs leçons. La sociabilité, les arts, les lois, la morale, la Religion, y fleurissent à l'envi. Le Kali-youg, qui a commencé, doit terminer ce quatrième période par l'apparition même de Vishnou, dont les mains armées d'un glaive étincelant frapperont les pécheurs incorrigibles, et feront disparaître à jamais de dessus la terre les vices et les maux qui souillent et affligent l'Univers.

Au reste, les Grecs ne sont pas les seuls coupables d'avoir interverti l'ordre des âges, et porté ainsi la confusion dans cette belle allégorie. Les Brahmes eux-mêmes préconisent aujourd'hui le Satya-youg, et calomnient l'âge actuel; et cela en dépit de leurs propres annales, qui signalent le troisième âge, le Douapar-youg, comme le plus brillant et le plus heureux. Ce fut l'âge de leur maturité; ils sont aujourd'hui dans leur décrépitude; et leurs regards, comme ceux des vieillards, se tournent souvent vers les temps de leur enfance.

En général, les hommes que l'orgueil rend mélancoliques, toujours mécontents du présent, toujours incertains de l'avenir, aiment à se replier sur le passé dont ils ne croient avoir rien à craindre; ils le parent des couleurs riantes que leur imagination n'ose donner à l'avenir. Ils préfèrent dans leur sombre mélancolie, des regrets superflus et sans fatigue, à des desirs réels, mais qui leur coûteraient quelques efforts. J. J. Rousseau était un de ces hommes. Doué de grands talents par la nature, il se trouva déplacé par le Destin. Agité de passions ardentes qu'il ne pouvait satisfaire, voyant sans cesse le but qu'il eût desiré d'atteindre s'éloigner de lui, il concentra en lui-même l'activité de son ame, et tournant en de vaines spéculations, en des situations romanesques les élans de son imagination ou de son cœur, il n'enfanta que des paradoxes politiques, ou des exagérations sentimentales. L'homme le plus éloquent de son siècle déclama contre l'éloquence; celui qui pouvait être un des plus savants, dénigra les sciences; amant, il profana l'amour; artiste, il calomnia les arts; et, craignant d'être éclairé sur ses propres erreurs, fuyant les lumières qui l'accusaient, il osa bien tenter de les éteindre. Il les aurait éteintes, si la Providence ne se fût opposée à ses aveugles emportements; car sa volonté était une puissance terrible. En déclarant la souveraineté du Peuple, en mettant la multitude au-dessus des lois, en lui soumettant ses magistrats et ses rois comme ses mandataires, en secouant entièrement l'autorité du sacerdoce, il lacéra le contrat social qu'il prétendait établir. Si le système de cet homme mélancolique eût été suivi, la Race humaine eût rapidement rétrogradé vers cette nature primordiale, que son imagination vaporeuse et malade lui représentait sous une forme enchanteresse, tandis qu'elle ne renferme en réalité rien que de discordant et de sauvage.

Un homme atteint de la même maladie, mais plus froid et plus systématique, faillit amener en acte, ce que Rousseau avait laissé en puissance. Il s'appelait Weishaupt; il était professeur dans une ville médiocre d'Allemagne. Épris des idées du philosophe français, il les revêtit des formes mystérieuses de l'illuminisme, et les propagea dans les loges des francs-maçons. On ne saurait se faire une idée de la rapidité avec laquelle cette propagation se fit, tant les hommes sont prompts à accueillir ce qui flatte leurs passions! Pendant un moment la société européenne fut menacée d'un imminent danger. Si le mal n'avait pas été arrêté, il est impossible de dire jusqu'à quel point il aurait pu étendre ses ravages. On sait qu'un des adeptes de cette société subversive, frappé d'un coup de tonnerre dans la rue, et porté évanoui dans la maison d'un particulier, laissa saisir sur lui l'écrit qui contenait le plan de la conspiration et les noms des principaux conjurés. Il n'était question de rien moins que de renverser partout les trônes et les autels, afin de ramener tous les hommes à cette nature primitive, qui, selon ces visionnaires, en fait, sans distinction, des souverains pontifes et des rois.

Quelle épouvantable erreur! on a donné à Weishaupt le titre d'illuminé. C'était, au contraire, un aveugle fanatique, qui, de la meilleure foi du monde, croyant travailler au bonheur du genre humain, le poussait dans un abîme effroyable.

C'est parce que je sais qu'à la réception de plusieurs initiés aux mystères de cet extravagant politique, on lisait une description de l'Age d'or, que j'ai voulu détruire la fausse idée qui pourrait subsister encore dans quelques têtes. Weishaupt, ainsi que

Rousseau, n'avait qu'une érudition médiocre. Si l'un et l'autre avaient connu les vraies traditions, ils auraient su que l'idée de placer l'Age d'or à l'origine des sociétés, parmi des hommes privés de gouvernement et de culte, n'avait paru spécieuse à quelques poètes grecs et latins que parce qu'elle était en harmonie avec l'opinion erronée de leur temps. A l'ouverture des mystères antiques, fort au-dessus sans doute de ceux de Weishaupt, ce n'était point une description aussi brillante qu'on lisait, mais le commencement de la cosmogonie de Sanchoniaton, qui, comme on sait, présente un tableau tout-à-fait différent et fort ténébreux.

Qu'on ne soit pas surpris de me voir consacrer une assez longue digression à combattre une idée aussi frivole que celle de l'Age d'or; il faut considérer que ceux qui écrivent aujourd'hui le plus froidement sur la politique, et qui riraient de pitié si on les accusait de caresser une semblable idée, ne font pourtant qu'obéir au mouvement dont elle a été l'occasion. Si Rousseau n'en eût pas été pénétré, il n'aurait pas dit, dans son *Discours sur l'Origine de l'Inégalité*, que l'homme qui médite est un animal dépravé; et, dans son *Émile*, que plus les hommes savent, et plus ils se trompent; le seul moyen d'éviter l'erreur, est l'ignorance. Ce ne sont jamais les hommes que la raison conseille, ou dont l'intérêt guide la plume, qui sont dangereux en politique, dans quelque parti qu'ils se rangent; ce sont ceux qui, possédés d'une idée fixe, quelle qu'elle soit, écrivent avec persuasion et enthousiasme. Je rentre dans mon sujet.

L'homme, tel que je l'ai laissé en terminant le dernier Chapitre, était arrivé, par le développement successif de ses facultés, au premier degré de l'État social; il était constitué en familles réunies entre elles par les liens de la parenté; il avait inventé plusieurs choses utiles; il s'était logé; il s'était grossièrement vêtu; il avait soumis au joug de la domesticité plusieurs espèces d'animaux; il connaissait l'usage du feu; et par-dessus tout cela, il possédait un idiome articulé, qui, quoique informe, suffisait à ses besoins. Cet état, que plusieurs poètes complaisants et quelques médiocres politiques ont cru être l'Age d'or, n'était rien moins que cela; c'était un premier pas de fait dans la civilisation, lequel devait être suivi d'un second, et celui-ci d'un troisième. La carrière avait été ouverte, et il était aussi impossible à l'homme de s'y arrêter dès le début, qu'il lui aurait été impossible de ne pas y entrer : l'action de la Providence et celle du Destin agissaient de concert dans cet événement.

Cependant la femme, qui pouvait se glorifier à juste titre de tout le bien qui en était résulté, ne sut pas le mettre à profit : elle commit une faute bien grave dans ce commencement de civilisation, une faute dont les suites, terribles pour elle, faillirent entraîner la perte de la Race entière. Contente du changement qui s'était fait dans son sort, elle ne songea qu'à le fixer; et, ne considérant que son intérêt individuel, oublia l'intérêt général de la société. Comme son instinct la portait plutôt à posséder qu'à jouir, et que sa vanité se montrait toujours dans son ame avant tout autre sentiment, elle s'attacha à son époux plus par l'intérêt que par le plaisir, et mit sa vanité à lui plaire, plutôt pour s'en assurer la possession, que pour lui rendre la sienne plus agréable. Elle voulut toujours être aimée avant d'aimer, afin de ne jamais risquer son empire. L'homme, porté par un instinct contraire à jouir plutôt qu'à posséder, et mettant son orgueil à céder à ce que sa pitié lui avait montré d'abord comme de la faiblesse, facilita les projets intéressés de sa compagne. Ses travaux extérieurs excitant son indolence casanière, il ne mit aucun obstacle aux usurpations journalières de la femme, qui se trouva bientôt, selon ses désirs, maîtresse absolue de tout le ménage : elle s'en créa le centre, y disposa de tout, et commanda à celui que la Nature avait destiné à être son maître. L'éducation qu'elle donna à ses filles, conforme à ses idées, augmenta en elles la force de l'instinct, et les disposa de plus en plus à suivre la route abusive qu'elle avait ouverte; en sorte qu'au bout de quelques générations le despotisme féminin était établi.

Mais ce que l'instinct avait fait d'un côté, l'instinct devait le défaire de l'autre; le mouvement commencé ne pouvait pas s'arrêter là; il fallait que le Destin eût son cours. L'Homme, s'étant soumis à la femme par une sorte d'indolence orgueilleuse, s'aperçut bientôt qu'il lui était plus facile de renoncer à posséder qu'à jouir. Il rencontra hors de sa tanière quelque jeune fille qui éveilla ses desirs; et comme peut-être sa femme avait passé l'âge de la fécondité, il voulut en associer une autre à son sort. A cette nouvelle, une passion jusqu'alors inconnue, la jalousie, s'alluma dans l'ame de sa première épouse. La vanité blessée et l'intérêt alarmé lui donnèrent naissance; les plus affreux orages en furent la suite. Ce qui se passait dans une seule famille les ébranla toutes; pour la première fois le trouble fut général; pour la première fois la Race boréenne sentit qu'il pouvait y avoir pour elle des intérêts généraux. Les hommes d'un côté, les femmes de l'autre, débattirent à leur manière ce point de législation, le premier qui eût été débattu : Un homme peut-il avoir plusieurs femmes ?

Comme il n'y avait point là de culte exclusif qui pût dominer leur raison, et que les espérances d'une autre existence ne pouvaient point naître dans leur intelligence encore engourdie, les hommes décidèrent que cela se pouvait. Rassemblés pour la première fois en grandes masses, et hors de leurs tanières, ils sentirent que leurs forces, en se confondant, augmentaient d'intensité, et que leurs résolutions avaient quelque chose de solennel. Les plus timides étaient étonnés de leur audace. Telle fut l'occasion, et tel fut le résultat du premier usage que l'homme fit de sa Volonté générale.

 Les femmes, irritées au dernier point d'une décision aussi contraire à leur domination, résolurent d'en empêcher l'exécution par tous les moyens. Elles ne concevaient pas comment ces mêmes hommes, si faibles auprès d'elles, avaient pu montrer une audace aussi grande. Elles espérèrent de les ramener, mais vainement; parce que l'acte qui venait de se passer avait créé une chose jusqu'alors inconnue, une chose dont les résultats devaient être immenses : l'*opinion*, qui, en imprimant à l'orgueil une nouvelle direction, le change en *honneur*, et lui donne le pas sur la pitié. Dans cette situation, les femmes auraient dû se laisser inspirer par la compassion ; mais leur vanité ne permettant pas ce mouvement ascendant qui aurait pu ébranler leur intelligence, elles se confièrent à leur instinct, qui les perdit. La ruse leur ayant persuadé qu'elles pouvaient opposer la faiblesse à la force, et que leurs maris effrayés n'oseraient pas les combattre, elles les provoquèrent imprudemment : mais à peine eurent-elles levé le bras, qu'elles furent vaincues : le Destin, qu'elles avaient invoqué, les accabla.

CHAPITRE VI.

Suite. Sort déplorable de la femme à l'origine des sociétés. Seconde Révolution. La Guerre et ses conséquences. Opposition des Races.

Le funeste événement que je viens de raconter en très peu de mots n'est point une oiseuse hypothèse, imaginée seulement pour étayer un système ; c'est un fait réel, qui n'a malheureusement laissé que trop de traces. Le torrent des siècles n'a pu les effacer encore ; elles s'offrent partout aux regards de l'historien et de l'observateur. Considérez les peuples sauvages qui, tenant de plus près à la Race boréenne, ont conservé ses mœurs originelles, les Samoïèdes, par exemple ; vous y trouverez encore dans toute sa force la cause fatale des malheurs qui pendant un grand laps de temps ont pesé sur la femme. Elle voulut dominer par la ruse, elle fut écrasée par la force. Elle voulut s'emparer de tout, et rien ne lui fut laissé. On ne peut penser sans frémir à l'état horrible où elle fut réduite. Il n'est que trop naturel à l'homme de passer d'une extrémité à l'autre dans ses sentiments, et de briser avec dédain les objets de son amour ou de sa vénération.

Il existe encore de nos jours des peuples que des situations locales ou des circonstances fatales ont éloignés des bienfaits de la Religion et de la civilisation, chez lesquels l'infortune de la femme s'est perpétuée. La manière dont elle y est traitée ne peut être racontée sans dégoût. C'est moins la compagne de l'homme que son esclave; moins un être humain qu'une bête de somme. La plus belle moitié du genre humain, celle que la Nature semble avoir pris plaisir à former pour le bonheur, y a perdu jusqu'à l'espérance. Leur sort y est tellement déplorable qu'il n'est point rare d'y voir des mères que la compassion rend dénaturées, étouffer en naissant leurs filles, pour leur épargner l'horrible avenir qui les attend.

O femmes, femmes, objets chers et funestes! si cet écrit tombe entre vos mains, ne vous hâtez pas de prendre des préventions contre son auteur. C'est le plus sincère de vos amis; ce fut peut-être le plus tendre de vos amants! S'il signale vos fautes, il signalera aussi vos bienfaits. Il les a même déjà signalés, puisqu'il a dit que les commencements de la civilisation humaine étaient votre ouvrage. Défendez-vous d'une vanité puérile, production de votre instinct; et cherchez dans votre ame, et surtout dans votre intelligence, des sentiments plus doux et des inspirations plus généreuses. Vous les y trouverez bien facilement, puisque la Divinité, qui en est la source, a voulu que tout se développât dans votre sein avec une admirable promptitude. Vous offrez les charmes de l'adolescence, à l'époque où l'homme n'est encore qu'un enfant, et vos tendres regards trahissent déjà les émotions de votre ame, quand il ignore leur existence. Que vous seriez admirables si, toujours en garde contre les mouvements d'une exclusive vanité, d'un intérêt jaloux, vous tourniez au profit de l'homme et de la société les moyens enchanteurs que vous possédez ! C'est véritablement alors qu'on pourrait vous appeler le génie tutélaire de l'enfance, le charme de la jeunesse, le soutien et le conseil de l'homme. Vous embelliriez le songe de la vie; et ce songe s'écoulerait pour vous.

Les fautes que j'ai signalées, et celles que je signalerai encore, vous les trouverez bien loin de vous : elles le sont en effet, et par le temps et par la forme. Mais le fond subsiste, et vous en pouvez commettre d'un autre genre. Votre éducation, mal conçue et mal conduite, vous y pousse ; prenez-y garde. L'Europe est dans une sourde fermentation. Si vous ne vous conduisez pas avec sagesse, je vous le dis avec peine, mais il est certain que le sort des femmes de l'Asie vous attend.

Mais, sans rien anticiper sur ce que j'ai à dire, revenons à l'histoire des siècles passés.

Tandis que la Race boréenne se civilisait, comme je l'ai dit, et qu'elle augmentait en nombre de manière à occuper d'année en année un plus grand espace de terrain, les siècles s'écoulaient en silence. Toutes les inventions se perfectionnaient, et l'on pouvait déjà remarquer parmi les différentes peuplades, dont la Race entière était composée, quelques commencements de vie pastorale et d'agriculture. On avait creusé des canots pour traverser les bras de mer et pour naviguer sur les fleuves. On avait fabriqué des chariots pour pénétrer plus facilement dans l'intérieur du pays. Quand les pâturages étaient épuisés dans une contrée on passait dans une autre. La terre, qui ne manquait jamais aux habitants, suffisait à leurs besoins. Les profondes forêts abondaient en gibier ; les mers, les fleuves, offraient une pêche inépuisable et facile. Les discordes particulières qui pouvaient s'élever, promptement éteintes, ne devenaient jamais générales; et le Peuple destiné à être le plus belliqueux du monde, en était alors le plus pacifique. Ce Peuple aurait joui à cette époque d'un bonheur aussi grand que sa situation le lui permettait, si une partie de lui-même n'eût pas gémi sous le poids de l'oppression. Les femmes étaient partout réduites à l'état où on les voit aujourd'hui parmi les Samoïèdes. A peu près communes, elles étaient chargées des travaux les plus pénibles. Quand elles devenaient âgées, ce qui était assez rare, et qu'on n'en pouvait plus tirer aucun service, on poussait souvent la barbarie jusqu'à les noyer. Les gémissements de ces infortunées victimes éveilla enfin la sollicitude de la Providence, qui, fatiguée de tant de cruauté, et voulant d'ailleurs pousser en avant cette civilisation stagnante et à peine ébauchée, détermina un mouvement, en puissance, que le Destin fit passer en acte.

Dans ce temps-là, la Race noire, que j'appellerai toujours *Sudéenne* à cause de son origine équatoriale, et par opposition à la Race blanche que j'ai nommée *Boréenne*; la Race noire, dis-je, existait dans toute la pompe de l'État social. Elle couvrait l'Afrique entière de nations puissantes émanées d'elle, possédait l'Arabie, et avait poussé ses colonies sur toutes les côtes méridionales de l'Asie, et très avant dans l'intérieur des terres. Une infinité de monuments qui portent le caractère africain, existent encore de nos jours dans tous ces parages, et attestent la grandeur des peuples auxquels ils ont appartenu. Les énormes constructions de Mahabalipouram, les cavernes d'Ellora, les temples d'Isthakar, les remparts du Caucase, les pyramides de Memphis, les excavations de Thèbes en Égypte, et beaucoup d'autres ouvrages, que l'imagination étonnée attribue à des Géants, prouvent la longue existence de la Race sudéenne et les immenses progrès qu'elle avait faits dans les arts. On peut faire à l'égard de ces monuments une remarque intéressante. C'est que le type d'après lequel ils sont tous construits est celui d'une caverne creusée dans une montagne; ce qui donne à penser que les premières habitations des peuplades africaines furent des sortes de cryptes formées de cette manière, et que le nom de troglodytes dût être d'abord leur nom générique. Le type de l'habitation primitive des nations boréennes, qui a été le chariot, se reconnaît dans la légèreté de l'architecture grecque, dans la forme des temples antiques, et même dans celle des maisons. Quant aux races médianes qui ont dominé ou qui dominent encore en Asie, et qui tiennent à la Race jaune, la Tatâre orientale et la chinoise, très nombreuse quoique très avancée dans sa vieillesse, il est évident que tous leurs monuments retracent fidèlement la forme de la tente, qui fut leur première demeure.

Or, la Race sudéenne, très puissante et très répandue en Afrique et dans le midi de l'Asie, ne connaissait qu'imparfaitement encore les contrées septentrionales de cette partie du monde, et n'avait de l'Europe qu'une très vague idée. L'opinion générale était sans doute que cette vaste étendue, occupée par des terres stériles et frappées d'un hiver éternel, devait être inhabitable. L'opinion contraire eut lieu en Europe, à l'égard de l'Afrique, lorsque la Race boréenne parvenue à un certain degré de civilisation commença à avoir une science géographique. Quoi qu'il en soit, le nord de l'Asie et l'Europe vinrent à être connus des Sudéens, au moment où cet événement devait avoir lieu. Quelles que fussent les circonstances qui l'amenèrent, et les moyens qui furent employés pour cela, il n'importe : la Providence l'avait voulu, et il fut.

Les hommes blancs aperçurent pour la première fois, à la lueur de leurs forêts incendiées, des hommes d'une couleur différente de la leur. Mais cette différence ne les frappa pas seule. Ces hommes couverts d'habits extraordinaires, de cuirasses resplendissantes, maniaient avec adresse des armes redoutables, inconnues dans ces régions. Ils avaient une cavalerie nombreuse; ils combattaient sur des chars, et jusque sur des tours formidables, qui, s'avançant comme des colosses, lançaient la mort de tous les côtés. Le premier mouvement fut pour la stupeur. Quelques femmes blanches dont ces étrangers s'emparèrent et dont ils cherchèrent à capter la bienveillance, ne furent pas difficiles à séduire. Elles étaient trop malheureuses dans leur propre patrie pour en avoir nourri l'amour. De retour dans leurs tanières, elles montrèrent les colliers brillants, les étoffes délicates et agréablement nuancées qu'elles avaient reçus. Il n'en fallut pas davantage pour monter la tête de toutes les autres. Un grand nombre profitant des ombres de la nuit, s'enfuit, et alla rejoindre les nouveaux venus. Les pères, les maris, n'écoutant que leur ressentiment, saisirent leurs faibles armes, et s'avancèrent pour réclamer leurs filles ou leurs épouses. On avait prévu leur mouvement; on les attendait. Le combat engagé, l'issue n'en fut pas douteuse. Plusieurs furent tués, un plus grand nombre demeura prisonnier; le reste prit la fuite.

L'alarme gagnant de proche en proche, se répandit en peu de temps dans la Race boréenne. Les peuplades en grandes masses s'assemblèrent, délibérèrent sur ce qu'il y avait à faire, sans avoir prévu d'avance qu'elles délibéreraient, ni su ce que c'était qu'une délibération. Le péril commun éveilla la Volonté générale. Cette volonté se manifesta, et le décret qu'elle porta prit encore la forme d'un plébiscite; mais son exécution ne fut plus aussi facile qu'elle l'avait été autrefois. Elle n'agissait plus sur elle-même. Le peuple assemblé le sentit, et vit bien que l'intention de faire la guerre ne suffisait pas, et qu'il serait indubitablement vaincu, s'il ne trouvait pas des moyens de la diriger. Là-dessus, un homme que la Nature avait doué d'une grande taille et d'une force extraordinaire, s'avança au milieu de l'assemblée, et déclara qu'il se chargeait d'indiquer ces moyens. Son aspect imposant, son assurance, électrisèrent l'assemblée. Un cri général s'éleva en sa faveur. Il fut proclamé le *Herman* ou *Gherman*, c'est-à-dire le chef des hommes. Tel fut le premier chef militaire. (1)

L'important décret qui établissait un homme au-dessus de tous n'avait nul besoin d'être écrit ni promulgué. Il était l'expression énergique de la Volonté générale. La force et la vérité du mouvement l'avaient gravé dans toutes les ames. Lorsqu'il a été nécessaire d'écrire les lois, c'est que les lois n'étaient plus unanimes.

---

(1) C'est de ce nom de *Herman* ou *Gherman* que dérivent les noms de *Germains* et de *Germanie*, que nous donnons encore aux Allemands et à l'Allemagne. La racine *her* signifie au propre *une éminence*, et au figuré *un souverain, un maître*.

Le Herman divisa d'abord les hommes en trois classes. Dans la première, il plaça tous les vieillards hors d'état par leur âge de supporter les fatigues de la guerre; il appela dans la seconde tous les hommes jeunes et robustes, dont il composa son armée; et plaça dans la troisième les hommes faibles et âgés, mais encore actifs, qu'il destina à pourvoir à ses besoins de toute espèce. Les femmes jeunes et les enfants furent renvoyés au loin, au-delà des fleuves ou dans la profondeur des forêts. Les femmes âgées et les jeunes garçons servirent à porter les vivres ou à garder les chariots. Comme les vieillards étaient chargés de distribuer à chacun des combattants sa ration journalière, et qu'ils veillaient sur les provisions, on leur donna le nom de *Diète*, c'est-à-dire la subsistance; et ce nom s'est conservé jusqu'à nos jours dans celui de la Diète germanique (1), non pas qu'elle s'occupe comme autrefois de la subsistance proprement dite, mais de l'existence du corps politique. Cette Diète fut le modèle de tous les sénats

---

(1) Ce mot a signifié la manière de se nourrir ou de pourvoir à sa subsistance, tant dans le mot grec *διαιτα*, que dans le latin *diæta*, dans le français *diète*, dans l'anglais *diet*, etc. On dit encore aujourd'hui en anglais *to diet one*, pour exprimer le soin qu'on prend de nourrir quelqu'un. Ce mot tient à l'ancienne racine *æd*, la nourriture réuni à l'article *de*, en anglais *the*, en allemand *die*. De cette racine *æd*, sont sortis les verbes *edere* en latin, *ætan* en saxon, *to eat* en anglais, *essen* en allemand, etc.

qui furent institués par la suite en Europe, pour représenter la volonté générale. Quant aux deux autres classes établies dans la masse de la population, on donna à l'une, à celle qui contenait les guerriers, le nom de *Leyt*, c'est-à-dire l'Élite; et à l'autre, celui de *Folk* ou *Volg*, c'est-à-dire ce qui suit, ce qui sert, la foule, le vulgaire (1). Voilà l'origine tant cherchée de l'inégalité des conditions, établie de si bonne heure parmi les nations septentrionales. Cette inégalité ne fut ni le résultat du caprice, ni celui de l'oppression; il fut la suite nécessaire de l'état de guerre dans lequel se trouvaient engagées ces nations. Le Destin qui provoquait cet état, en déterminait toutes les conséquences. Il partageait irrésistiblement le peuple en deux classes: celle des forts et celle des faibles: celle des forts, appelée à combattre, et celle des faibles, réservée pour nourrir et servir les combattants. Cet état de guerre, qui, par sa longue durée, devait devenir l'état habituel de la Race boréenne, consolida ces deux classes, et en rendit, par la suite des temps, la démarcation fixe et les emplois héréditaires. De là naquirent au sein même de cette Race, la noblesse et la roture avec tous leurs priviléges et tous leurs attributs; et lorsque après avoir été long-temps asservie ou com-

---

(1) Les mots *leyt* et *volk* sont encore usités en allemand. Le mot grec attique λαός s'attache au mot *leyt*. Le latin *vulgus* dérive du mot *volg*, ainsi que notre mot *foule*.

primée, cette même Race prit enfin le dessus sur la Race sudéenne, et qu'elle en subjugua les diverses nations, elle y consigna encore l'existence de ces deux classes, dans les titres de Boréens et d'Hyperboréens (1), ou de Barons et de Hauts-Barons, que s'attribuèrent les vainqueurs, devenus maîtres souverains, ou féodaux.

---

(1) Il faut considérer, comme une chose digne d'attention, que tandis que le mot *Boréen* est devenu un titre d'honneur dans celui de *Baron*, en Europe; en Asie et en Afrique le mot *Sudéen* a pris le même sens dans celui de *Syd*, qu'on écrit très mal à propos *Cid*.

CHAPITRE VII.

Première organisation sociale. Troisième Révolution. La servitude et ses suites.

Lorsque le Herman eut fait la division dont j'ai parlé au chapitre précédent, il songea à étendre autant qu'il le put cette constitution guerrière, et choisit pour cet effet divers lieutenants, qu'il envoya au loin, parmi les peuplades boréennes, pour les instruire de ce qui se passait, et les engager, au nom du salut commun, de s'unir d'après les mêmes principes, et de venir en toute hâte combattre l'ennemi. Cette ambassade, dont la nécessité suggéra encore le moyen et la forme, eut tout le succès qu'on en pouvait attendre. Les différentes peuplades, alarmées par les récits qu'elles entendirent, et d'ailleurs entraînées par le mouvement imprimé d'en haut, se constituèrent toutes sur le même plan, et créèrent autant de *Hermans* qu'il y eut de congrégations. Ces divers *Hermans* en se réunissant formèrent un corps de chefs militaires, qui ne tardèrent pas à sentir, toujours guidés par la force des choses, qu'il était utile, autant pour eux que pour la chose publique, de se donner un chef suprême. Ce chef, proclamé sur sa propre présentation, et parce qu'il était évidemment le plus fort et le plus puissant, fut appelé

Heröll, c'est-à-dire le chef de tous (1). Les Diètes des diverses peuplades le reconnurent, et les différentes classes de *Leyts* et de *Folks* jurèrent de lui obéir. Tel fut le premier empereur, et telle fut la source du gouvernement féodal : car en Europe, et parmi les nations de Race boréenne, le gouvernement impérial ou féodal ne diffère pas. Un empereur qui ne domine pas sur des chefs militaires, souverains des peuples qu'ils gouvernent, n'est pas un véritable empereur. Ce n'est point un *Heröll* proprement dit; c'est un *Herman*, un chef militaire plus ou moins puissant. Un empereur, tel que l'Agamemnon d'Homère, doit régner sur des rois.

Mais, outre les deux classes primordiales qui divisaient les peuplades entières en hommes d'armes et en serfs, il se forma deux autres classes supérieures à celles-là, qui se composèrent d'hommes de choix que s'attachèrent principalement le Heröll ou le Herman, et qui formèrent leur garde, leur suite, et enfin leur cour. Ces deux classes, auxquelles s'attribuèrent avec le temps de grands priviléges, donnèrent leur nom à la Race tout entière; surtout

---

(1) Ce nom, en se chargeant de l'inflexion gutturale dans celui de *Heröll* ou *Hercule*, est devenu célèbre par toute la terre. Il a été appliqué par la suite des temps à la Divinité universelle, au soleil; comme celui de *Herman* a été donné au Dieu de la guerre. On appelait *Irminsul*, ou plutôt *Herman-Sayl*, le symbole de ce Dieu, représenté par une lance.

lorsque cette Race, ayant saisi la domination, étendit au loin ses conquêtes, et fonda des nations puissantes. De là sortirent les Hérules et les Germains.

Et comme par imitation des Heròlls ou des Hermans les chefs inférieurs, rendus puissants par la conquête, eurent aussi leurs suivants, appelés *Leudes*, à cause de la classe des hommes d'armes d'où ils sortaient; ils donnèrent également leurs noms à des peuples entiers, lorsque ces peuples, conduits par eux, parvinrent à se distinguer de la nation proprement dite, en s'établissant au loin. (1)

Mais tandis que la Race boréenne s'était ainsi préparée au combat, le combat avait continué. Les Sudéens, profitant de leurs avantages, s'étaient avancés dans l'intérieur du pays. La flamme et le fer leur ouvraient des routes à travers des forêts jus-

---

(1) Il faut noter avec soin que tous les Peuples dont on trouve les noms dans les anciens auteurs, compris ordinairement sous le nom générique de Celtes ou de Scythes, n'étaient au fond que les divisions d'un seul et même Peuple, issu d'une seule et même Race. Le nom de Celtes qu'ils se donnaient, en général, à eux-mêmes, signifiait les mâles, les forts, les illustres; il dérivait directement du mot *held*, un héros, un prud'homme. Le nom de Scythes que leur donnaient leurs ennemis, signifiait, au contraire, les impurs, les réprouvés; il venait du mot *Cuth* ou *Scuth*, appliqué à toute chose qu'on éloigne, qu'on repousse ou qui repousse. Il désignait au propre un crachat. C'était par ce mot injurieux que la Race noire caractérisait la blanche, à cause de la couleur du crachat.

qu'alors impraticables. Ils franchissaient les fleuves avec facilité, au moyen de ponts de bateaux qu'ils savaient construire. A mesure qu'ils avançaient, ils élevaient des forts inaccessibles. Les Boréens, malgré leur nombre et leur valeur, ne pouvaient point tenir la campagne devant ces redoutables ennemis, trop au-dessus d'eux par leur discipline, leur tactique, et la différence des armes. S'ils essayaient de tomber sur eux à l'improviste, ou de les surprendre à la faveur des ombres de la nuit, ils les trouvaient renfermés dans des camps fortifiés. Tout trahissait cette Race infortunée, et semblait la conduire à sa perte absolue. Les femmes même des Boréens les abandonnaient pour leurs vainqueurs. Les premières qui s'étaient livrées, ayant appris l'idiome des Sudéens, leur servaient de guides, et leur montraient les retraites les plus cachées de leurs pères et de leurs époux. Ces malheureux, surpris, enveloppés de toutes parts, coupés, jetés avec adresse sur le bord des fleuves, ou acculés contre les montagnes, étaient obligés de se rendre ou de mourir de misère. Ceux qui étaient faits prisonniers dans les combats, ou qui se rendaient, pour éviter la mort, subissaient l'esclavage.

Cependant les Africains, déjà maîtres d'une grande partie du pays, en avaient fait explorer les richesses naturelles par leurs savants. On y avait découvert en abondance des mines de cuivre, d'étain, de plomb, de mercure, et surtout de fer, que sa grande utilité rendait si précieux à ces peuples. On avait trouvé des forêts immenses, riches en bois de construction. Les plaines offraient aux agriculteurs qui voudraient les défricher, l'espoir de récoltes magnifiques en blé. Des rivières en grand nombre présentaient sur leurs rives de gras pâturages, susceptibles de recevoir et de nourrir une quantité considérable de bestiaux. Ces nouvelles, apportées en Afrique et en Asie, attiraient une foule de colons.

On commença par exploiter les mines. Les misérables Boréens qu'on avait pris, et qu'on prenait tous les jours, furent livrés à des maîtres avides, qui les employèrent à ce rude travail. Ils n'étaient pas inhabiles à creuser grossièrement la terre. On leur apprit à le faire avec méthode, en se servant d'instruments appropriés. Ils pénétrèrent dans les entrailles des montagnes, ils en tirèrent en grandes masses le minerai du cuivre, du fer, et des autres métaux. Ils furent obligés de les travailler et de les fondre. Ensevelis vivans dans des gouffres méphitiques, attachés à des roues, forcés d'entretenir des feux énormes, et de battre sur l'enclume des masses ardentes, combien de peines n'eurent-ils pas à supporter!

D'autres, pendant ce temps, traînaient la charrue et arrosaient de leur sueur des sillons dont les vainqueurs devaient recueillir les moissons. Les femmes même ne furent pas épargnées. Après que la victoire fut décidée, et qu'on n'eut plus besoin de leurs secours, on ne les traita guère mieux que leurs maris. On les vendit comme esclaves, et, pêle-mêle avec les hommes, on les fit passer en Afrique, où, tandis qu'on les employait aux travaux les plus vils, on spéculait sur leur postérité.

Si les Nations boréennes, au lieu d'être encore nomades, eussent été fixées, si elles eussent habité des villes, comme celles que les Espagnols trouvèrent en Amérique, elles étaient entièrement perdues. Mais il semblait que la Providence, voulant leur conservation, eût imprimé dans la profondeur de leur ame une horreur invincible pour tout ce qui portait l'apparence d'une enceinte murée. Cette horreur, augmentée sans doute par les calamités sans nombre qu'elles éprouvèrent dans les prisons de leurs tyrans, subsista un grand nombre de siècles même après leur délivrance, même au milieu de leurs triomphes. Et malgré le mélange qui a eu lieu tant de fois entre les peuples du Midi et du Nord, on trouve encore un grand nombre de hordes, d'origine boréenne, dont rien n'a pu vaincre la répugnance pour les demeures fixes, même après s'être établies dans des climats plus doux.

Ce qui sauva la Race blanche d'une destruction totale, ce fut la facilité qu'elle eut de fuir ses vainqueurs, après qu'elle eut reconnu l'impossibilité de leur résister. Les débris des diverses peuplades, recueillis par les Hermans, qui depuis leur création n'avaient pas cessé de se renouveler, se réfugièrent dans le nord de l'Europe et de l'Asie ; et, parvenus dans ces immenses régions qui leur avaient servi de berceau, s'y firent un rempart des glaces que la longueur des hivers y amoncelle. Leurs oppresseurs tâchèrent d'abord de les y poursuivre ; mais, après plusieurs tentatives infructueuses, ils en furent repoussés par l'âpreté du climat.

CHAPITRE VIII.

Quatrième Révolution. La Paix et le Commerce.

Cependant une guerre implacable continua entre les deux Races : du côté des vainqueurs, on voulait faire des esclaves pour exploiter les mines et cultiver les terres ; du côté des vaincus, on voulait tirer d'abord vengeance des maux qu'on avait soufferts, et qu'on souffrait encore, et ensuite s'approprier ce qu'on pouvait ravir des biens des Sudéens. Il y avait parmi ces biens, outre les bestiaux et ce qui servait directement à la subsistance, une foule d'objets dont les Boréens avaient reconnu la grande utilité, et nommément les armes de cuivre et de fer, et les instruments de toutes sortes, fabriqués de ces deux métaux.

Souvent, au moment où l'on s'y attendait le moins, un déluge de Boréens inondait les établissements de leurs ennemis; tout ce qui pouvait être enlevé l'était; ce qui ne pouvait pas l'être était dévasté. C'était ordinairement au cœur de l'hiver, et tandis qu'une voûte de glace couvrait les fleuves et les lacs, que ces incursions avaient lieu. Toutes les précautions des Africains devenaient inutiles contre la première violence du torrent : moins habitués aux rigueurs du climat, ils ne pouvaient quitter aussi facilement leurs remparts; les campagnes sans défenses devenaient la proie de leurs anciens possesseurs. Les Boréens tombaient bien dans quelques embuscades, ils laissaient bien quelques morts et quelques prisonniers; mais ce qu'ils emportaient les dédommageait toujours au-delà de leurs pertes; en s'emparant de certaines mines, de certaines forges, ils délivrèrent souvent un grand nombre de leurs compatriotes, et emmenèrent avec eux plusieurs habiles ouvriers des Sudéens. Le parti qu'ils surent tirer de ces captures fut un événement dont les suites devinrent d'une incalculable importance : un de leurs Hermans, qui peut-être avait été esclave chez les ennemis, leur persuada d'appliquer leurs prisonniers aux mêmes travaux, afin de se procurer des armes égales en suffisante quantité. Leurs essais en ce genre furent d'abord assez grossiers, mais enfin ils connurent l'art de fondre le cuivre et le fer, et ce fut un pas énorme qu'ils firent. Leurs lances, leurs flèches, leurs haches, quoique mal taillées et mal trempées, n'en devinrent pas moins redoutables en des mains aussi robustes que les leurs; car c'est ici le lieu de dire que, quant à la force physique, ils étaient infiniment supérieurs aux Sudéens. Leur taille élevée les avait d'abord fait prendre pour des Géants; il paraît même certain que la fable des Titans, quoique ayant un objet cosmogonique en vue, a été matériellement conçue d'après eux, lorsque, parvenus à nettoyer l'Europe de leurs adversaires, ils portèrent la guerre en Afrique, et menacèrent le temple de Jupiter-Ammon.

Lorsque la saison devenait moins rigoureuse, les Sudéens reprenaient bien l'offensive; mais c'est en vain que, pendant six ou huit mois de l'année, ils couvraient la campagne de leurs armées; les Boréens, habiles à les éviter, se repliaient dans les vastes solitudes du nord de l'Asie, et semblaient disparaître à leurs regards. Aux premières approches de l'hiver, au moment où les frimas obligeaient leurs ennemis à la retraite, on les voyait de nouveau sortir de leurs asiles, et recommencer leurs déprédations.

Cet état hostile, qui dura sans doute long-temps, eut un résultat inévitable, celui de développer dans l'âme des Boréens la valeur guerrière, en changeant en passion permanente l'instinct du courage qu'ils avaient reçu de la nature. Instruits par leurs nombreuses défaites, ils apprirent de leurs ennemis mêmes l'art de les combattre avec moins de désavantage. Heureusement dégagés de tous préjugés, sans autre opiniâtreté que celle de la résistance, ils changèrent facilement leur mauvaise tactique en une meilleure, et ne gardèrent pas leurs armes grossières et peu dangereuses, quand ils eurent trouvé l'occasion de s'en procurer de plus redoutables. Au bout de quelques siècles, ces hommes que les superbes habitants de l'Afrique et de l'Asie regardaient comme de méprisables sauvages, dont la vie était à leur merci, devinrent des guerriers dont on ne pouvait plus, comme autrefois, dédaigner les attaques. Déjà les frontières extrêmes avaient été franchies plus d'une fois, les forts enlevés et détruits, les établissements trop enfoncés dans l'intérieur du pays pillés ou dévastés, et bientôt les villes mêmes bâties sur les rivages de la mer Méditerranée, depuis le Pont-Euxin jusqu'à la mer Atlantique, ne se crurent pas en sûreté, malgré les remparts dont elles étaient environnées.

Alors les nations sudéennes, auxquelles ces colonies appartenaient, réfléchirent sur cette situation critique, et jugèrent qu'il valait mieux chercher les moyens de vivre en paix avec les naturels du pays, que d'avoir à soutenir contre eux une guerre éternelle, dont ils ne recueillaient que des inconvénients sans avantage. L'une de ces nations, la première peut-être à laquelle l'idée en était venue, se détermina à envoyer une ambassade aux Boréens: ce fut encore la nécessité qui détermina cet acte. Le Destin, en développant les conséquences d'un premier événement, mettait la Volonté de l'homme aux prises avec elles, et lui fournissait les occasions d'essayer ses forces.

Ce fut sans doute un spectacle aussi nouveau qu'extraordinaire, pour des hommes dont l'état de guerre était l'état naturel, qui ne connaissaient pas d'autres manières d'être que celles de braver l'ennemi ou de le craindre, et qui, nés au milieu des alarmes, n'avaient jamais conçu l'idée du repos, de voir arriver à eux des ennemis désarmés, précédés par un grand nombre de leurs compatriotes dont les chaînes étaient non seulement brisées, mais remplacées par de brillants emblèmes : ces compatriotes, destinés à servir d'interprètes, ayant demandé à parler au Herman, commencèrent par étaler devant lui les riches présents dont ils étaient porteurs, et lui exposèrent ensuite les desirs des Sudéens : mais comme il n'existait pas, dans l'idiome boréen, de mot propre pour exprimer l'idée de *Paix*, ils se servirent de celui qui exprimait celle de *Liberté* (1), et dirent qu'ils venaient demander la liberté et l'offrir.

Je me laisse persuader, entraîné par mon sujet, que le Herman eut d'abord assez de peine à concevoir ce qu'on lui demandait, et qu'il dut recourir aux vieillards pour savoir s'il existait quelque chose de semblable dans la tradition. Il n'y existait rien qu'on pût comparer à cela. Depuis un temps immémorial on était en guerre; cet état pouvait-il cesser? Pourquoi et comment? Les interprètes des Sudéens, intéressés à faire agréer l'ambassade, ne manquèrent pas de bonnes raisons : ils démontrèrent facilement à la Diète, que la cessation des hostilités offrirait un grand avantage aux deux peuples, en leur laissant plus de loisir de vaquer à leurs travaux, et plus

---

(1) Encore aujourd'hui, en allemand, le mot *frey* signifie *libre*, et le mot *frid* signifie *la Paix*.

de sécurité pour en jouir. Au lieu de chercher à se ravir mutuellement les objets dont on avait besoin, au lieu de les emporter presque toujours dégouttant du sang de ses amis et de ses frères, ne valait-il pas mieux les échanger sans péril? On pouvait fixer pour cela des limites qu'on s'engagerait réciproquement à ne point franchir; on pouvait déterminer un lieu où se feraient les échanges. On voulait du fer, des armes, des étoffes : pourquoi ne point donner en échange des bestiaux, des grains, des fourrures?

La Diète, composée des vieillards, goûta ces raisons. La classe des guerriers, sentant par instinct que la paix diminuerait son influence, eut beaucoup de peine à y consentir. Elle céda enfin, mais sans quitter les armes. Parmi les autres peuplades, la plupart suivirent l'exemple de la première; mais il s'en trouva plusieurs qui ne voulurent pas y accéder. Pour la première fois, on vit qu'il était possible que la nation fût divisée, et, pour la première fois aussi, on sentit qu'il fallait que le petit nombre cédât au grand. Le Héröll, ayant assemblé les hermans, compta les voix; et voyant que la majorité était pour la paix, il usa de son autorité pour contraindre la minorité. Cet acte de la plus grande importance eut lieu sans que son importance fût soupçonnée. La Race boréenne était déjà gouvernée sans se douter qu'elle eût un gouvernement; elle obéissait à des lois sans savoir même ce que c'était que des lois. Les événements naissaient des événements; et la force des choses inclinait la volonté.

Ainsi le premier traité de paix qui fut conclu fut aussi un traité de commerce. Sans le second motif, on n'aurait pas conçu le premier.

Mais deux actes qui suivirent ce traité surprirent étrangement ceux des Boréens qui les virent. Le premier qui se fit, sans appareil, consista à tracer avec la pointe d'un stylet, sur une sorte de peau préparée, plusieurs caractères auxquels les Sudéens qui les traçaient paraissaient attacher une grande importance. Quelques vieillards ayant demandé aux interprètes ce que cela signifiait, apprirent, avec un étonnement mêlé d'admiration, que ces hommes noirs représentaient ainsi tout ce qui venait de se passer, afin d'en garder la mémoire, et de pouvoir en rendre compte à leurs hermans quand ils seraient de retour chez eux. Un des vieillards, frappé de la beauté de cette idée, ne jugea point qu'il fût impossible de la réaliser pour sa peuplade; et dès le moment qu'il en eut conçu la pensée, et qu'il eut seulement essayé de tracer avec son bâton, sur le sable, de simples lignes droites ou croisées pour exprimer les nombres, c'en fut assez : l'art de l'écriture prit naissance, et rentra dans le domaine du Destin qui le développa.

Le second acte qui se fit, avec une grande solennité, eut pour objet un sacrifice que les Sudéens firent au Soleil, leur grande Divinité. Le culte général de toutes ces nations d'origine africaine était le sabéisme. Cette forme de culte est la plus ancienne dont le souvenir se soit conservé sur la terre (1). La pompe du spectacle, cet autel élevé, cette victime immolée, ces cérémonies extraordinaires, ces hommes revêtus d'habits magnifiques, invoquant à genoux l'Astre de la lumière, tout cela frappa d'admiration la foule des Boréens accourue pour jouir d'un spectacle si nouveau. Les interprètes, interrogés de nouveau sur cet objet, répondirent que c'était ainsi que les Sudéens se comportaient quand ils voulaient remercier le soleil de quelque grand bienfait, ou l'engager à leur en accorder un. Quoique les vieillards entendissent bien les mots dont les interprètes firent usage, ils ne comprirent pourtant rien à l'idée que ces mots renfermaient. Celle qu'ils en reçurent leur parut extravagante. Comment croire que le soleil, qui tous les jours se lève pour éclairer le monde, puisse accorder d'autres bienfaits? Est-il possible qu'il favorise plus un peuple que l'autre, et qu'il soit plus ou moins bon aujourd'hui que demain? L'intelligence de ces hommes encore assoupie n'était pas susceptible de s'élever à rien de spirituel; la sphère instinctive et la sphère animique étaient seules développées en eux; leurs seules émotions leur venaient encore des besoins ou des passions.

---

(1) Le mot *Zaab* désignait le soleil dans la langue primitive des peuples africains. Il signifiait proprement le Père vivant ou resplendissant. De là, le mot hébreu *zehb*, l'or.

Les inspirations étaient nulles; le moment n'était pas loin où ils devaient commencer à éprouver leurs influences; mais ce ne devait être par aucun moyen sensible. Tout a son principe, et n'en peut avoir qu'un; les formes seules peuvent varier. Quand les philosophes de tous les âges ont cherché l'origine des choses intellectuelles dans ce qui n'est pas intellectuel, ils ont témoigné leur ignorance. Le semblable seul produit le semblable. Ce n'est pas la crainte qui fit naître les Dieux; c'est l'étincelle divine confiée à notre intelligence, dont le rayonnement y manifeste tout ce qui est divin. Qui ne gémirait d'entendre un des plus considérables philosophes du siècle passé, Voltaire, le coryphée de son temps, dire sérieusement : « Il tonne; qui fait « tonner? ce pourrait bien être un serpent du voisi-« nage : il faut apaiser ce serpent. De là le culte. » Quel pitoyable raisonnement! quel oubli de soi-même! comment l'homme qui peut émettre une telle hypothèse ose-t-il prétendre à l'orgueil d'éclairer les hommes?

Je ne veux pas oublier de dire, avant de terminer ce Chapitre, qu'on peut faire remonter au premier traité de paix qui fut conclu en Europe, le premier nom générique que se donnèrent les nations autochtones qui l'habitaient. Il paraît bien que, jusque-là, elles n'en avaient pas pris d'autres que celui de *man*, l'homme (1). Mais ayant appris par leurs interprètes

---

(1) Le mot *man*, qui sert encore à désigner l'homme

que les Sudéens se donnaient à eux-mêmes le titre d'*Atlantes* (1), c'est-à-dire les maîtres de l'Univers, elles prirent celui de *Celtes*, les héros; et sachant, en outre, qu'à cause de la couleur blanche de leur peau, on leur donnait le nom injurieux de *Scythes*, ils désignèrent leurs ennemis par le nom expressif de *Pelasks* (2), c'est-à-dire peaux tannées.

---

dans presque tous les idiomes septentrionaux, signifie l'Être par excellence. Il vient de la racine *an* ou *ôn*, exprimant en celte le verbe unique *être*; de là le grec ὤν, le latin *ens*, l'anglais *am*, etc.

(1) Ce nom assez connu se compose de deux mots: *Atta*, le Maître, l'Ancien, le Père; et *lant*, l'étendue universelle.

(2) J'ai expliqué déjà le nom de *Celtes*. J'observerai seulement ici qu'il devrait être prononcé *Keltes*, étant formé sur le grec Κελται. J'ai aussi expliqué le nom de *Scythes*. Quant au nom de *Pelasks*, souvent écrit *Pelasges*, je dois dire qu'il peut signifier aussi les Peuples noirs, parce que le mot *Ash*, qui a désigné un bois, a aussi désigné un peuple. On a pu également, sans beaucoup de difficulté, y voir les peuples navigateurs, puisqu'ils l'étaient réellement.

CHAPITRE IX.

De la Propriété, et de l'inégalité des Conditions. Leur origine.

Jusqu'alors les Boréens avaient possédé en propre un grand nombre de choses sans que l'idée abstraite de propriété entrât dans leur esprit. Il ne leur arrivait pas plus de mettre en doute la propriété de leur arc et de leurs flèches, que celle de leurs bras ou de leurs mains. Leur tanière leur appartenait parce qu'ils l'avaient creusée, leur chariot était à eux parce qu'ils l'avaient fabriqué. Ceux qui possédaient quelques rennes, quelques élans, ou quelques autres bestiaux, en jouissaient sans trouble par cela seul qu'ils les possédaient. La peine qu'ils avaient prise de les élever, la peine qu'ils continuaient à prendre de les nourrir, leur en assurait la possession. Tous en avaient, ou en pouvaient avoir au même prix. Comme la terre ne manquait à personne, personne n'était en droit de se plaindre. La propriété était une telle conséquence de l'État social, et l'État social une telle conséquence de la nature de l'homme, que l'idée de la fixer et de la constater par une loi, ne pouvait pas seulement naître. D'ailleurs, comment une loi quelconque aurait-elle pu être faite ? tout le droit politique n'était alors fondé que sur des usages, et ces usages s'étaient enchaînés les uns aux autres avec la même force que les actes de la vie. Or, chacun confondait avec la conscience de sa vie celle de sa propriété; et il aurait paru aussi étrange de chercher à vivre de la vie d'un autre, que de vouloir jouir du fruit de son travail, qui n'était autre chose que l'exercice de sa vie.

Les publicistes, qui ne voyant pas ce que je viens de dire, se sont tourmentés pour trouver l'origine du droit de propriété, se sont perdus dans des hypothèses absurdes. Autant valait demander de quel droit l'homme possède son corps. Le corps de l'homme n'est pas l'homme tout entier; ce n'est pas proprement lui, mais seulement ce qui est à lui. Sa propriété n'est pas son corps non plus, mais c'est ce qui appartient à son corps. Lui ravir son corps, c'est lui ôter la vie : lui ravir ce qui est à son corps, c'est lui enlever les moyens de la vie. La force peut sans doute le priver de l'un et de l'autre; mais la force peut aussi les conserver; et l'homme a autant de droit à défendre sa vie que les moyens de sa vie : c'est-à-dire son corps et ce qui est à son corps, ou sa propriété.

Ainsi, dès le moment que la Providence a déterminé parmi les hommes un principe d'État social, il y a eu nécessairement un principe de propriété; car l'un ne saurait exister sans l'autre. Les premières sensations instinctives dont le Règne hominal ait la conscience, sont jouir et posséder, pour l'homme, et posséder et jouir pour la femme : c'est même de ce contraste, comme je l'ai montré, que jaillit le premier ébranlement qui donne le mouvement à tout le reste.

La propriété est donc un besoin aussi inhérent à l'homme que la jouissance. La sensation de ce besoin transformé en sentiment dans la sphère animique, devenant permanent comme tous les autres sentiments dans l'absence même du besoin qui les a fait naître, y produit une foule de passions, dont la force se divulgue et s'étend à mesure que la civilisation fait des progrès. Du sentiment de la propriété naît le droit; des passions qui l'accompagnent naissent les moyens d'acquérir ce droit et de le conserver. Il n'est nullement besoin d'une convention pour cela : la loi qui l'établit est gravée d'avance dans tous les cœurs.

Je ne veux pas dire par là qu'il ne puisse pas arriver que dans l'origine des sociétés un homme privé d'arc, par exemple, ne tentera pas de s'approprier celui d'un autre; qu'il ne lui dérobera pas, s'il le peut, le gibier qu'il aura chassé, la renne qu'il aura élevée et nourrie; je dis seulement qu'en le faisant il saura qu'il agit contre un droit qu'il reconnaît pour lui-même, et qu'il veut qu'on respecte en lui; un droit pour la conservation duquel il sait d'avance que l'homme qu'il veut dépouiller combattra de la même manière qu'il combattrait lui-même dans une semblable occasion. S'il ne savait pas cela, il n'existerait pas d'État social, même commençant; et l'arc ne serait pas taillé, et le gibier ne serait pas pris, et la renne ne serait pas asservie. De cette conscience naît une situation fâcheuse pour le réfractaire; car ses forces en sont diminuées d'autant plus qu'il sent son tort, et celles de son adversaire, augmentées d'autant plus qu'il sent son droit.

L'homme aimera donc mieux se faire un arc en repos, que d'en ravir un tout fait au péril de sa vie. Il préférera d'aller à la chasse ou à la pêche pour son propre compte, que d'avoir à combattre sans cesse, et il jugera bien que la moindre fatigue et le moindre danger sont du côté du travail. A moins pourtant que l'urgence du besoin ne le pousse irrésistiblement à braver la mort pour conserver sa vie; auquel cas, il rentrera momentanément dans l'état de nature d'où il était sorti, et s'exposera au hasard de perdre son corps pour atteindre aux moyens de le conserver. Il réussira quelquefois, mais plus souvent il périra; et sa mort, qui sera connue dans la peuplade, sera une leçon dont l'État social profitera.

Telle était la situation générale de la Race boréenne, relativement au droit de propriété à l'époque de l'apparition des Sudéens. Cette apparition et l'état de guerre dont elle fut la suite, apportèrent à ce droit quelques changements importants. D'abord les peuplades se divisèrent en deux classes distinctes, et se donnèrent plusieurs sortes de chefs. La division qui s'opéra était dans la nature des choses. Car il n'est point vrai, comme l'ont avancé quelques publicistes, ou mauvais observateurs, ou systématiquement passionnés, que tous les hommes naissent forts et guerriers. Les hommes naissent inégaux de toutes les manières, et plus inclinés vers certaines facultés que vers d'autres. Il y en a de faibles et de forts, de petits et de grands, de belliqueux et de pacifiques, de paresseux et d'agiles. Tandis que les uns aiment l'agitation, le bruit, les dangers; les autres recherchent, au contraire, le repos et le calme, et préfèrent le métier de pasteur et d'agriculteur à celui de soldat. Le travail de la charrue leur convient davantage que les fatigues de la guerre, et la houlette a plus d'attraits pour eux que la lance ou le javelot.

Or, la division qui se fit entre les uns et les autres ne fut point arbitraire. Ce fut librement et par un mouvement instinctif que chacun se mit à sa place. Il n'était pas encore là de point d'honneur qui forçât les hommes à paraître ce qu'ils n'étaient pas; et encore moins de loi conscriptive qui leur ordonnât de prendre malgré eux un métier pour lequel plusieurs se sentaient un invincible éloignement. Aussi, dès que le Herman eut annoncé son intention de former une classe d'hommes d'armes, destinés à combattre l'ennemi, et une classe d'hommes de travail, réservés pour alimenter cette classe et lui fournir tous les objets dont elle ne pouvait plus se pourvoir elle-même, cette formation eut-elle lieu sans la moindre difficulté. J'avoue qu'aucun des hommes qui entrèrent dans l'une ou dans l'autre de ces classes, ne prévit les conséquences énormes que son choix pouvait avoir dans l'avenir. Leur vue ne pouvait pas aller jusque-là. Comment prévoir qu'une simple inégalité naturelle de forces ou d'inclinations se transformerait par la suite en une inégalité politique, et constituerait un droit? Ce fut cependant ce qui arriva. Cette forme sociale, librement consentie, et confiée au Destin, eut les résultats qu'elle devait nécessairement avoir, et donna naissance au plus ancien gouvernement que l'Europe ait connu, le gouvernement féodal.

CHAPITRE X.

Situation de la Race boréenne à cette première époque de la Civilisation.

Mais peut-être le lecteur attentif me demandera-t-il comment une simple inégalité physique put constituer un droit moral, et surtout comment le choix des pères put obliger les enfants. Car il paraît bien que la première division étant faite en deux classes, celle des hommes d'armes et celle des hommes de travail, les enfants des uns et des autres restèrent en général dans l'une ou l'autre de ces classes ; de manière qu'au bout d'un certain temps, et lorsque les nations celtiques furent définitivement constituées, il se trouva que ceux de la première classe furent les supérieurs des autres, et jouirent de certains priviléges honorifiques qui les firent considérer comme nobles, et les autres comme roturiers. La réponse à cette question est si simple, que je ne conçois pas comment tant de publicistes auxquels on l'a proposée ne l'ont pas résolue. La voici : La classe des hommes d'armes, par le fait seul de sa libre formation, se trouva chargée non seulement de sa propre défense, mais aussi de la défense de l'autre classe ; en sorte qu'elle ne pouvait périr sans que l'autre ne pérît également. Toutes les destinées de la Race boréenne pesèrent sur elle. Si elle eût été vaincue, la Race entière disparaissait. Son triomphe assura donc plus que son existence ; il assura l'existence de toute la Race, et sa perpétuité. Les enfants qui naquirent, tant dans une classe que dans l'autre, ne naquirent que parce qu'elle avait triomphé. Ils lui durent donc la vie ; et cette vie put être classée, sans aucune injustice, selon l'inégalité politique dans laquelle et par laquelle il lui était accordé de se manifester. C'est ainsi que cette inégalité, d'abord physique, ensuite politique, put constituer un droit légitime et moral, et passer des pères aux enfants, puisque sans elle les pères seraient morts ou auraient subi l'esclavage, et que les enfants ne seraient pas nés.

Le triomphe de la Race boréenne, à laquelle je donnerai maintenant le nom de *Celtique*, fut assuré par le traité de paix et de commerce dont j'ai parlé ; mais ce triomphe, qui garantit son existence, fut très loin de lui donner le repos.

Jusque-là, comme j'avais essayé de le montrer au commencement du Chapitre précédent, la propriété avait été plutôt un fait qu'un droit chez les Celtes. Nul ne s'était jamais avisé d'y arrêter sa pensée. Mais lorsque le commerce s'ouvrit avec les Sudéens, actuellement connus sous le nom d'*Atlantes*, et que les échanges eurent lieu entre les deux nations, il arriva que des peuplades, plus rapprochées des frontières, eurent un plus grand avantage que d'autres plus éloignées, et se trouvèrent à portée de faire un meilleur trafic. D'un autre côté, les fourrures que demandaient les Atlantes étaient entre les mains des peuplades les plus reculées dans le nord, d'où on ne pouvait les tirer qu'en faisant des échanges multipliés. Les relations se compliquèrent, les intérêts se croisèrent. Les richesses inégales firent naître l'envie. Ces motifs de mésintelligence vinrent aux oreilles des Africains, qui en profitèrent habilement. Ces hommes, très avancés dans toutes les sciences physiques et morales, ne pouvaient ignorer celle de la politique ; il est vraisemblable qu'ils mirent en usage ses ressorts les plus secrets, pour augmenter cette mésintelligence qui leur était favorable. Les ferments de discorde qu'ils jetèrent eurent tout le succès qu'ils en pouvaient attendre. Les peuplades celtiques, irritées les unes contre les autres, cessèrent de se considérer comme les parties inséparables d'un tout unique, et se comportèrent les unes vis-à-vis des autres comme se seraient comportés de simples individus. Or, la seule manière que les individus eussent connue jusqu'alors de vider leurs différends, avait été les combats particuliers. Ils n'avaient point d'autre jurisprudence que celle du duel.

Les Celtes se battaient pour toutes sortes de sujets, aussi-bien pour des intérêts privés que pour des intérêts généraux. Quand une Peuplade était assemblée pour élire un Herman, celui qui se présentait pour remplir cet emploi militaire, portait, par le seul fait de sa présentation, un défi à tous ses concurrents. S'il s'en trouvait un qui se jugeât plus digne que lui de commander aux autres, il acceptait le défi, et le vainqueur était proclamé. Quand ces hermans de toutes les Peuplades se réunissaient pour élire un Heróll, on suivait la même méthode. C'était toujours le plus fort ou le plus heureux qui recevait cette dignité. S'il s'élevait un différend quelconque entre les particuliers, la Diète n'avait pas d'autres manières de le juger que d'ordonner le combat entre les contendants. Celui qui s'avouait vaincu était condamné. Les hommes d'armes se battaient avec leurs armes, et presque toujours à outrance. Les hommes de travail luttaient entre eux avec le ceste, ou s'armaient seulement de la massue. Le combat était terminé dès que l'un d'eux était terrassé.

On voit clairement que c'était le Destin seul qui dominait encore cette race, et que la sphère intellectuelle n'y était ouverte à aucune idée morale de juste ou d'injuste, de vérité ou d'erreur. Le juste était pour elle le triomphant, et la vérité, l'exercice de la force. La force était tout pour ces hommes instinctifs ou passionnés; elle était pour eux, ce qu'a naguère exprimé énergiquement un homme qui s'y connaissait, *le vrai mis à nu.*

Dès que, par une suite du changement qui se fit dans la manière de vivre, ce ne fut pas les particuliers seuls qui eurent des intérêts opposés, mais que des Peuplades nombreuses se crurent lésées par d'autres peuplades, il n'y eut pas d'autres moyens de terminer les différends qui s'élevèrent entre elles, que d'invoquer la force des armes. On se déclara la guerre de la même manière, et presque avec les mêmes formes, qu'on se serait appelé en duel. Les Peuplades se battirent pour des objets souvent très frivoles, et même pour de simples offenses. Les Atlantes, témoins de ces sanglants démêlés, les excitaient sourdement; faisaient adroitement pencher la balance d'un côté ou d'autre par leur secrète intervention, et trouvaient toujours les moyens de gagner là où leurs alliés perdaient. Je ne crains pas de pousser ici l'hypothèse trop loin en disant que leur astucieuse politique alla jusqu'au point de se faire vendre comme esclaves les prisonniers que les misérables Celtes se faisaient les uns sur les autres. Si cela est, comme je le crois, et comme peut-être j'en trouverais des preuves dans la tradition écrite, la fatalité du Destin avait été poussée aussi loin qu'elle peut aller. Car, considérée sous un certain point de vue, la mort n'est pas aussi cruelle que l'esclavage. En voici la raison : la mort ne fait que remettre l'homme sous la puissance de la Providence, qui en dispose selon sa nature; tandis que l'esclavage le livre au Destin, qui l'entraîne dans le tourbillon de la nécessité. (1)

---

(1) Au reste, il n'est encore question ici que de cette espèce d'esclavage qui résulte de la force des armes, et qui

Il est certain que l'époque où je me transporte fut la plus désastreuse pour les Celtes. Leurs calamités s'aggravaient avec les fautes qu'ils ne cessaient de commettre; et peut-être que la perfide paix qu'on leur avait donnée, plus dangereuse que la guerre même, eût entraîné leur perte, si le moment marqué par la Providence ne fût arrivé, où leur intelligence devait acquérir son premier développement.

---

pèse sur l'ennemi vaincu. Cet esclavage, qui est purement de fait sans être de droit, n'oblige nullement l'esclave à rester esclave; car, comme c'est la force seule qui l'a fait tel, la force aussi peut le défaire. Il existe deux autres espèces d'esclavages dont je parlerai plus tard: l'esclavage domestique, qui s'établit dans la république; et le servage féodal, qui a lieu dans les états féodaux. Le plus terrible de ces trois esclavages est sans doute l'esclavage domestique, parce qu'il est non seulement de fait, mais de droit; qu'il devient légitime à cause de la loi qui le fonde, et qu'il oblige l'esclave à rester esclave par devoir, et à river ses chaines mêmes par les vertus d'esclave qu'on lui inculque dès l'enfance. Le servage féodal est moins rigoureux, parce qu'il ne porte que sur une convention, et qu'on peut le considérer plutôt comme légal que comme légitime. J'expliquerai plus loin ce que je ne fais qu'indiquer ici,

CHAPITRE XI.

Cinquième Révolution. Développement de l'Intelligence humaine. Origine du Culte.

Je voudrais qu'avant de lire ce Chapitre, et surtout avant de porter un jugement quelconque sur l'idée qu'il renferme, le lecteur se persuadât une vérité fondamentale, hors de laquelle il n'y a qu'erreur et préjugé. C'est à savoir : que rien dans la nature élémentaire ne se forme ni tout de suite ni tout à la fois; que tout y vient d'un principe, dont les développements, soumis à l'influence du temps, ont leur commencement, leur milieu et leur fin.

L'arbre le plus vigoureux, l'animal le plus parfait, sortent d'un germe imperceptible; ils croissent lentement, et n'atteignent leur perfection relative qu'après avoir subi un nombre infini de vicissitudes. Ce qui arrive à l'homme physique arrive également à l'homme instinctif, animique ou intellectuel; et ce qui a lieu pour l'individu, a lieu aussi pour la Race entière, et pour le Règne hominal même, qui comprend plusieurs races.

Nous avons déjà vu se développer dans une de ces races que j'ai appelée *Race boréenne*, la sphère instinctive et la sphère animique, et nous avons pu suivre les divers mouvements de leurs facultés respectives, autant que la marche rapide que j'ai adoptée a pu nous le permettre. Je n'ai pas voulu faire un ouvrage volumineux, mais un ouvrage utile; ce n'était pas le nombre des pages qui importait, c'était le nombre des pensées. Or, le développement des deux sphères inférieures, l'instinctive et l'animique, tout important qu'il est, resterait pourtant infructueux, si celui de la sphère intellectuelle ne venait en son temps le corroborer. L'homme, que ses besoins nécessitent et que ses passions entraînent sans cesse, est loin d'avoir atteint la perfection dont il est susceptible. Il faut qu'une lumière plus pure que celle qui naît du choc des passions vienne à son secours, pour le guider dans la carrière de la vie. Cette lumière, qui jaillit des deux grands flambeaux de la Religion et des lois, ne peut naître qu'après que le premier ébranlement de l'intelligence a eu lieu. Mais cet ébranlement n'est pas tel que se le sont imaginé quelques hommes plus forts d'enthousiasme que de sagacité; cette lumière ne paraît pas brusquement dans tout son éclat; elle s'ouvre par le crépuscule comme celle du jour, et passe par tous les degrés de l'aube et de l'aurore avant d'arriver à son midi. La Nature, je le répète en d'autres termes, ne montre dans rien des transitions brusques; elle passe d'un extrême à l'autre par des nuances presque insensibles.

On ne doit donc point s'étonner de voir chez les peuples enfants des notions intellectuelles obscures et même quelquefois bizarres, des croyances superstitieuses, des cultes et des cérémonies qui nous paraissent tantôt ridicules, et tantôt atroces, des lois extraordinaires, dont on ne saurait assigner le but moral; toutes ces choses dépendent du mouvement encore désordonné de la sphère intellectuelle, et des milieux ténébreux que la lumière providentielle est obligée de traverser : ces milieux plus ou moins denses, en brisant cette lumière, en la réfractant de plusieurs manières, la dénaturent souvent, et transforment les plus sublimes images en des fantômes effrayants. L'imagination individuelle des enfants, chez les nations les plus avancées, offre encore le tableau fidèle de l'imagination générale des peuples à l'aurore de leur civilisation. Mais un écueil se présente ici à l'observateur, et je dois le signaler.

De même que les vieillards parvenus à la décrépitude ont beaucoup de traits de ressemblance avec les enfants, ainsi les nations, dans leur vieillesse, prêtes à disparaître de dessus la face de la terre, se rapprochent beaucoup de celles qui ne font que commencer leur carrière. La distinction entre elles est difficile à faire, mais non pas impossible. Un homme habitué à l'observation ne confond pas les derniers jours de l'automne avec les premiers jours du printemps, quoique la température soit la même : il sent dans l'air une certaine disposition qui lui annonce, dans les uns, la chute de la vie, et, dans les autres, son exaltation : ainsi, quoiqu'il y eût beaucoup de ressemblance, par exemple, entre le culte des Péruviens et celui des Chinois, il s'en fallait de beaucoup que la position des Peuples fût la même.

Les Celtes, à l'époque où je les examine, n'étaient pas loin de l'âge des Péruviens, lorsque ceux-ci furent découverts et détruits par les Espagnols ; mais ils avaient sur eux des avantages incalculables : la partie physique, en eux, s'était complétement développée avant que l'intellectuelle eût commencé son travail : ils étaient robustes et forts, et leurs passions étaient déjà excitées quand les Africains les rencontrèrent. Leurs corps endurcis par l'âpreté du climat, leur vie errante, l'absence de toute entrave civile et religieuse, leur donnèrent un avantage que j'ai déjà fait remarquer. Chez les Péruviens, au contraire, le développement intellectuel avait été précoce, et le développement physique, tardif et étouffé. J'ai quelques raisons de croire que, chez ce dernier peuple, l'ébranlement de la sphère intellectuelle avait été donné trop tôt, par suite d'un accident. Il est probable que des navigateurs chinois, écartés par une tempête, ayant abordé chez quelque peuplade de la baie de Panama, entreprirent sa civilisation, et réussirent à la porter très loin sous plusieurs rapports. Malheureusement ils agirent comme ces précepteurs imprudents qui, pour faire briller un moment leur élève, le rendent idiot pour tout le reste de sa vie. A l'exception de la morale et de la politique, les Péruviens avaient fait peu de progrès dans les autres sciences. C'étaient des fruits de serre chaude, brillants à la vue; mais au goût, flasques et sans saveur. Tandis qu'on représentait à Cusco des comédies et des tragédies, qu'on y célébrait des fêtes magnifiques, on y ignorait l'art de la guerre, dont on n'avait fait encore l'essai que dans une dissension civile de peu de durée. Quelques brigands avares, armés de férocité et de ruse, suffirent pour anéantir ce peuple trop tôt occupé d'idées au-dessus de sa portée. Les Celtes, plus heureux, avaient résisté à des Nations entières, aguerries et puissantes, par la seule opposition de leurs forces instinctives. Leurs idées s'étaient développées lentement et à propos. A présent leurs passions trop excitées les mettaient en danger; leurs forces surabondantes se tournaient contre eux-mêmes. Il fallait leur donner un frein. Ce fut l'ouvrage de la Providence.

Encore cette fois le mouvement imprimé commença à se manifester par les femmes. Plus faibles, et par conséquent plus accessibles que les hommes à toutes les impressions, c'est toujours elles qui font les premiers pas dans la carrière de la civilisation. Heureuses si, pour en profiter dignement, elles savaient confondre leur intérêt propre dans l'intérêt général : mais c'est ce qui n'arrive presque jamais.

La guerre était allumée entre deux peuplades; les deux Hermans, violemment irrités l'un contre l'autre, s'étaient provoqués, à la tête de leurs hommes d'armes; ils allaient vider leur différend par un

combat singulier. Déjà le fer brillait dans leurs mains, lorsque tout à coup une femme échevelée se jette au milieu d'eux, au hasard de recevoir la mort. Elle leur crie de s'arrêter, de suspendre leurs coups, de l'écouter. Son action, son accent, la vivacité de ses regards, les étonnent. C'était la femme de l'un et la sœur de l'autre. Ils s'arrêtent ; ils l'écoutent. Sa voix avait quelque chose de surnaturel, dont, malgré leur colère, ils se sentaient émus. Elle leur dit qu'accablée de douleur dans son chariot, elle s'était sentie défaillir, sans toutefois perdre entièrement connaissance ; qu'appelée alors par une voix forte, elle avait levé les yeux, et qu'elle avait vu devant elle un guerrier d'une taille colossale, tout resplendissant de lumière, qui lui avait dit : « Descends, Voluspa, re-
« lève ta robe et cours vers le lieu où ton époux et
« ton frère vont répandre le sang boréen. Dis-leur
« que moi, le premier Herman, le premier héros de
« leur race, le vainqueur des peuples noirs, je suis
« descendu du palais des nuages, où réside mon ame,
« pour leur ordonner par ta voix de cesser ce com-
« bat fratricide. C'est la ruse des peuples noirs qui
« les divise. Ils sont là, cachés dans l'épaisseur de la
« forêt. Ils attendent que la mort ait moissonné les
« plus vaillants, pour tomber sur le reste, et s'enri-
« chir de vos dépouilles. N'entendez-vous pas les
« cris de victoire qu'ils poussent déjà aux pieds de
« leur idole ? Allez, ne perdez pas un moment. Sur-
« prenez-les dans l'ivresse de leur joie féroce, et

« frappez-les de mort. Mon ame tressaillera de plai-
« sir au bruit de vos exploits. Porté sur vos pas par
« le souffle des orages, je croirai manier encore la
« forte lance et l'abreuver du sang ennemi. »

Ce discours, prononcé d'une voix véhémente, s'ouvre facilement la route de leur ame ; il y pénètre, il y cause un ébranlement jusqu'alors inconnu. La sensation qu'ils en éprouvent est forte et soudaine; ils ne doutent pas de la véracité de la Voluspa (1). Ils la croient : tout est accompli. Le sentiment se transforme en assentiment, et l'admiration prend la place de l'estime. La sphère intellectuelle est émue pour la première fois, et l'imagination y établit son empire.

Sans se donner le temps de réfléchir, les deux guerriers se prennent la main. Ils jurent d'obéir au premier Herman, à ce Herman dont le souvenir s'est perpétué d'âge en âge, pour servir de modèle aux héros. Ils ne doutent point du tout qu'il n'existe encore dans les nuages. Ni le principe, ni le mode, ni le but de cette existence, n'est point ce qui les inquiète. Ils y ajoutent foi par une émotion intuitive, qui est déjà le fruit de la réaction de leur admiration sur la valeur guerrière, leur passion favorite.

A la hâte ils haranguent leurs hommes d'armes. Ils leur apprennent l'événement qui vient de se pas-

---

(1) *Voluspa* signifie celle qui voit l'universalité des choses.

ser. Ils sont pénétrés, ils pénètrent; leur enthousiasme se communique. Nul ne doute que le premier Herman ne soit invisible à la tête de leurs bataillons. Ils l'appellent leur *Heroll* (1), et ce nom, qui reste consacré à lui seul, devient leur cri belliqueux. Ils atteignent le camp des Africains. Ils les trouvent dans l'attitude qu'avait indiquée la prophétesse, attendant l'issue du combat des deux peuplades, pour en profiter. Ils se précipitent sur eux, ils les massacrent. La fuite la plus prompte peut à peine en soustraire à la mort un petit nombre, qui va semant au loin la terreur.

Cependant les Celtes reviennent triomphants. A leur tête était cette même femme dont la voix inspirée avait préparé leur triomphe. En traversant la forêt, la fatigue l'oblige à se reposer au pied d'un chêne. A peine y est-elle quelques instants, que l'arbre paraît, au milieu du calme, agiter son feuillage mystérieux. La Voluspa elle-même, saisie d'un trouble inexprimable, se lève, s'écrie qu'elle sent l'esprit de Herman. On se rassemble autour d'elle; on l'écoute. Elle parle avec une force qui en impose aux hommes les plus farouches. Malgré eux ils sen-

---

(1) J'ai déjà dit que ce nom, avec l'inflexion gutturale, devint celui d'*Hercule*. C'est par la suppression de la première syllabe, qu'il a fait celui de *Röll* ou *Raoul*. En y ajoutant le mot *land*, emprunté des Atlantes pour signifier l'étendue terrestre, on a formé *Herolland*, *Orland* ou *Rolland*, c'est-à-dire le maître de toute la terre.

tent leurs genoux fléchir; ils s'inclinent avec respect.
Une sainte terreur les pénètre. Ils sont religieux pour
la première fois. La prophétesse poursuit. L'avenir
se dévoile à ses yeux. Elle voit les Celtes, vainqueurs
de leurs ennemis, envahir tous les royaumes de la
terre, s'en partager les richesses et fouler aux pieds
ces peuples noirs dont ils ont été long-temps les esclaves. « Allez, dit-elle enfin, vaillants héros, mar-
« chez à vos glorieuses destinées, mais n'oubliez pas
« Herman, le chef des hommes, et surtout respectez
« Teut-tad, le père sublime ! » (1)

Tel fut le premier oracle prononcé parmi les Boréens, et telle fut la première impression religieuse
qu'ils reçurent. Cet oracle fut rendu sous un chêne,
et cet arbre devint sacré pour eux; dans une forêt,
et les forêts leur servirent de temple; par une femme,
et dès ce moment les femmes prirent à leurs yeux
un caractère divin. Cette femme fut le modèle de
toutes les Pythies, de toutes les Prophétesses qui
furent connues par la suite des temps, tant en Europe
qu'en Asie. D'abord elles prophétisèrent sous des

---

(1) Je traduis *Teut-tad* par *Père sublime*; mais il peut
signifier aussi *Père infini, universel*. Les Grecs et les Latins
ont changé ce nom en celui de *Teutatès*. Du mot *Teut-Æsk*,
qui signifie le Peuple de *Teut*, nous avons fait *Tudesque*;
de *Teut-Sohn*, le fils de Teut, *Teuton*. Les Allemands appellent encore leur pays *Deutsch-Land*, c'est-à-dire la terre
de Teut.

chênes, et c'est ce qui rendit si fameux les chênes de la forêt de Dodone.

Lorsque les Celtes furent devenus les maîtres du monde, et qu'ils eurent pris des nations qu'ils avaient vaincues le goût des arts et de la magnificence, ils élevèrent à leurs Pythies des temples superbes, où le trépied symbolique, placé sur un gouffre, ou véritable ou artificiel, remplaça le chêne, et le fit oublier.

Mais encore loin de cette époque, les Peuplades boréennes ne songèrent qu'à consacrer le lieu où venait de se rendre le premier oracle. Elles élevèrent un autel, sur le modèle de ceux qu'elles avaient vus parmi les Atlantes; et, plaçant au-dessus une lance ou un glaive, le dédièrent au premier Herman, sous le nom d'*Herman-Sayl*. (1)

---

(1) J'ai déjà expliqué ce mot : il signifie littéralement le *poteau de Herman*.

CHAPITRE XII.

Récapitulation.

Dans ce premier Livre j'ai fait connaître l'objet principal de cet ouvrage, et, prenant l'Homme au moment de son apparition sur la scène du Monde, réduit encore aux plus simples perceptions de l'instinct, étranger à toute espèce de civilisation, je l'ai conduit par le développement des principales facultés de son ame, jusque sur le seuil de l'Édifice social, à cette époque, qu'on a mal à propos qualifiée d'âge d'or; après avoir détruit cette erreur, et combattu plusieurs fausses théories qui s'y rattachent, j'ai continué ma marche.

Constitué en familles, possesseur d'un idiome articulé, l'Homme était arrivé au point où se trouvent, même de nos jours, un grand nombre de ses semblables. Il ne connaissait encore ni lois, ni gouvernement, ni religion. J'ai dû le mener à la connaissance de ces objets importants, et montrer que ce n'est que par leur moyen qu'il peut devenir moral, puissant et vertueux, se rendre digne de ses hautes destinées, et atteindre le but pour lequel il a été créé. J'ai choisi pour cela la forme historique, afin d'éviter ou la sécheresse des citations, ou l'ennui des raisonnements abstraits. J'espère que le Lecteur voudra bien me pardonner cette hardiesse. Je le prie de croire, quoiqu'il puisse prendre ce commencement d'histoire comme une hypothèse, qu'elle n'est réellement hypothèse que relativement aux détails. Il ne me serait point du tout difficile, si le cas y était, d'en prouver le fonds par un grand nombre d'autorités, et même de mettre la date séculaire aux principaux événements. Mais cela était tout à-fait inutile pour l'objet de cet ouvrage.

D'abord j'ai présenté la Volonté de l'homme, encore faible, luttant contre elle-même, et ensuite plus forte, ayant à résister à la puissance du Destin. J'ai montré que les résultats de cette lutte et de cette résistance avaient été le développement des deux sphères inférieures, l'instinctive et l'animique, duquel développement dépendait un grand nombre de ses facultés.

J'ai attaché à ce même développement le principe du droit politique, et j'ai montré que ce principe qui est la *Propriété*, est un besoin aussi inhérent à l'homme que celui de la jouissance sans lequel il ne pourrait ni vivre ni se propager.

Après avoir prouvé que la Propriété est un besoin, j'ai fait voir que l'inégalité de forces données par la Nature pour satisfaire ce besoin, en établissant l'inégalité physique parmi les hommes, y détermine nécessairement l'inégalité des conditions, laquelle constitue un droit moral qui passe légitimement des pères aux enfants.

Or, du droit politique qui est la propriété, et du droit moral qui est l'inégalité des conditions, résultent les lois et les formes diverses des divers gouvernements.

Mais avant de distinguer aucune de ces formes par son principe constitutif, j'ai voulu arriver au développement de la sphère intellectuelle, afin de conduire l'homme jusqu'au seuil du temple de la Divinité. Là, je me suis arrêté un moment; content d'avoir ébauché un sujet aussi vaste, et d'avoir indiqué, en passant, une foule de choses dont l'origine avait été peu connue jusqu'ici.

FIN DU LIVRE PREMIER.

LIVRE SECOND.

L'objet principal de ce Livre sera de signaler les effets du premier ébranlement donné à la sphère intellectuelle, et de conduire l'Homme jusqu'à l'entier développement de ses facultés.

CHAPITRE PREMIER.

Premières formes du Culte. Création du Sacerdoce et de la Royauté.

L'événement providentiel qui s'était manifesté parmi les Celtes livrait à leurs méditations deux grandes vérités : l'immortalité de l'ame et l'existence de Dieu. La première de ces vérités les frappa et les saisit davantage que la seconde. Ils comprirent assez bien comment la partie invisible d'eux-mêmes qui sentait, se passionnait, pensait et voulait enfin, pouvait survivre à la destruction du corps, puisqu'elle pouvait bien veiller tandis que le corps dormait, et offrir encore dans ses songes des images plus ou moins fortes des sensations, des passions, des pensées et des volontés dont l'effet actuel n'existait plus; mais ils purent difficilement s'élever jusqu'à l'idée d'un Être universel, créateur et conservateur de tous les êtres. Leur faible intelligence avait encore besoin de quelque chose de sensible sur quoi elle pût s'appuyer. Les moyens d'abstraction et de généralisation n'étaient pas assez forts pour les soutenir à cette hauteur métaphysique. Ce n'est pas qu'ils n'admissent bien le nom de *Père sublime*, que la Voluspa avait donné à cet Être inconnu pour lequel elle avait commandé le respect; mais ce nom même de père, au lieu de les élever jusqu'à lui, les engageait plutôt à le faire descendre jusqu'à eux, en le leur présentant seulement comme le premier Père de la Race boréenne et le plus ancien de leurs ancêtres. Quant au premier Herman, il était clairement désigné à leurs yeux. Ils le voyaient tel que le souvenir s'en était conservé dans la tradition : terrible, indomptable dans les combats, leur appui, leur conseil, leur guide, et surtout l'implacable ennemi des Peuples noirs.

En sorte qu'on peut augurer, sans craindre de s'égarer beaucoup, que le premier culte des Celtes fut celui des Ancêtres, ou plutôt celui de l'Ame humaine divinisée, tel qu'il existe de temps immémorial en Chine, et chez le plus grand nombre des peuples tâtars. Le culte Lamique, dont l'ancienneté ne cède qu'au sabéisme, n'est que ce même culte des Ancêtres perfectionné, comme je le dirai plus loin.

Le premier effet de ce culte, dont l'établissement fut dû à l'inspiration d'une femme, fut de changer brusquement et complétement le sort des femmes. Autant elles étaient humiliées à cause de leur faiblesse, autant elles furent exaltées à cause de la nouvelle et merveilleuse faculté qu'on découvrit en elles; du dernier rang qu'elles tenaient dans la société, elles passèrent tout à coup au premier. Elles subissaient partout la loi du plus fort; elles la lui donnèrent. On les déclara législatrices; on les regarda comme les interprètes du ciel; on reçut leurs ordres comme des oracles. Revêtues du suprême sacerdoce, elles exercèrent la première théocratie qui ait existé parmi les Celtes. Un collége de femmes fut chargé de tout régler dans le culte et dans le gouvernement.

Cependant ce collége dont les lois étaient toutes reçues comme des inspirations divines, ne tarda pas à s'apercevoir qu'il était nécessaire, pour les faire connaître et les faire exécuter, de deux corps coërcitifs, dépositaires de la science et du pouvoir, et tenant entre leurs mains les récompenses et les punitions morales et civiles. La voix de la Voluspa se fit entendre, et le collége nomma un souverain Pontife, d'une part, sous le nom de *Drud* ou *Druid*, et un Roi de l'autre, sous le nom de *Kanh*, *Kong* ou *King* (1). Ces deux suprêmes magistrats se regardèrent, à juste titre, comme les délégués du ciel, institués pour instruire et gouverner les hommes, et

---

(1) Le mot *Drud* signifie l'enseignement radical, le principe de la science. Il vient du mot *rad* ou *rud*, qui veut dire une racine. De là, le latin *radix*, l'anglais *root*, le gal-

s'intitulèrent, en conséquence, Pontife ou Roi par la faveur divine. Le *Drud* fut le chef de la Diète, dans laquelle il se forma un corps sacerdotal, et le *Kanh* s'établit également à la tête des Leyts et des Folks, ou des hommes d'armes, et des hommes de travail, parmi lesquels il choisit les officiers qui devaient agir en son nom.

Il ne se confondit pas néanmoins d'abord avec le Herman, qui fut toujours élu par ses pairs après l'épreuve du combat, et porté sur le pavois selon l'antique coutume; mais ce chef militaire cessa de porter le nom de *Herman*, pour le laisser sans partage au premier Herman divinisé, et se contenta du nom de *Mayer*, c'est-à-dire le plus fort ou le plus vaillant. (1)

On sait assez quelles violentes rivalités se sont élevées, par la suite des temps, entre le Kanh et le

---

lois *gredhan*, etc. Le mot *kanh* exprime la puissance morale. Il tient à la racine *anh*, qui développe le sens de souffle, d'esprit, d'âme; de là, en tudesque *Konnen*, et en anglais *can*, pouvoir.

(1) Le mot *mayer* vient de *mah* ou *moh*, force motrice. On dit encore en anglais *may*, en allemand *mühe*. Nous avons changé le mot *Mayer* en celui de *Maire*.

Ainsi par le mot *Drud* les Celtes entendaient un Principe radical, une Puissance directrice, de laquelle dépendaient toutes les autres puissances. Ils attachaient au mot *Kanh* l'idée de force morale, et au mot *Mayer*, celle de force physique. Le *Drud* était donc parmi eux le chef de la doctrine religieuse; le *Kanh*, le législateur civil, le grand justicier; et le *Mayer*, le chef militaire.

Mayer, ou le Roi investi de la puissance civile, régnant de droit divin, et le Maire, possesseur de la force militaire, et commandant aux hommes d'armes par droit d'élection; souvent le Roi a réuni en lui les deux emplois; et plus souvent encore le Maire a dépouillé le Roi de sa couronne, qu'il a placée sur sa tête. Mais ces détails, qui appartiennent à l'histoire proprement dite, ne sont pas de mon sujet ; je me contente d'exposer les origines, afin d'en tirer plus tard des inductions relatives à l'objet important qui m'occupe.

CHAPITRE II.

Sixième Révolution. Schisme politique et religieux. Origine des Celtes, Bodohnes ou Nomades, et des Amazones.

Revenons à présent un moment sur nos pas. Nous avons vu qu'avant le développement de son instinct, l'homme vivait dans une anarchie absolue; il n'avait pas même cette sorte de gouvernement instinctif que l'on remarque chez plusieurs espèces d'animaux; et cela par la même raison que j'ai exposée à l'occasion du mariage. Rien n'était fait d'avance chez lui, quoique tout y fût déterminé en principe. La Providence, dont il était l'ouvrage, voulait qu'il se développât librement, et qu'en lui rien ne fût forcé.

Cette anarchie absolue cessa dès qu'il eut réfléchi sur lui-même, et que son mariage, résultat de cette réflexion, eut constitué une famille. Le rapprochement de plusieurs familles forma une sorte de gouvernement domestique, dont la volonté féminine usurpa peu à peu la domination exclusive. Nous avons vu comment le Destin rompit ce gouvernement innaturel par l'opposition soudaine de la Volonté de l'homme. La femme, jusqu'alors maîtresse, devint esclave; tout le fardeau de la société tomba sur elle; une sorte de tyrannie masculine eut lieu. Le peuple obéissant se composait des mères et des filles; le peuple commandant, des chefs de familles, dont chacun était despote dans sa propre cahutte. C'était le règne de la force instinctive toute seule.

Un événement que la Providence et le Destin amenèrent de concert, en opposant la force animique à la force instinctive, modifia cet état de choses. La Race boréenne, brusquement attaquée par une Race aguerrie et puissante, fut obligée de chercher, hors de l'instinct, des moyens de résistance : ses facultés animiques vivement excitées par le danger, se développèrent; la nécessité de se défendre, jointe à celle de se procurer des aliments, lui suggéra l'idée heureuse de se diviser en deux classes; l'une destinée à combattre, et l'autre à travailler : les plus forts furent choisis pour guider les combattants; les plus sages, pour surveiller les travailleurs. On créa des chefs particuliers relevant tous d'un chef général; on établit une Diète. Ce fut un gouvernement militaire où se trouvèrent réunis les principes de la féodalité à ceux du régime impérial.

D'abord la volonté agissait dans l'instinct, ensuite elle opéra dans l'entendement : voici qu'à présent elle vient de se placer dans l'intelligence. Mais le même écueil qui s'est déjà présenté à l'époque du développement de l'instinct, va se présenter de nouveau sous d'autres formes, et menacer le vaisseau social d'un ébranlement encore plus grand.

Comme c'est par la Femme que le mouvement a commencé, n'est-il pas à craindre, qu'entraînée par son caractère, séduite par l'intérêt ou la vanité, elle ne cherche à faire tourner à son seul profit un événement que la Providence a destiné à l'avancement général de la Race? Le Ciel a parlé par sa voix; mais est-il sûr qu'il parle toujours? et quand il ne parlera plus, ne le fera-t-elle pas parler? Quoique ces considérations ne frappassent pas généralement les esprits des Celtes, elles trouvaient assez de prise dans quelques uns d'entre eux pour y élever de grandes difficultés. Tous n'avaient pas été témoins du premier mouvement de la Voluspa, le plus grand nombre n'avait pas entendu son oracle; plusieurs refusaient d'y croire; ceux qui s'en trouvaient pénétrés jugeaient extraordinaire qu'on pût douter d'une chose dont ils affirmaient la véracité. Ni les uns ni les autres ne savaient pas qu'il est de l'essence des événements providentiels de produire cet effet. Ils s'étonnaient d'une chose qui constitue le plus bel apanage de l'Homme : si la Providence l'entraînait dans un mouvement irrésistible, elle ne différerait pas du Destin, et la même nécessité les dirigerait également. La Volonté de l'homme, forcée dans toutes les directions, n'aurait aucun choix à faire, et ses actes, indifférents à son égard, ne seraient susceptibles ni de louange, ni de blâme. C'est précisément à la liberté mentale qu'un événement laisse, qu'on peut reconnaître s'il est providentiel. Plus il est élevé, plus il est libre; plus il est forcé, plus il incline vers la fatalité du Destin.

Cette liberté mentale, inhérente aux événements providentiels, se fit sentir ici pour la première fois, et se fit sentir avec force. Les Celtes virent avec étonnement peut-être, mais enfin ils virent qu'il était possible qu'ils ne pensassent pas la même chose sur les mêmes objets. Tandis que le plus grand nombre des peuplades recevaient avec respect les ordres du collége féminin, et se soumettaient sans aucune résistance au souverain pontife et au roi qu'il avait nommé; tandis que l'enseignement sacerdotal et le gouvernement civil et militaire s'étendaient dans leur sein, et y jetaient de profondes racines; tandis enfin que les oracles de la Voluspa y étaient reçus comme des lois sacrées, il y avait d'autres peuplades qui, tenant avec opiniâtreté à leurs anciennes formes, rejetaient toutes les innovations. Celle qui les choquait le plus, et à laquelle il paraissait pourtant que le collége féminin tenait avec le plus de force, à cause peut-être d'un peu d'intérêt particulier qui commençait à se mêler à l'intérêt général, était la fixation des demeures et la circonscription des familles; ce qui tendait à établir la propriété territoriale, qui jusque-là avait été inconnue. Cette innovation fut le prétexte apparent du schisme qui se forma : il fut violent; on en vint aux mains de part et d'autre; mais comme les dissidents étaient dans une très faible minorité, en comparaison de la masse qui voulait directement les innovations ou qui les recevait sans débats, ils se virent obligés de se soumettre ou de se retirer. Ils préférèrent ce dernier parti; et marchant toujours devant eux, du nord au midi de l'Europe, arrivèrent sur les bords de cette mer qu'on a depuis appelée proprement la *mer Noire*, quoique ce nom appartînt autrefois, en général, à toute l'étendue des flots qui baignent le midi de l'Europe; et cela, à cause des peuples noirs qui la possédaient; comme on appelait *mer Blanche*, par une raison contraire, cette partie de l'océan qui entoure l'Europe et l'Asie du côté du pôle boréal.

Parvenus sur les bords de cette mer intérieure, les Celtes dissidents la côtoyèrent à l'orient, et pénétrèrent dans cette partie de l'Asie qui porte le nom d'Asie-Mineure. Les faibles colonies que les Sudéens avaient poussées jusque-là furent facilement culbutées. Les vainqueurs, encouragés par ce premier succès, s'avancèrent rapidement, accroissant toujours leur butin et le nombre de leurs esclaves; et bientôt le bruit se répandit au loin qu'un déluge de Scythes inondait les contrées septentrionales de l'Asie. Les efforts qu'on fit pour arrêter le torrent ne firent qu'accroître son impétuosité et offrir de nouveaux aliments à ses déprédations. Les Celtes, dans l'impossibilité où ils étaient de reculer, devaient avancer ou périr. Ils avancèrent.

A cause des opinions qui les avaient forcés à abandonner leur patrie, ils s'étaient donné le nom de

Bodohnes (1), c'est-à-dire sans habitations fixes ; et ce nom, qui subsiste encore dans celui des Bédouins, a été fameux. Après plusieurs vicissitudes, sur lesquelles il est tout-à-fait inutile que je m'arrête, ces Celtes Bodohnes, devenus maîtres des bords de l'Euphrate, si célèbre par la suite, firent la conquête de l'Arabie, où la plupart se fixèrent enfin, après avoir pris une partie des mœurs et des habitudes des peuples qu'ils avaient vaincus, et s'être soumis à leurs lois et à leurs cultes. C'est du mélange qui s'effectua alors du sang boréen et du sudéen que sont issus les Arabes. Toutes les cosmogonies où l'on trouve la Femme présentée comme la cause du mal, et la source féconde de tous les malheurs qui ont affligé la terre, sont sorties de là. Encore au temps de Mahomed, la femme était considérée comme impure par les peuples de l'Yémen, qui, comme leur prophète le leur reproche dans le Coran, pleuraient à la naissance des filles, et souvent les enterraient vivantes.

---

(1) Il est remarquable que ce nom, également celte et phénicien, est encore parfaitement intelligible en allemand et en hébreu. La racine celtique *bod* ou *bed* signifie proprement un lit ; et la même racine phénicienne *beth* ou *beyth* signifie une habitation. La racine *ohn*, conservée en allemand, et *ain* ou *oin*, qu'on trouve en hébreu, exprimant une absence, une négation. Notre verbe *habiter* tient à la première racine, *bed* ou *beyth*, ainsi que le saxon *abidan*, l'anglais *to abide*, *abode*, etc.

Je ne veux pas abandonner ces Celtes dissidents, dont la fortune devint par la suite assez brillante, puisque ce fut d'eux que tirèrent leur origine les Assyriens et les Arabes, sans rapporter un fait dont la singularité a fort embarrassé les savants de tous les siècles. Ce fait est relatif aux Amazones. Je me garderai bien d'entrer dans le détail des controverses sans nombre qu'a fait naître l'existence de ce peuple de femmes guerrières. Ce qui résulte de plus clair de tout ce qu'on a dit pour et contre, c'est qu'en effet un tel peuple a existé ; d'abord en Asie, auprès du Thermodon, et ensuite dans quelques îles de la Méditerranée, et jusqu'en Europe même. Les Hindous, qui en ont conservé le souvenir, appellent le pays des Amazones *Stri-radjya*, et les placent auprès des monts Coulas, sur les bords de la mer. Zoroastre dit dans le *Boun-dehesh* qu'elles habitent la ville de Salem. Pausanias parle de leur invasion dans la Grèce, et les fait combattre jusque dans les murs d'Athènes; Apollonius raconte dans ses Argonautiques, qu'elles s'étaient établies dans l'île de Lemnos et sur la terre ferme, auprès du cap Thémiscure. Ce qui paraît le plus probable, c'est que ce fut d'abord dans l'Asie-Mineure que ces femmes extraordinaires commencèrent à exister. Sans doute quelques hordes de Bodohnes s'étant avancées sans précautions, tombèrent dans une embuscade, où les hommes furent taillés en pièces. Les femmes, ayant eu le temps de se mettre à l'abri, soit au-delà d'un fleuve, soit dans une île, se voyant les plus fortes, grâce à cet événement, résolurent d'en profiter pour saisir la domination. Il se trouva vraisemblablement parmi elles une femme d'un caractère ferme et décidé, qui leur en inspira le dessein, et qui se mit à leur tête. La tradition porte qu'elles massacrèrent les vieillards qui étaient restés avec elles, et même quelques hommes qui avaient échappé à l'ennemi. Quoi qu'il en soit, il paraît certain qu'elles formèrent un gouvernement monarchique, qui subsista pendant un temps assez long, puisque le nom de plusieurs de leurs reines est parvenu jusqu'à nous. Les historiens ne sont pas d'accord sur la manière dont elles admettaient les hommes parmi elles; tout ce qu'on peut inférer de plus conforme à la vérité, c'est qu'elles réduisaient en esclavage ceux qu'elles faisaient prisonniers, et qu'elles donnaient à ceux qui naissaient de leurs unions passagères une éducation conforme à leurs vues.

Au reste le nom d'Amazones, sous lequel l'antiquité nous a fait connaître ces femmes guerrières, prouve à la fois leur origine celtique, et leur demeure en Asie, par la manière dont il est composé (1).

---

(1) Ce mot se compose de la racine *mâs*, conservée toute pure en latin, et reconnaissable dans l'ancien français *masle*, dans l'italien *maschio*, dans l'irlandais *moth*, etc.; cette racine réunie à la négation *ohne*, constitue le mot *mâs-ohne*, lequel ayant pris l'article phénicien *ha*, dans *ha-mâs-ohne*, offre exactement le sens que j'ai indiqué.

Il signifie proprement celles qui n'ont pas de mâles ou de maris.

On sent bien, sans qu'il soit besoin de s'appesantir beaucoup sur cet objet, que si de pareilles femmes ont existé, il a fallu que l'excès du malheur les faisant sortir de leur nature, les ait portées à cet acte de désespoir. Or, dans la position où j'ai représenté les femmes des Celtes bodohnes, leur malheur devait être excessif, puisqu'il était le résultat d'un schisme à la fois politique et religieux. Leurs maris, en méconnaissant la voix de la Providence, qui les appelait à des mœurs plus douces, en appesantissant sans raison un bras de fer sur un sexe déjà trop puni de ses fautes, livraient au Destin des germes de calamité, qui ne pouvaient pas manquer de produire des fruits funestes, dès que l'occasion en favoriserait le développement.

CHAPITRE III.

Première division géographique de l'Europe.

Mais tandis que ces événements se passaient en Asie, les Celtes restés en Europe continuaient d'y suivre le mouvement imprimé par la Providence. Le gouvernement théocratique et royal s'y établissait et promettait les plus heureux résultats. Déjà un nombre considérable de Druides, instruits par les soins du souverain pontife, appelé *Drud,* se répandait de tous côtés, et ajoutait aux deux classes déjà existantes parmi les Boréens, une classe éminemment utile, puisqu'elle tendait à maintenir l'harmonie entre les deux autres, en empêchant l'oppression d'un côté, et la révolte de l'autre. Cette classe, composée des hommes appelés *Lœhr,* c'est-à-dire les éclairés ou les savants, est devenue parmi nous ce qu'on appelait autrefois la *clergie,* et que nous appelons aujourd'hui le clergé. Beaucoup plus anciennement, et lorsque la théocratie domina seule en Europe, et dans l'absence même de la royauté, les souverains théocrates, dont les siéges principaux étaient en Thrace, en Étrurie, et dans les îles Britanniques, prenaient le titre de *Lar.* (1)

---

(1) De là, chez les Grecs, le mot κληρος appliqué à celui

Ainsi donc la Race boréenne se divisa en trois classes ; et, ce qui est digne de la plus grande attention, c'est que chaque classe représenta une des trois sphères constitutives de l'Homme, et suivit son développement, de manière que celle des *Folk*, ou des hommes de travail, fut analogue à la sphère instinctive ; celle des *Leyt*, ou des hommes d'armes, à l'animique ; et celle des *Lœhr*, ou des hommes éclairés, à l'intellectuelle. Cette marche, quoique troublée par quelques secousses, était admirable jusque-là.

Comme la masse de la nation celtique tendait à se fixer, on dut songer à faire le partage des terres ; mais avant d'en venir à ce point décisif, il fallait d'abord en connaître et en fixer les limites. Depuis l'événement providentiel que j'ai raconté, la guerre s'était rallumée plus vive que jamais entre les deux Races blanche et noire. Les Celtes, pénétrés d'un enthousiasme religieux et guerrier, faisaient des prodiges de valeur. Les Atlantes, pressés de toute part, ne pouvaient plus tenir la campagne devant eux. Le temps avait effacé les différences qui existaient d'abord. Les armes étaient devenues à peu près égales, et les Celtes, instruits dans la tactique militaire, trouvaient dans leurs forces corporelles un avantage de plus en plus signalé. Tout l'intérieur du pays était déjà nettoyé. Les Sudéens, relégués aux extré-

---

qui fait le destin de quoi que ce soit ; chez les Latins les *Lares*, et chez les Anglais modernes les *Lords*.

mités méridionales de l'Europe, sur les rives de la mer, ne pouvaient s'y maintenir qu'à la faveur de leurs villes fortifiées, dont les Celtes étaient inhabiles encore à faire le siége, et que d'ailleurs une marine puissante rendait imprenables par famine.

Lorsque la possession de l'Europe leur fut ainsi assurée, à l'exception des côtes méridionales, les Druides en divisèrent l'intérieur en trois grandes régions. La région centrale fut nommée *Teuts-land*, c'est-à-dire la terre élevée, sublime, ou la terre de *Teut*; celle à l'occident reçut le nom de *Hôl-land* ou *Ghôl-land*, la terre inférieure; et celle à l'orient prit celui de *Pôl-land*, la terre supérieure. Les contrées placées au nord de ces trois régions furent appelées *D'ahn-mark*, la limite des ames; et celles du midi, occupées encore par les Atlantes, depuis le Tanaïs jusqu'aux colonnes d'Hercule, furent connues sous le nom générique d'*Asks-tan*, la demeure des *Asks* ou des Peuples noirs (1). Cette division géo-

―――――――――――――――――――――――――

(1) Le mot *ask*, tantôt écrit avec un *c*, tantôt avec un *q*, tantôt variant de voyelle, se trouve dans une foule de noms de peuples établis dans ces parages : les *Thraskes*, les *Osques*, les *Esques*, les *Tosques* ou *Toscans*, les *Étrusques*, les *Baskes* ou *Wasques*, ou *Vascons*, ou *Gascons*, etc. J'ai écrit au long ma pensée sur tous ces peuples dans ma *Grammaire de la langue d'Oc*. On entendait par les *Thraskes*, les Asks orientaux; par les *Tosques*, les Asks méridionaux; et par les *Vasques*, les Asks occidentaux. Le nom de *Pélasges* ou *Pelasks* désignait les peuples noirs en général, et

graphique, quoique altérée par une multitude de subdivisions, a survécu à toutes les révolutions politiques et religieuses, et se reconnaît encore de nos jours dans ses points principaux. Quant aux immenses contrées qui s'étendaient au-delà du Borysthène regardé comme la borne de l'empire Boréen (1), ainsi que son nom l'indique assez, on les croyait absolument privées d'habitants, et seulement peuplées d'animaux sauvages parmi lesquels le cheval était le plus estimé. C'était même à cause de cet animal belliqueux qu'on donnait à ces contrées le nom de *Ross-land*, la terre des chevaux. (2)

En croyant les contrées situées au-delà du Borysthène et de la Duna entièrement inhabitées, les Celtes se trompaient beaucoup. Cette opinion erronée indiquait seulement qu'ils avaient perdu de vue le lieu de leur berceau, et qu'ils ne se souvenaient plus d'être descendus eux-mêmes de ces régions glacées. Tandis qu'ils avaient fait des pas énormes dans la civilisation, et que, prêts à marcher à la conquête du Monde, ils constituaient déjà une nation nombreuse et puissante, des peuplades in-

---

particulièrement les marins. Le nom d'*Asks-tan* s'est conservé dans ceux d'Oscitanie et d'Aquitaine.

(1) Le nom de ce fleuve est composé des mots *Bors-stein*, la Borne de Bor.

(2) Le mot *Ross* signifie encore *un cheval* en allemand; notre mot *Rosse* en est une dégradation.

connues franchissaient à peine les premières limites de l'État social, se formaient en silence, croissaient en nombre, et n'attendaient que le moment favorable pour descendre à leur tour des hauteurs boréales, et venir dans un climat plus doux leur en demander le partage.

CHAPITRE IV.

Du premier Partage des terres, et de la Propriété territoriale.

Cependant les Druides, toujours dociles aux oracles de la Voluspa, et soumis aux décrets du Collége sacré, continuèrent leur division. Ils donnèrent aux hommes d'armes la propriété générale d'une vaste étendue de terre; et aux hommes de travail la propriété particulière d'une petite étendue dans la grande. De manière que ce qui était possédé par dix familles ou cent familles de *Folk*, appartenait en totalité à une famille de *Leyt*, qui sans être obligée de travailler la terre, ni de s'occuper d'aucun autre métier que de celui des armes, jouissait d'une certaine partie des revenus, du travail et de l'industrie de ces petits propriétaires chargés de faire valoir sa grande propriété.

Comme plusieurs petites propriétés en formaient une grande, plusieurs grandes en formaient une plus grande; et celles-ci réunies en constituaient une autre encore plus grande : de manière que si le premier homme d'armes qui dominait sur plusieurs hommes de travail, prenait le titre de baron, le second prenait celui de haut-baron, et le troisième celui de très haut-baron.

Le roi avait la domination sur tous les barons, et jouissait du droit honorifique de propriété universelle, c'est-à-dire que toutes les terres étaient censées lui avoir appartenu, et que les grands et les petits propriétaires reconnaissaient tenir de lui leurs droits respectifs. Toutes les terres non occupées dépendaient de lui; il les donnait aux nouvelles familles à mesure qu'elles se formaient, et disposait également des domaines devenus vacants par l'extinction des familles anciennes. Outre cela, il possédait en propre un domaine très étendu, dont les revenus étaient affectés à sa couronne.

Il paraît que dans l'origine de cette législation, les Druides n'eurent pas d'autres propriétés que celles des sanctuaires où ils logeaient avec leurs femmes et leurs enfants. Leur principal revenu consista en une sorte de dîme prélevée sur tous les biens de l'État; mais les dons qu'on leur fit par la suite des temps, les rendirent propriétaires d'une grande quantité de terres attachées à ces mêmes sanctuaires, et mirent entre leurs mains des trésors immenses.

On voit d'après cette esquisse rapide, que les propriétés territoriales furent d'abord d'une triple nature, et pour ainsi dire instinctives, animiques et intellectuelles. Ceux qui se sont imaginé qu'il a suffi à un homme d'enclore le premier un espace de terrain, et de dire *cela est à moi*, pour le posséder, ont commis la plus lourde bévue. La possession réelle de l'homme, sa possession instinctive, ne va pas au-delà de son travail. La terre appartient à tous, ou n'appartient à personne. Il faut une concession providentielle pour en assurer la propriété; et cette concession ne peut être l'effet que d'une législation théocratique. La Providence ne se manifeste pas immédiatement, elle ne vient pas en personne dicter ses lois aux hommes; elle a toujours besoin d'un organe humain pour faire entendre ses volontés. Ce n'est que lorsque cet organe se rencontre que la législation théocratique commence.

Cette législation, ainsi que je l'ai dit, avait commencé chez les Celtes à l'époque déterminée pour cela. Elle avait ajouté à la force, la seule puissance qui existât alors, deux autres puissances destinées à se servir mutuellement d'appui : la loi civile et la loi religieuse. Le chef militaire qui se trouvait au premier rang, avait dû céder sa place à deux nouveaux chefs institués pour être ses supérieurs : le roi et le souverain pontife. Le roi, par le seul fait de son couronnement, avait été déclaré le représentant temporel de la Providence, et par conséquent, le propriétaire universel de la terre. Il pouvait donc, en sa qualité de propriétaire universel, créer des propriétaires généraux ; et ces propriétaires généraux, établir à leur tour des propriétaires particuliers. Ce fut précisément ce qu'il fit. Mais comme la Providence, représentée temporellement par le roi, conservait néanmoins son action spirituelle, dont le souverain Pontife se trouvait revêtu, il découlait de là, que le roi devait hommage de sa propriété universelle à ce souverain Pontife, par la voix duquel son droit avait été promulgué; et que c'était à juste titre que celui-ci réclamait, tant pour lui que pour le corps sacerdotal, une portion légale de tous les produits.

Si l'on veut faire attention aux lois et surtout aux usages, qui malgré le nombre infini de révolutions dont l'Europe a été le théâtre, se sont attachés au droit de propriété territoriale, on verra qu'ils tendent tous à prouver ce que j'avance, savoir : que ce droit n'a été primitivement qu'une concession.

Au reste, il ne faut pas confondre ce que je dis ici de la propriété territoriale, avec ce que j'ai dit ailleurs de la propriété industrielle. Ces deux propriétés ne se ressemblent pas du tout par le droit. La propriété industrielle constitue un droit naturel, inhérent à l'homme, un besoin dont l'État social tire son principe; tandis que la propriété territoriale repose, au contraire, sur une concession innaturelle, étrangère à l'homme, qui n'a lieu que long-temps après que l'État social est constitué. Il n'est pas besoin de loi, comme je l'ai dit, pour établir le droit de propriété industrielle, parce que chacun sent par instinct que le produit du travail d'un homme lui appartient, de la même manière que son corps; mais ce n'est jamais que par suite d'une loi, et d'une loi très forte, que le droit de propriété territoriale peut être admis; parce que l'instinct repousse l'existence d'un pareil droit, et que jamais il n'aurait lieu, si l'intelligence dans laquelle il a son principe ne parvenait à le sanctifier. Aussi voit-on les hommes passionnés, dont la volonté se place dans l'instinct, s'élever avec violence contre la possession exclusive des terres, et demander toujours pourquoi une grande portion du peuple en est déshéritée. La seule réponse à faire à ces hommes, est celle-ci : c'est parce que la Providence l'a voulu. Or, sans prétendre porter sur les voies de la Providence un téméraire flambeau, on peut bien signaler les motifs d'une semblable volonté. Ces motifs sont évidemment de donner à l'édifice social une élévation et un éclat qu'il n'aurait jamais obtenus sans cela.

CHAPITRE V.

Origine de la Musique et de la Poésie. Invention des autres Sciences.

Environ à cette époque, et peut-être un peu avant, il se passa plusieurs choses qui influèrent d'une manière sensible sur la civilisation des Celtes.

Les Druides, en écoutant les oracles de la Voluspa, s'aperçurent que ces oracles étaient toujours renfermés dans des phrases mesurées, d'une forme constante, entraînant avec elles une certaine harmonie qui se variait selon le sujet; de manière que le ton avec lequel la prophétesse prononçait ses sentences différait beaucoup du langage ordinaire. Ils examinèrent attentivement cette singularité, et après s'être habitués à imiter les intonations diverses qu'ils entendaient, parvinrent à les reproduire, et virent qu'elles étaient coordonnées d'après des règles fixes. Ces règles, qu'ils finirent, à force de travail, par réduire en système, leur donnèrent les principes des deux plus belles conceptions dont les hommes aient pu s'honorer : la musique et la poésie. Voilà quelle fut l'origine de la mélodie et du rhythme.

Jusque-là les Celtes avaient été peu sensibles à la musique. Celle des Atlantes, qu'ils avaient entendue dans les combats ou dans quelques solennités, ne s'était offerte à eux que comme un bruit plus ou moins fort, aigu ou grave. Cherchant à rivaliser leurs ennemis, ils avaient bien inventé quelques instruments guerriers et monotones, tels que les tambours, la cymbale, le cornet et la bucine, avec lesquels ils parvenaient en effet à remplir l'air de bruits ou de sons formidables, mais sans aucune mélodie. Ce ne fut que quand leurs prêtres eurent reçu de la Voluspa les principes de l'harmonie musicale et poétique, qu'ils commencèrent à y trouver quelques charmes. La flûte, dont un génie heureux fut l'inventeur, causa une révolution dans les idées. On vit avec un ravissement inexprimable qu'on pouvait avec cet instrument suivre la voix de la Voluspa, et, pour ainsi dire, rappeler ses paroles par la seule répétition des sons qu'elle y avait attachés. La répétition de ces sons constitua le rhythme poétique. Ce rhythme, présenté à la nation comme un présent du ciel, fut reçu par elle avec un enthousiasme difficile à exprimer. On l'apprit par cœur, on le chanta dans toutes les occasions, on l'inculqua dès le berceau dans l'esprit des enfants; de manière qu'en très peu de temps il y devint comme instinctif, et qu'on put par son moyen répandre avec la plus grande facilité le texte de tous les oracles ou de toutes les lois, que la Voluspa renfermait toujours dans la même mesure. Telle fut la raison pour laquelle on ne sépara jamais dans l'antiquité la musique de la poésie, et qu'on appela également l'une et l'autre la langue des Dieux.

Malgré le plaisir que je prendrais à m'étendre sur des objets aussi agréables, et vers lesquels mes goûts particuliers m'ont souvent entraîné, je ne dois ici que les effleurer, de peur de trop ralentir ma marche, ayant d'ailleurs dans d'autres ouvrages pris soin de les approfondir autant que je l'ai pu. (1)

L'invention de la musique et de la poésie, en électrisant les esprits, donna lieu à des observations, à des recherches et à des méditations, dont les résultats furent des plus utiles. Pour la première fois on examina ce phénomène brillant de la Parole, auquel on n'avait pas fait la moindre attention jusque-là. Les Druides, que la Voluspa avait rendus musiciens et poètes, devinrent grammairiens. Ils examinèrent la langue qu'ils parlaient, et découvrirent avec surprise qu'elle s'appuyait sur des principes fixes. Ils distinguèrent le substantif du verbe, et trouvèrent les relations du nombre et du genre. Entraînés par l'esprit de leur culte, ils prononcèrent le genre féminin le premier, et frappèrent ainsi le langage boréen d'un caractère indélébile, d'un caractère entièrement opposé à celui du langage sudéen. Ayant à désigner,

---

(1) Principalement dans mon Discours sur l'*Essence et la forme de la Poésie*, mis en tête de mes Examens sur les *Vers dorés de Pythagore*; dans mes *Considérations sur le Rhythme*, et enfin dans mon ouvrage sur la *Musique*.

par exemple, des objets dont le genre n'existe que dans les formes du langage, ils appliquèrent le genre féminin ou masculin d'une manière opposée à l'opinion constante du Règne hominal, attribuant le genre féminin au soleil et le masculin à la lune, et se mettant ainsi en contradiction avec la nature des choses.(1)

Cette faute, qui fut une des premières où la vanité animique de la femme entraîna l'esprit de la prophétesse, ne fut malheureusement ni la dernière, ni la plus considérable. Je signalerai tout à l'heure la plus terrible de toutes, celle qui faillit encore perdre la Race entière. Je veux avant dire un mot sur l'invention de l'écriture, qui coïncida avec celle de la grammaire.

Les Celtes, comme je l'ai dit, avaient acquis par la fréquentation des Atlantes une vague connaissance de l'écriture; mais leur esprit, encore mal développé, n'avait pas senti toute l'utilité d'un art aussi admirable, et s'en était faiblement occupé. Ce ne fut

---

(1) Cette contradiction a disparu dans un grand nombre de dialectes celtiques, à cause de l'ascendant qu'y ont pris les dialectes atlantiques, avec lesquels ils se sont mêlés; mais dans le centre de l'Europe, le dialecte allemand a conservé cette singularité. Dans ce dialecte, le soleil, *die sonne*; l'air, *die luft*; le temps, *die zeit*; l'amour, *die liebe*, etc. sont du genre féminin; et la lune, *der mond*; la mort, *der tod*; l'eau, *das vasser*; la vie, *das leben*, etc. sont du masculin ou du neutre.

que lorsque les Druides vinrent à réfléchir sur leur idiome originel, qu'ils sentirent la nécessité d'en fixer par l'écriture les formes fluctuentes. Ce qu'il y a de plus difficile dans cet art réside dans la conception de la première idée ; une fois que cette idée est conçue, et que son objet métaphysique est saisi par l'esprit, le reste n'a rien d'embarrassant.

Il serait trop hardi de dire aujourd'hui si le premier inventeur des caractères littéraux ne copia pas quelque chose de ce qu'il pouvait connaître de ceux des Atlantes, ou si les formes qu'il donna aux seize lettres de son alphabet furent absolument son ouvrage ; ce qu'il y a de certain, c'est que ces seize lettres prirent sous sa main une direction absolument opposée à celle que suivaient les caractères sudéens ; c'est-à-dire que chez les Atlantes, tandis que l'écrivain traçait ses caractères sur une ligne horizontale allant de droite à gauche, chez les Celtes il la plaça au contraire en procédant de gauche à droite. Cette différence notable, dont personne, à ce que je crois, n'a encore donné la cause, dépendait de celle que je vais dire.

A l'époque très reculée où les caractères atlantiques furent inventés, la Race sudéenne, encore près de son origine, habitait en Afrique, au-delà de l'équateur, vers le pole sud ; de manière que l'observateur tourné vers le soleil, voyant cet astre se lever à sa droite et se coucher à sa gauche, suivait naturellement son cours dans le mouvement de son écriture. Mais ce qui était naturel dans cette position, ce qui même pouvait être considéré comme sacré, par des peuples adorateurs du soleil, cessait de l'être du côté opposé du globe, pour des peuples septentrionaux placés très loin même du tropique. Parmi ces peuples, l'observateur, tourné vers le soleil, voyait cet astre au contraire se lever à sa gauche et se coucher à sa droite; en sorte qu'en partant du même principe qui avait dirigé l'écrivain sudéen, le celte, en suivant le cours du soleil, devait naturellement tracer une ligne directement opposée, et donner à son écriture le mouvement de gauche à droite.

La connaissance de cette cause, si simple en apparence, livre à l'observateur une clef historique, qui ne lui sera pas d'une médiocre utilité; car toutes les fois qu'il verra une écriture quelconque suivre la direction de droite à gauche, comme celle du Phénicien, de l'Hébreu, de l'Arabe, de l'Étrusque, etc. il peut en rapporter l'origine à la Race sudéenne; et, tout au contraire, quand il verra cette écriture suivre la direction opposée de gauche à droite, comme la runique, l'arménienne, la thibétane, la samscrite, etc. il ne se trompera pas en la considérant comme d'origine boréenne.

Les Celtes distinguèrent leurs caractères alphabétiques par l'épithète de *runiques*; et ce mot qui me frappe me persuade à présent qu'ils les imitèrent en quelque chose des caractères atlantiques. Voici pourquoi. Les Atlantes avaient deux sortes d'écritures, l'une hiéroglyphique, et l'autre vulgaire ou cursive, comme cela se prouve assez par le témoignage de l'Égypte, le dernier lieu de la terre où leur puissance a jeté son dernier éclat. Or, le mot *runique* signifie dans un grand nombre de dialectes, *cursif* (1); de manière qu'on peut augurer que les caractères runiques ne sont que les caractères cursifs des Atlantes, un peu altérés dans leur forme, et tournés en sens inverse. Cette opinion reçoit d'ailleurs un grand degré de probabilité par la ressemblance frappante que l'on remarque entre les caractères cursifs phéniciens, et les caractères runiques ou cursifs des Étrusques et des Celtes.

Mais avant même que la poésie et la musique, la grammaire et l'écriture, fussent inventées, les sciences mathématiques avaient fait quelques progrès. La numération n'a pas besoin du développement de l'intelligence pour donner les premiers éléments de l'arithmétique; et l'on ne peut s'empêcher de croire que le partage qui se fit des possessions territoriales ne fournît bientôt ceux de la géométrie pratique, comme les besoins de l'agriculture conduisirent à ceux de l'astronomie.

Ces sciences, sans doute, étaient encore loin de

---

(1) La racine celtique *Ran* ou *Run* développe l'idée de course et de fuite, ainsi que je me souviens de l'avoir déjà démontré. Le mot *runig* ou *runik* exprime donc la disposition à courir.

leur perfection; mais il suffisait qu'elles eussent commencé d'être cultivées, pour que le but de la Providence fût rempli. J'ai assez dit que la Providence ne donne jamais que les principes des choses. C'est à la Volonté de l'homme qu'en appartient la culture, sous l'influence du Destin.

CHAPITRE VI.

Déviation du culte; par quoi causée. Superstition et fanatisme : leur origine.

Si les principes donnés par la Providence avaient continué à se développer avec la même rectitude, la Race boréenne, parvenue rapidement au point culminant de l'édifice social, aurait offert un spectacle digne d'admiration. L'Europe, qu'elle eût illustrée de bonne heure, n'aurait point été le jouet de tant de vicissitudes; et, sans avoir besoin de se faire l'esclave de l'Asie pendant une si longue suite de siècles, aurait tenu beaucoup plus tôt le sceptre du Monde. Mais le Destin, qui déterminait une série d'événements tout opposés, aurait demandé une volonté aussi pure que forte, pour empêcher leur réalisation ou résister à leurs effets; et non seulement cette volonté ne se trouve pas, mais celle qui existait, au lieu de suivre le mouvement que lui imprimait la Providence, lui résista, voulut se faire centre, être son propre moteur; et, loin d'éviter le Destin, se laissa dominer par lui, et fléchit sous sa loi.

Une seule passion mal gouvernée causa tout le mal : ce fut la vanité qui, s'exaltant dans le sein de la Voluspa en particulier, et généralement dans celui de toutes les femmes, y fit naître l'égoïsme, dont les froides inspirations, au lieu d'étendre la sphère intellectuelle, la resserrent au contraire, et portent dans l'ame l'ambition dénuée de l'amour de la gloire.

On avait établi, dans les diverses contrées occupées par les Celtes, plusieurs colléges de femmes, à la tête desquelles était une Druidesse qui ne relevait que de la Voluspa : ces Druidesses présidaient au culte, et rendaient des oracles; on les consultait dans les affaires particulières, comme l'on consultait la Voluspa dans les affaires générales. D'abord leur autorité était très étendue; les Druides ne faisaient rien sans prendre leur avis, et les Rois eux-mêmes obéissaient à leurs ordres : mais à mesure que la classe sacerdotale s'éclaira, à mesure que les sciences et les arts commencèrent à fleurir, elles s'aperçurent que leur influence diminuait, que l'autorité s'éloignait d'elles, et qu'on les révérait moins pour elles-mêmes, que pour la Divinité dont elles étaient les instruments.

Il était évident que l'homme, étonné par la grandeur du mouvement qui avait eu lieu, revenait insensiblement de son étonnement, et tendait à reprendre sa véritable place, que ce mouvement lui avait fait perdre. La même chose qui s'était passée à l'occasion du premier développement de la sphère instinctive, se passait sous d'autres rapports. Il était question, à présent comme alors, de savoir lequel des deux sexes resterait le maître.

Si la femme eût été sage, elle eût consenti à se laisser considérer comme l'instrument de la Divinité, comme le moyen de communication entre la Divinité et l'homme. Ce poste était assurément assez beau pour satisfaire sa vanité. Sa vanité pourtant n'en fut pas satisfaite, parce que l'égoïsme éveillé lui persuada qu'il n'y avait là-dedans rien pour elle. Quand elle parlait, était-ce elle qu'on écoutait? Non; c'était la Divinité qui parlait par sa bouche. Quand elle gardait le silence, quelle autorité avait-elle? Aucune : c'était le Druide, c'était le Roi, c'était le Maire qui commandait. Devait-elle se renfermer dans ce rôle insignifiant? Était-ce assez pour son ambition? Ses facultés ne l'appelaient-elles pas à de plus hautes destinées? Ses facultés! Eh! qui pouvait les apprécier mieux qu'elle? Tout ce qui s'était passé n'en dépendait-il pas? On cherchait la Divinité dans le ciel, parce que sa voix l'y avait mise. On lui demandait des oracles, parce que son intelligence en avait conçu. Si l'avenir avait été pénétré, n'est-ce pas la force de sa volonté qui avait réalisé les rêves de son imagination? Ne serait-il pas possible que l'avenir dépendît d'elle, comme l'existence de la Divinité en avait dépendu?

A peine cette idée impie est conçue, que la Providence épouvantée a reculé, et que le Destin a pris sa place. La Voluspa n'est plus l'organe de la Divinité; c'est un instrument fatidique dont le Destin disposera. C'est en vain que vous chercherez désormais, dans l'idiome qu'elle emploiera, le futur vrai d'aucun verbe. Le Verbe, dans sa langue, sera privé du futur (1). La nécessité seule du Destin enfantera l'avenir, en développant les conséquences du passé.

Ainsi, ne pouvant plus régner par la vérité, et voulant absolument conserver son empire, la femme chercha à régner par l'erreur. Tous les oracles qui sortirent des sanctuaires furent amphibologiques et ténébreux ; on n'entendit plus parler que de calamités, que de péchés commis, que d'expiations demandées, que de pénitences à faire. La Divinité suprême, Teutad, jadis offerte sous l'image bienveillante d'un père, ne parut plus que sous les traits austères d'un tyran. Le premier Herman, devenu le Dieu de la guerre, sous le nom de *Thor* (2), ne fut plus cet ancêtre protecteur, toujours occupé du salut de la nation; ce fut un Dieu terrible et sévère, qui se donna à lui-même les titres les plus redoutables : on le nomma le père du carnage, le dépopulateur, l'incendiaire, l'exterminateur. Il eut pour épouse Friga ou Freya, la dame par excellence, qui, non moins cruelle que son mari, désignait d'avance, dans les

―――――――

(1) Les idiomes celtiques, qui n'ont pas éprouvé le mélange des idiomes atlantiques, tels que le saxon, l'allemand, l'anglais, etc. n'ont point de futur simple.

(2) Le mot *thor*, qui signifiait proprement un taureau, était l'emblème de la force. Le taureau servit plus tard d'enseigne aux Celtes, comme je le dirai.

combats, ceux qui devaient être tués, et, par un contraste bizarre, tenait dans une main la coupe de la volupté, et dans l'autre, le glaive qui dévouait à la mort.

Une superstition affreuse succéda au culte simple suivi jusqu'alors : la religion devint intolérante et farouche; toutes les passions qui agitaient l'ame de la Voluspa enflammèrent les ames des ancêtres : ils devinrent comme elle jaloux, avides et soupçonneux ; les sacrifices innocents qu'on avait accoutumé de leur faire ne furent plus capables de les contenter. On leur immola des animaux; on remplaça les libations de lait par des libations de sang; et, comme il fallut établir une différence entre les ancêtres des particuliers et ceux de la nation, on fut conduit à sacrifier à Teutad, à Thor, à Freya, des victimes humaines, jugeant que le sang le plus pur et le plus noble devait leur être aussi le plus précieux. (1)

Et qu'on ne se figure point que ces victimes se prissent parmi les captifs ou parmi les esclaves, non ;

---

(1) C'est du nom de *Thor*, le Dieu de la guerre, que sont venus les mots *terreur* et *terrible*. Les mots *effroi*, *effroyable*, *frayeur*, etc. s'attachent également à l'impression que faisait le culte de Freya. On dit encore en saxon *frihtan*, en danois *freyeter*, en anglais *to fright*, épouvanter. Et ce qui est bizarre, c'est que c'est du nom de cette même Déesse, *Friga* ou *Freya*, que dérive le verbe *frigan*, faire l'amour ; en langue d'Oc *fringar*, et en français même *fringuer*. De là aussi les mots *frai* et *frayer* en parlant des

les têtes les plus nobles étaient souvent les plus menacées. Les Druidesses, inspirées par la Voluspa, étaient parvenues à frapper les esprits d'une telle ivresse, qu'on regardait comme favorisés des Dieux ceux que le sort désignait pour être enterrés vivants, ou pour répandre leur sang au pied des autels. Les victimes elles-mêmes se félicitaient du choix qui tombait sur elles. Nul n'était excepté; l'aveuglement allait au point, qu'on regardait comme du plus favorable augure quand le Roi lui-même était appelé à cet honneur. Sans respect pour son rang, on l'immolait au milieu des applaudissements et des cris de joie de toute la nation.

Les fêtes où l'on offrait ces sacrifices atroces se renouvelaient souvent : tous les neuf mois on en célébrait une durant laquelle neuf victimes par jour étaient immolées pendant neuf jours consécutifs. A la moindre occasion, les Druidesses demandaient un messager pour aller visiter les ancêtres, et leur porter des nouvelles de leurs descendants. Tantôt on précipitait ce malheureux sur la lance du *Hermansayl*; tantôt on l'écrasait entre deux pierres; tantôt on le noyait dans un gouffre; plus souvent on lais-

---

poissons. Ce contraste singulier donne à penser que, selon la doctrine des Celtes, cette Déesse était conçue sous une double nature; tantôt comme présidant à l'amour et à la naissance, sous le nom de *Friga*; et tantôt à la guerre et à la mort, sous celui de *Freya*. Je reviendrai plus loin sur ce contraste que personne n'a encore assez remarqué.

sait jaillir son sang, pour tirer un augure plus ou moins favorable du plus ou moins d'impétuosité avec laquelle il jaillissait. Mais c'était lorsque la crainte d'un malheur imminent agitait les esprits, que la superstition déployait ce qu'elle avait de plus horrible. Je n'aurais jamais fini si je voulais retracer la foule de tableaux qui viennent s'offrir à ma mémoire. Ici, c'est une armée qui dévoue à la mort son général; là, c'est un général qui décime ses officiers. Je vois un monarque sexagénaire qu'on brûle en l'honneur de Teutad; j'entends les cris des neuf enfants de Haquin, qu'on égorge sur les autels de Thor; c'est pour Freya qu'on creuse ce puits profond où l'on ensevelira les victimes qui lui sont dévouées.

Sur quelque point que je jette mes regards en Europe, j'y vois les traces empreintes de ces hideux sacrifices. Depuis les bords glacés de la Suède et de l'Islande, jusqu'aux fertiles rivages de la Sicile; et depuis le Borysthène jusqu'au Tage, je vois partout le sang humain fumer autour des autels; et l'Europe ne souffre pas seule de ce fléau destructeur; la funeste épidémie en franchit les limites avec les Celtes, et va infecter sur leurs pas les plages opposées de l'Afrique et de l'Asie. Que dis-je? elle en sort encore par l'Islande, et porte son venin jusque dans l'autre hémisphère. Oui, c'est de l'Islande que le Mexique a reçu cet abominable usage. Dans quelque lieu qu'on le voie établi, au nord ou au midi de la terre, à l'orient ou à l'occident, on peut sans erreur en rapporter l'origine à l'Europe : c'est dans la sombre horreur de ses forêts qu'il a pris naissance; et son principe a été, comme je l'ai dit, la vanité blessée, et la faiblesse qui veut commander. Cette faiblesse, il est vrai, fut souvent punie de ses propres fautes; souvent le glaive que les femmes tenaient suspendu sur un sexe qu'elles ne savaient gouverner que par la terreur, retombait sur leur sein. Sans parler ici des jeunes vierges qu'on enterrait vivantes ou qu'on précipitait dans les fleuves en l'honneur de Freya, il ne faut point oublier que les femmes des Rois et des principaux de l'État, étaient forcées par l'opinion superstitieuse qu'elles avaient créée elles-mêmes, de suivre leurs époux au tombeau, en s'étranglant à leurs funérailles, ou en se jetant dans les flammes de leur bûcher. Cette coutume barbare, qui subsiste encore dans quelques endroits de l'Asie, y a été portée par les Celtes vainqueurs.

CHAPITRE VII.

Septième Révolution dans l'État social. Établissement de la Théocratie.

Le culte superstitieux et féroce auquel une fatale déviation des lois providentielles avait soumis les Celtes, la terreur qui en était la suite naturelle, et cette habitude de sentir toujours la mort planant sur leur tête, les rendaient inaccessibles à la pitié. Intolérans par système et valeureux par instinct, ils donnaient la mort avec la même facilité qu'ils la recevaient. La guerre était leur élément; ce n'était qu'au milieu des batailles, et tandis que la fatigue accablait leur corps, que leur esprit, partout ailleurs assailli de fantômes, trouvait une sorte de repos. Dans quelque lieu que la victoire guidât leurs pas, la dévastation les suivait. Implacables ennemis des autres religions, ils en détruisaient les symboles, renversaient les temples, brisaient les statues, et souvent, sur le point d'en venir à une bataille décisive, faisaient vœu d'exterminer tous les hommes et tous les animaux qui tomberaient entre leurs mains: ce qu'ils exécutaient à la manière de l'interdit, comme les Hébreux le firent long-temps après. Ils croyaient honorer ainsi le terrible Thor, le plus vaillant de leurs ancêtres, et n'imaginaient pas qu'il y eût une autre manière pour Teutad lui-même de montrer sa force et sa puissance, que le carnage et la destruction. La seule vertu était pour eux la valeur; le seul vice la lâcheté. Ils nommaient l'enfer, *Nifelheim* (1), le séjour des lâches. Convaincus que la guerre est la source de la gloire dans ce monde, et celle du salut dans l'autre, ils la regardaient comme un acte de justice, et pensaient que la force qui donne sur le faible un droit incontestable, établit la marque visible de la Divinité. Quand malheureusement ils étaient vaincus, ils recevaient la mort avec une intrépidité farouche, et s'efforçaient de rire, en sortant de la vie, même au milieu des tourments.

Déjà ils avaient eu plus d'une fois l'occasion d'exercer leur passion favorite. Les Atlantes, attaqués jusque dans l'enceinte de leurs villes, avaient été vaincus sur tous les points. Les côtes de la Méditerranée, ravagées depuis les bords de la mer Noire jusqu'à l'Océan, appartenaient aux Celtes. Le peu de Sudéens qui étaient restés avaient été réduits en esclavage. Maîtres d'une grande quantité de ports, les vainqueurs n'avaient pas tardé à se créer une sorte de marine, avec laquelle, gagnant sans peine les côtes opposées de l'Afrique, ils y avaient posé

---

(1) Le mot *nifel* exprime le reniflement des chevaux quand ils sont effrayés. Nous en avons composé notre verbe *renifler*. On dit encore aujourd'hui en langue d'Oc *niflar*, souffler avec le nez, et au figuré saigner du nez.

des colonies. Conduits par un de leurs maires, que sa grande valeur avait fait nommer Heröll, ils avaient parcouru l'Espagne; et, toujours pillant et dévastant les établissements des Atlantes, étaient parvenus jusqu'au fameux détroit appelé depuis les *Colonnes d'Hercule*. Je ne crois pas me tromper beaucoup en avançant que ce fut à cause de cet événement que ce détroit fut ainsi nommé; car, comme je l'ai observé déjà, le nom d'Hercule ne diffère pas de celui de Heröll. Il s'est d'ailleurs conservé une ancienne tradition à ce sujet. On dit que le surnom de cet Hercule, Celte d'origine, était *Ogmi;* or le mot *Ogmi* signifiait en celte la grande Puissance ou la grande Armée. (1)

Ainsi les Celtes possédaient donc à cette époque l'Europe entière, poussaient des hordes jusqu'en Afrique, menaçaient le temple d'Ammon, et faisaient trembler l'Égypte. Il était à craindre que cette puissance farouche ne fît la conquête du Monde; ce qui serait devenu irrésistible si elle se fût rendue maîtresse de cet antique royaume, dont la fondation, selon Hérodote, ne remontait pas à moins de douze mille ans avant notre ère. Cet événement,

---

(1) Ce mot, composé de deux mots, devrait être écrit *Hug müh;* le premier, *huge*, conservé en anglais, signifie très vaste; il a servi de racine au latin *augere*, comme au français *augmenter;* le second, *müh*, conservé en allemand, est l'analogue de l'anglais *may*, d'où vient *Mayer*, un puissant, un Maire.

s'il avait eu lieu, aurait été un des plus funestes pour l'humanité. La Providence le prévint. Elle ne pouvait pas changer directement la volonté pervertie de la Race boréenne; mais elle pouvait la châtier; et c'est ce qu'elle fit.

Quelques Celtes, revenus d'Afrique en Europe, y apportèrent les germes d'une maladie inconnue, d'autant plus terrible dans ses effets qu'elle détruisait l'espérance même de la population, en attaquant la génération dans ses principes. On la nommait *Éléphantiase*, peut-être à cause de l'éléphant, qui paraissait y être sujet. En peu de temps cette cruelle maladie, se propageant du midi ou nord, et de l'occident à l'orient, fit des ravages effroyables. Les Celtes qui en étaient attaqués perdaient subitement leurs forces, et mouraient d'épuisement. Rien ne pouvait combattre son venin. La Voluspa, interrogée, ordonna vainement des sacrifices expiatoires. Les victimes humaines, qu'on immola par milliers, n'écartèrent pas le fléau. La nation périssait. Pour la première fois depuis long-temps ces indomptables guerriers, qui mettaient leur unique recours dans la force, sentirent que la force n'était pas tout. Les armes tombèrent de leurs mains. Incapables de la moindre action, ils se traînaient dans leurs camps solitaires, plutôt semblables à des spectres qu'à des soldats. Si les Atlantes avaient été alors en mesure de les attaquer, ils étaient perdus.

Il y avait eu ce temps-là parmi les Druides un

homme savant et vertueux, mais dont les sciences et les vertus paisibles avaient été peu remarquées jusqu'alors. Cet homme, encore dans la fleur de l'âge, gémissait en secret sur les erreurs de ses compatriotes, et jugeait avec juste raison que leur culte, au lieu d'honorer la Divinité, l'offensait. Il connaissait les traditions de son pays, et avait beaucoup étudié la nature. Dès qu'il vit la fatale maladie étendre ses ravages, il ne douta pas qu'elle ne fût un fléau envoyé par la Providence. Il l'examina avec soin, il en connut le principe; mais ce fut en vain qu'il en chercha le remède. Désespéré de ne pouvoir opérer le bien dont il s'était flatté, errant un jour dans la forêt sacrée, il s'assit au pied d'un chêne et s'y endormit. Pendant son sommeil il lui sembla qu'une voix forte l'appelait par son nom. Il crut s'éveiller et voir devant lui un homme d'une taille majestueuse, revêtu de la robe des Druides, et portant à la main une baguette, autour de laquelle s'entrelaçait un serpent. Étonné de ce phénomène, il allait demander à l'inconnu ce que cela voulait dire, lorsque celui-ci le prenant par la main le fit lever, et lui montrant sur l'arbre même au pied duquel il était couché une très belle branche de gui, lui dit : O Ram ! le remède que tu cherches, le voilà. Et tout à coup tirant de son sein une petite serpette d'or, en coupa la branche et la lui donna. Ensuite ayant ajouté quelques mots sur la manière de préparer le gui et de s'en servir, il disparut.

Le Druide s'étant éveillé en sursaut, tout ému du rêve qu'il venait de faire, ne douta point qu'il ne fût prophétique. Il se prosterna au pied de l'arbre sacré où la vision lui était apparue, et remercia au fond de son cœur la Divinité protectrice qui la lui avait envoyée. Ensuite, ayant vu qu'en effet cet arbre portait une branche de gui, il la détacha avec respect, et l'emporta dans sa cellule, proprement enveloppée dans un bout du voile qui lui servait de ceinture. Après s'être mis encore en prières, pour appeler sur son travail la bénédiction du ciel, il commença les opérations qui lui avaient été indiquées, et réussit heureusement à les terminer. Quand il crut son gui suffisamment préparé, il s'approcha d'un malade désespéré, et lui ayant fait avaler quelques gouttes de son divin remède, dans une liqueur fermentée, vit avec une joie inexprimable que la vie, prête à s'éteindre, s'était ranimée, et que la mort, forcée d'abandonner sa proie, avait été vaincue. Toutes les expériences qu'il fit eurent le même succès; en sorte que bientôt le bruit de ses cures merveilleuses se répandit au loin.

On accourut vers lui de toutes parts. Le nom de Ram fut dans toutes les bouches, accompagné de mille bénédictions. Le collége sacerdotal s'assembla, et le souverain Pontife ayant demandé à Ram de lui découvrir par quels moyens un remède aussi admirable, auquel la nation devait son salut, était venu en sa possession, le Druide ne fit aucune difficulté de le lui dire; mais voulant donner au corps sacerdotal une puissance propre, qu'il n'avait pas eue jusque-là, il fit facilement sentir au Drud, qu'en faisant connaître à la nation la plante indiquée par la Divinité, en l'offrant même à sa vénération, comme sacrée, il ne fallait pas en divulguer la préparation; mais la renfermer, au contraire, avec soin dans le sanctuaire, afin de donner à la religion plus d'éclat et plus de force, par des moyens moins violents que ceux employés jusqu'alors. Le souverain Pontife sentit la valeur de ces raisons, et les approuva. La nation celtique sut que c'était au Gui de chêne, désigné par la bonté divine, qu'elle devait la cessation du terrible fléau qui la dévorait; mais elle apprit en même temps que la propriété mystérieuse de cette plante, la manière de la cueillir et de la préparer, étaient réservées aux seuls *Lehrs*, à l'exclusion des deux autres classes, des Leyts et des Folks.

Ce fut pour la première fois que, relativement à la caste sacerdotale, les deux autres castes des hommes d'armes et des hommes de travail furent confondues en une seule; ce qui donna lieu à une nouvelle idée et à un nouveau mot. En considérant les *Leyts* et les *Folks* comme un seul peuple sur lequel les *Lehrs* avaient la domination, on contracta les deux mots en un seul, et on en forma le mot *Ley-olk*, devenu pour nous celui de *Laïque*. En supposant que les Leyts éprouvassent quelque peine de cette confusion, ils n'étaient pas du tout en mesure de s'y opposer. La force des choses les entrainait. Comme dans le principe de la société les Folks, qui leur avaient dû leur conservation, avaient bien été mis sous leur dépendance, il était également juste qu'eux-mêmes, qui devaient à présent leur conservation aux Lehrs, reconnussent leur domination.

Ce changement, qui parut peu considérable au moment où il s'effectua, eut les conséquences les plus importantes par la suite, lorsque la Théocratie pure s'étant établie, et toute ligne de démarcation se trouvant effacée, elle put dégénérer en despotisme absolu, ou en démocratie anarchique, selon que le pouvoir fut usurpé par la force d'un seul ou par celui de la multitude.

Ainsi dans l'Univers, le mal naît souvent du bien, et le bien du mal, comme la nuit succède au jour et le jour à la nuit, afin que les lois du Destin s'accomplissent, et que la Volonté de l'homme, choisissant librement l'un ou l'autre, soit amenée par la seule force des choses, à la lumière et à la vertu que lui présente sans cesse la Providence.

CHAPITRE VIII.

Apparition d'un Envoyé divin.

Cependant une fête solennelle fut établie pour célébrer cet heureux événement. On voulut que la commémoration de la découverte du Gui de chêne coïncidât avec le commencement de l'année, que l'on plaça au solstice d'hiver. Comme la nuit la plus obscure couvrait le pôle boréal à cette époque, on s'accoutuma à considérer la nuit comme le principe du jour, et on appela *Nuit-mère* la première nuit après le solstice. C'était au milieu de cette nuit mystérieuse que l'on célébrait le *New-heyl* (1), c'est-à-dire le nouveau salut, ou la nouvelle santé. La nuit devint donc sacrée parmi les Celtes, et l'on s'accoutuma à compter par nuits. Le souverain Pontife régla la durée de l'année sur le cours du soleil, et celle du mois sur celui de la lune. On peut juger, d'après les traditions qui nous sont parvenues de ces temps reculés, que cette durée était établie d'après des calculs assez exacts, pour annoncer déjà des connaissances étendues en astronomie (2). Comme

---

(1) Il est, je pense, inutile de dire que c'est de là que prend son origine notre fête de Noël, inconnue aux premiers chrétiens.

(2) Il paraît que le mois était composé de trente jours,

je me suis interdit les détails dans cet ouvrage, je m'abstiendrai de m'arrêter sur les cérémonies qu'on observait en cueillant le Gui de chêne. On trouve dans mille endroits tout ce qu'on pourrait desirer à cet égard (1). Seulement je ne dois pas passer sous silence que l'être mystérieux qui l'avait montré au druide Ram, honoré comme un des ancêtres de la Race boréenne, fut désigné par le nom d'*Esculape* (2), c'est-à-dire l'espérance du salut du Peuple, et considéré comme le Génie de la Médecine.

Quant au druide Ram, lui-même, sa destinée ne devait pas se borner là. La Divinité qui l'avait choisi pour sauver les Celtes d'une perte assurée en arrê-

---

l'année de trois cent soixante-cinq jours et six heures, et les siècles de trente et de soixante ans. La fête de *Newheyl*, qui devait avoir lieu la première nuit du solstice d'hiver, se trouvait reculée de quarante-cinq jours au temps d'Olaüs Magnus, l'an 1000 de Jésus-Christ; et cela, par la raison que l'année celtique étant plus longue que la révolution du soleil, donnait un jour d'erreur en cent trente-deux ans. Ces quarante-cinq jours de retard répondent à cinq mille neuf cent trente ans, et font remonter par conséquent l'établissement du Calendrier celtique à près de cinq mille ans avant notre ère, en supposant même qu'il n'y ait eu aucune réformation.

(1) Particulièrement dans Pline, *Hist. nat.* L. XVI, c. 44.

(2) Le mot *Æsc-heyl-hopa*, d'où dérive le nom d'*Esculape*, peut signifier aussi, l'espérance du salut est au Bois; ou, le Bois est l'espérance du salut; parce que le mot *Æsc* signifiait également un Peuple et un Bois.

tant le fléau formidable qui les livrait à la mort, l'avait également élu pour arracher de leurs yeux le bandeau de la superstition, et changer leur culte homicide. Mais ici, sa mission n'était pas aussi facile à remplir. L'épidémie physique était évidente pour tous, elle les menaçait tous ; nul n'avait des motifs pour la conserver : tandis que non seulement l'épidémie morale ne paraissait pas telle à tous ; mais que, considérée comme sacrée par les uns, elle était pour les autres un objet d'intérêt ou de vanité. Aussi, dès que le Druide eut fait connaître ses intentions, dès qu'il eut dit que le même Génie qui lui était apparu pour lui montrer le Gui de chêne, lui apparaissait encore pour lui ordonner de sécher les traces de sang dont les autels étaient inondés ; dès qu'il eut condamné les sacrifices humains, comme inutiles, atroces, en horreur aux Dieux de la Nation, il fut regardé comme un novateur dangereux, dont l'ambition cherchait à profiter d'un événement heureux pour assurer sa puissance.

La Voluspa, consultée, n'osa pas d'abord le traiter d'impie et de rebelle : l'ascendant qu'il avait acquis sur une grande partie de la nation par l'immense service qu'il venait de lui rendre, ne permettait pas encore de pareilles expressions ; mais après avoir fait son éloge, avoir remercié le ciel de la faveur qu'il lui avait faite, elle s'apitoya sur la faiblesse de son ame, et le représenta comme un homme pusillanime, il est vrai plein de douceur et de bonnes intentions, mais tout-à-fait incapable d'élever ses pensées jusqu'à l'austère hauteur des pensées divines. Cette explication de la Pythie trouva d'abord un grand nombre d'adhérents. Sans cesser d'aimer le bon Ram, on le plaignit de bonne foi de manquer de courage ; et comme ses ennemis virent cette disposition, ils en profitèrent habilement en ajoutant le ridicule à la pitié. Son nom *Ram*, signifiait un bélier ; ils le trouvèrent trop fort pour lui, et par l'adoucissement malin de la première lettre, le changèrent en celui de *Lam*, qui voulait dire un agneau. Ce nom de Lam, qui lui resta, devint célèbre par toute la Terre, comme nous le verrons tout à l'heure. L'homme peut rejeter les bienfaits de la Providence, mais la Providence n'en marche pas moins à son but. Les Celtes, en méconnaissant sa voix, en dédaignant, en persécutant son envoyé, perdirent leur existence politique, et laissèrent prendre à l'Asie une gloire qu'ils auraient pu garder à l'Europe. Le Destin fut encore trop fort pour que l'aveugle Volonté de l'homme ne fléchit pas devant lui.

CHAPITRE IX.

Suites de cet événement. L'Envoyé divin est persécuté. Il se sépare des Celtes.

Malgré la décision de la Voluspa à son égard, Ram n'en continua pas moins son mouvement; il manifesta hautement son intention d'abolir les sacrifices sanglants de toute nature, et annonça que telle était la volonté du ciel révélée par le grand Ancêtre de la nation *Oghas* (1). Ce nom qu'il substitua à celui de Teutad, obtint l'effet qu'il en desirait. Les Celtes, selon qu'ils adhérèrent à ses opinions ou qu'ils s'en écartèrent, se trouvèrent sur-le-champ divisés en Oghases ou en Teutades; et l'on put juger d'avance du succès du schisme qui se préparait. Afin de donner à son parti un point de ralliement encore plus fixe et plus évident, le Druide novateur s'empara de

---

(1) Le mot *as*, *ans*, ou *hans*, signifiait *ancien*; et, comme je l'ai déjà dit, *og* voulait dire *très grand*. Notre mot *ancêtre* tient à la racine *ans*; cette racine qui a fourni d'abord le nom du dieu Pénate des Celtes, *As*, *Æs* ou *Esus*, a fini par devenir un simple titre d'honneur, qu'on donnait aux hommes distingués en leur parlant : *Ans-heaulme*, *Ans-carvel*, *Æs-menard*, *Ens-sordel*, etc. Ce titre, prononcé tout seul, a signifié *souverain*; de là, la hanse germanique et le nom des villes hanséatiques.

l'allusion qu'on avait faite de son nom, et prit pour emblème un bélier, qu'il laissa appeler par ses sectateurs *Ram* ou *Lam*, selon qu'ils voulurent le considérer sous le rapport de la force ou de la douceur. Les Celtes, attachés à l'ancienne doctrine, opposèrent, à cause de *Thor*, leur premier Herman, le taureau au bélier, et prirent cet animal robuste et fougueux pour symbole de leur audace et de leur fermeté (1). Telles furent les premières enseignes connues parmi la Race boréenne, et telle fut l'origine de toutes les armoiries dont on fit usage par la suite pour distinguer entre elles les nations des nations, et les familles des familles.

Chacun arborant selon son opinion ou le Bélier ou le Taureau, on ne tarda pas à en venir, entre les partisans de l'un ou de l'autre, des injures aux menaces, et des menaces aux combats. La nation se trouva un moment dans une situation éminemment dangereuse. Ram le vit; et comme son caractère pacifique l'éloignait de toute espèce de moyen violent, il essaya de persuader ses adversaires. Il leur démontra avec autant de sagacité que de talent, que la première Voluspa, en fondant le culte des Ancêtres, avait donné moins de preuves que lui de sa

---

(1) Comme j'ai fait remarquer déjà que les mots *terreur* et *terrible* s'étaient attachés au culte de *Thor*, symbolisé par un taureau, je dois dire ici que, par un sentiment contraire, le culte de l'agneau *Lam* produisit les mots *lamenter*, *lamentable*, *lamentation*, etc.

céleste mission, puisque ne parlant jamais qu'au nom du premier Herman, elle n'avait arrêté que des maux partiels, n'avait donné que des lois particulières souvent funestes ; tandis que lui, guidé par le suprême Ancêtre, père de la Râce entière, il avait eu le bonheur de sauver la nation d'une ruine totale, et qu'il lui présentait, en son nom, des lois générales et propices, au moyen desquelles elle serait à jamais délivrée du joug odieux que lui imposaient les sacrifices sanglants.

Ces raisons, qui entraînaient les hommes pacifiques et de bonne foi, trouvaient dans l'intérêt, dans l'orgueil, dans les passions belliqueuses des autres, une opposition invincible. La Voluspa, qui sentit que son autorité chancelante avait besoin d'un coup d'éclat pour se raffermir, saisit l'occasion d'une fête, et appela Ram au pied des autels. Ram, qui sentit le piége, refusa de s'y rendre, ne voulant pas présenter sa tête à la hache des sacrificateurs. Il fut frappé d'anathême. Dans cette extrémité, voyant qu'il fallait ou combattre ou s'expatrier, il se détermina pour ce dernier parti, résolu à ne point attirer sur sa patrie le fléau d'une guerre civile.

Une foule immense de sectateurs de toutes les classes s'attacha à sa fortune. La nation, ébranlée jusqu'en ses fondements, perdit par son opiniâtreté une grande partie de ses habitants. Avant de partir, Ram tenta un dernier effort ; il rendit au nom d'Oghas, le suprême Ancêtre, un oracle dans lequel les Celtes étaient menacés des plus grands malheurs s'ils continuaient à répandre le sang sur ses autels. Il l'envoya par un messager au Collége sacerdotal. La Voluspa, qui en fut informée, redoutant son effet sur les esprits, prévint l'arrivée du messager, et par un oracle contraire, l'ayant dévoué à l'impitoyable Thor, le fit égorger à son arrivée.

Jamais sans doute la Race boréenne ne s'était trouvée dans des circonstances aussi difficiles. Il semblait que ses Dieux mêmes, partagés d'opinion, se livrassent au sein des nuages un combat, dont les malheureux mortels allaient être les victimes. C'étaient, en effet, la Providence et le Destin qui luttaient ensemble. La Volonté de l'homme était comme le champ de bataille où ces deux formidables puissances se portaient leurs coups. Les différents noms que cette Volonté leur donnait n'importaient pas. Les anciens poètes ont bien senti cette vérité ; et, au-dessus d'eux tous, Homère l'a rendue avec une magnificence que nul autre n'a égalée. C'est, au reste, dans la connaissance de cette vérité que réside la véritable Poésie. Hors de là, il n'y a que de la versification.

Enfin privé de toute espérance d'accommodement, Ram partit, entraînant avec lui, comme je l'ai dit, la plus saine partie de la nation, et la plus éclairée. Il suivit d'abord la même route que les Celtes bodohnes avaient suivie ; mais quand il fut à la vue du Caucase, au lieu de suivre les sinuosités de cette montagne fameuse, entre la mer Noire et la mer Caspienne, il remonta le Don, et passant ensuite le Volga, il parvint, en côtoyant cette dernière mer, sur cette plaine élevée qui domine la mer d'Aral.

Avant d'arriver à cette contrée, occupée encore aujourd'hui par des hordes nomades, il avait rencontré plusieurs de ces peuplades appartenant visiblement à la Race boréenne. Il en ignorait complétement l'existence, et ne fut pas médiocrement surpris de trouver ces lieux qu'il croyait déserts, habités et fertiles. Ces peuplades, d'abord effrayées à l'aspect de tant de guerriers armés, s'apprivoisèrent facilement quand elles virent que ces hommes, dont elles partageaient la couleur, et presque le langage (1), ne cherchaient à leur faire aucun mal, et n'appartenaient pas à ces Peuples noirs, contre lesquels elles étaient obligées d'être dans un état continuel de guerre, pour éviter l'esclavage. Plusieurs se réunirent même aux Celtes, et leur servirent de guides dans ces nouvelles régions. Leur idiome fut bientôt connu, et l'on apprit d'elles que le pays dans lequel on se trouvait se nommait *Touran*, par opposition à un pays moins élevé, plus uni, plus agréable, situé au-delà des montagnes, appelé *Iran*, duquel elles avaient été chassées par des peuples conquérants

---

(1) Il est remarquable que, encore de nos jours, le tàtar oïghouri a des rapports très étroits avec le celte irlandais; on sait que le persan et l'allemand ont aussi beaucoup de racines communes.

venus du côté du midi. A la description que Ram se fit faire de ces peuples, il ne tarda pas à les reconnaître pour appartenir à la Race sudéenne, et il résolut aussitôt de leur enlever cette contrée qu'ils avaient usurpée, et de s'y établir.

Il resta néanmoins quelque temps dans le Touran, pour y faire le dénombrement du peuple qui s'était soumis à sa doctrine, en régulariser les diverses classes qu'un mouvement si brusque avait confondues, et donner au gouvernement théocratique qu'il méditait, le commencement de perfection que les circonstances pouvaient permettre. Il ne négligea rien pour attirer à lui toutes les peuplades Touraniennes, dont il put avoir connaissance; et comme il sut qu'il existait vers le nord une immense contrée, que ces peuplades appelaient la Terre paternelle, *Tat-âra̅h* (1), à cause qu'elle avait été la demeure de leur premier Père, il ne manqua pas de leur faire entendre que c'était au nom de leur grand Ancêtre Oghas (2), qui était aussi le sien, qu'il venait délivrer leur patrie du joug des étrangers. Cette idée qui flatta leur orgueil, gagna sans peine leur con-

---

(1) C'est du mot *Tata̅ra̅h* que dérive le nom de *Tata̅re*, que nous avons long-temps écrit *Tartare*, en opposition à la synonymie de tous les peuples asiatiques.

(2) Les Tatâres de nos jours révèrent encore *Oghas* ou *Oghous* comme leur premier Patriarche; ceux qu'on appelle *Oïghours*, à cause de cela, sont les plus instruits et les plus anciennement civilisés.

fiance. Plusieurs phénomènes qui ne les avaient pas frappés jusque-là, se représentèrent à leur esprit. L'un se rappelait un rêve ; l'autre, une vision. Celui-ci racontait le discours d'un vieillard mourant ; celui-là parlait d'une antique tradition ; tous avaient des motifs pour regarder l'événement actuel comme une chose merveilleuse. Leur enthousiasme s'augmentait en se communiquant. Bientôt il fut à son comble. Il est de la nature de l'homme de croire à l'action de la Providence sur lui : pour qu'il n'y croie pas, il faut, ou que ses passions l'aveuglent, ou que des événements antérieurs aient déterminé sa Volonté à fléchir sous les lois du Destin ; ou bien que sa Volonté propre, l'entraînant, prenne la place de la Providence.

CHAPITRE X.

Quel était Ram : sa pensée religieuse et politique.

Plusieurs messagers furent dépêchés dans la Haute-Asie pour porter des nouvelles de ce qui se passait ; le bruit en retentit jusque dans les contrées les plus reculées ; on vit arriver de toutes parts des peuplades curieuses de voir l'envoyé de leur Grand-Ancêtre, et jalouses de prendre part à la guerre qui se préparait. Dans plusieurs occasions importantes, Ram se montra digne de sa haute réputation. Son active sagesse prévenait tous les besoins, aplanissait toutes les difficultés ; soit qu'il parlât, soit qu'il agît, on sentait dans ses paroles comme dans ses actions quelque chose de surnaturel. Il pénétrait les pensées, il prévoyait l'avenir, il guérissait les maladies ; toute la nature semblait lui être soumise. Ainsi le voulait la Providence, qui, destinant la Race boréenne à dominer sur la terre, lançait au-devant de ses pas les rayons lumineux qui devaient la conduire. Ram fut donc le premier homme de cette Race qu'elle inspira immédiatement. C'est lui que les Hindoux honorent encore sous son propre nom de *Rama* ; c'est lui que le Thibet, la Chine, le Japon et les immenses régions du nord de l'Asie, connaissent sous le nom de *Lama*, de *Fo*, de *Pa*, de *Pa-pa*, de *Pa-*

DE L'HOMME.

di-Shah, ou de *Pa-si-pa* (1). C'est lui que les premiers ancêtres des Persans, les Iraniens, ont nommé *Giam-Shyd*, à cause qu'il fut le premier monarque du monde, ou le premier dominateur du Peuple noir; car ce Peuple était appelé le *Peuple de Gian*, ou de *Gian-ben-Gian*, comme disent les Arabes. On voit dans le *Zend-Avesta*, que le dernier Zoroastre lui rend hommage, en le plaçant longtemps avant le premier prophète de ce nom, et le désignant comme le premier homme qu'Ormusd ait favorisé de son inspiration (2). Il le nomme partout

---

(1) J'ai dit que le mot *Ram* signifie proprement un *Bélier*: aussi est-ce par le symbole du bélier qu'Osiris, Dionysos et même Jupiter ont été désignés. L'agneau, comme plus particulièrement appliqué au mot *Lam*, n'a pas été moins fameux. L'agneau blanc ou noir désigne encore de nos jours les diverses hordes de Tatares. Par le nom de *fo*, de *pa*, de *pa-pa*, on entend le Père par excellence. *Pa-di-shah* signifie le Monarque paternel, et *pa-si-pa*, le Père des pères.

(2) Voici ce qu'on lit dans le *Zend-Avesta*, 9ᵉ hâ, page 108 : « Zoroastre consulta Ormusd en lui disant : O
« Ormusd, absorbé dans l'excellence, juste Juge du
« Monde.... quel est le premier homme qui vous ait con-
« sulté comme je fais?.... Alors Ormusd dit : le pur Giam-
« Shyd, chef des peuples et des troupeaux, ô saint Zoroas-
« tre! est le premier homme qui m'ait consulté comme tu
« fais maintenant. Je lui dis au commencement, moi qui
« suis Ormusd, soumets-toi à ma Loi.... médite-la et porte-
» la à ton peuple.... Ensuite il régna.... Je lui mis entre les

le Chef des Peuples et des troupeaux, le très puissant et très fortuné Monarque. Ce fut lui qui fit de l'agriculture la première des sciences, et qui apprit aux hommes la culture de la vigne et l'usage du vin. Il fonda la ville de *Ver*, capitale du *Var-Giam-Gherd*. Ville admirable, dit Zoroastre; semblable au Paradis, et dont les habitants étaient tous heureux.

Les Livres sacrés des Hindoux s'expriment à peu près dans les mêmes termes : ils représentent Ram comme un puissant théocrate, enseignant l'agriculture aux hommes sauvages, donnant des lois nouvelles aux peuples déjà civilisés, fondant des villes,

---

« mains un glaive d'or.... Il s'avança vers la lumière, vers
« le pays du midi, et il le trouva beau.... »

Anquetil du Perron a écrit *Djemschid*, mais c'est une mauvaise orthographe. *Giam-Shyd* peut signifier le Monarque du Monde ou le Soleil universel, ce qui revient au même; il peut signifier aussi le Dominateur ou le Soleil du Peuple noir, parce que ce peuple au temps de sa puissance portait le nom d'*Universel*, et se faisait appeler *Gian*, ou *Gean*, ou *Jan*, ou *Zan*, selon le dialecte; mais comme le mot *Gian*, qui signifie proprement le Monde, s'est appliqué à l'Intelligence qui le meut, à l'Esprit universel, à tout ce qui est spirituel ou spiritueux, et enfin au vin, il est arrivé que Ram, Osiris, Dionysos ou Bacchus, qui ne sont que le même personnage sous différents noms, ont été considérés tantôt comme l'Intelligence universelle, tantôt comme le Principe spirituel ou spiritueux de toutes choses, et enfin, par une matérialisation absolue de l'idée primitive, comme le Dieu du vin.

terrassant les rois pervers, et répandant partout la félicité.

Arrien, qui donne à Ram le nom de *Dionysos*, c'est-à-dire l'Intelligence divine, rapporte que ce prince enseigna aux hommes qui menaient, avant sa venue, une vie errante et sauvage, à ensemencer les terres, à cultiver la vigne et à faire la guerre.

Zoroastre, dont l'objet était la réformation du culte persan, accuse cependant Giam-Shyd d'orgueil, et dit que la fin de son règne ne répondit pas au commencement. Quelques commentateurs ajoutent que ce théocrate offensa la Divinité, en tentant de se mettre à sa place, et en usurpant les honneurs divins. Ce reproche aurait été mieux fondé, si Ram eût, en effet, annoncé pour l'objet de son culte l'Être des êtres, le Très-Haut, Dieu lui-même dans son insondable unité ; mais ses idées ne pouvaient pas s'élever jusque-là ; et, en supposant qu'elles l'eussent pu, celles du peuple qu'il conduisait ne l'y auraient pas suivi. Quoique la sphère intellectuelle eût déjà acquis de grands développements parmi la Race boréenne, elle n'était pas néanmoins parvenue au point d'atteindre à de telles hauteurs. L'idée qu'elle saisissait le plus facilement, était, comme je l'ai dit, celle de l'immortalité de l'âme : voilà pourquoi le culte des Ancêtres était celui qui lui convenait le mieux. L'idée de l'existence de Dieu, qui se lie à celle-là, ne la frappait encore que d'une manière vague et confuse.

Les Celtes ne voyaient dans Teutad ou dans Oghas que la chose même que ces mots exprimaient dans le sens le plus physique : le Père universel ou le Grand Ancêtre de leur nation. Ram, en se donnant pour le représentant de ce Père ou de cet Ancêtre commun, en affirmant que leur volonté se réfléchissait dans la sienne, en se revêtissant, pour ainsi dire, de l'immortalité sacerdotale, et en persuadant à ses sectateurs que son ame ne quitterait son corps actuel que pour en prendre un autre, afin de continuer à les instruire et à les gouverner ainsi de corps en corps jusqu'à la consommation des siècles; Ram, dis-je, ne fit pas une chose aussi audacieuse que celle que Krishnen, Foë, et Zoroastre lui-même, firent long-temps après. Il ne sortait pas de la sphère des choses sensibles et compréhensibles, tandis que les autres en sortaient. L'immortalité de l'ame étant reconnue, sa doctrine en était une conséquence toute simple. Il n'affirmait du Grand Ancêtre que ce qu'il affirmait de lui-même; et quand il disait qu'il renaîtrait pour continuer son ministère, il ne disait pas autre chose, sinon que l'immortalité de son ame, au lieu de s'exercer ailleurs d'une manière invisible, s'exercerait d'une manière visible sur la terre; en sorte que sa doctrine et les formes de son culte se servaient mutuellement de soutien et de preuves.

Quand on juge aujourd'hui, d'après les idées acquises depuis une longue suite de siècles, le culte lamique, il n'est pas étonnant qu'on y trouve de grands défauts, surtout si l'on n'en sait pas séparer la rouille des superstitions que les âges y ont attachée, et dont son éclat est terni; mais si l'on veut l'examiner dans le silence des préjugés, on sentira bien que ce culte était le plus convenable qui pût être offert, à cette époque, à l'intelligence de l'homme. Il succédait au sabéisme, qui, déjà frappé de vétusté, chancelait de toutes parts, et ne pouvait se soutenir que par son moyen. C'était le culte des Ancêtres ramené à sa plus haute perfection relative. Il était simple dans ses dogmes, innocent dans ses rites, et très pur dans la morale qui en résultait. Il n'élevait pas, il est vrai, beaucoup les esprits; mais aussi il ne leur causait pas de violents ébranlements. Sa vertu principale, qui était la piété filiale, offrait aux institutions civiles une base presque inébranlable. Je reste persuadé que si quelque chose sur la terre pouvait prétendre à l'indestructibilité, ce culte y prétendrait au-dessus de tout autre. Voyez après tant de siècles écoulés (1), le Japon et la Chine en-

---

(1) J'ose à peine dire ici combien de siècles comptent les chronologistes. J'ai déjà montré qu'on peut, au moyen de calculs astronomiques, faire remonter l'époque de Ram à près de cinq mille ans au-dessus de notre ère, en supposant qu'il n'y eût pas eu de corrections dans le Calendrier runique; mais qui assurera qu'il n'y en avait pas eu? Arrien, qui sans doute avait écrit d'après des traditions originales, rapporte que depuis ce Théocrate jusqu'à Sandrocottus, qui fut vaincu par Alexandre, on comptait six mille quatre

tière, le Thibet et les immenses régions de la Tatarie, le culte lamique y domine encore, malgré la foule de révolutions dont ces contrées ont été le théâtre.

Ram, échappé à la persécution, doué d'un caractère doux et compatissant, bannit toute persécution de son culte, et proscrivit toute idole et tout sacrifice sanglant : il divisa la nation en quatre classes, ajoutant ainsi une classe aux trois qui existaient déjà chez les Celtes. Ces classes, qui ont survécu aux Indes, sont celles des Prêtres, des Guerriers, des Laboureurs et des Artisans : ainsi il partagea en deux celle des *Folks*, et donna à l'une et à l'autre l'indépendance de la propriété territoriale. Les souverains Pontifes appartinrent à la classe des prêtres, et furent considérés comme immortels, leur ame ne sortant jamais d'un corps que pour en habiter un autre, et toujours celui d'un jeune enfant élevé à cet effet. La dignité royale fut héréditaire dans une seule famille de la classe militaire ; et cette famille réputée sacrée devint inviolable. Les magistrats civils furent choisis par le Roi dans la classe des Laboureurs, et dûrent tenir leurs pouvoirs ju-

---

cent deux ans. Pline s'accorde parfaitement avec Arrien, quoiqu'il ne paraisse pas l'avoir copié. Or, chacun sait que l'expédition d'Alexandre aux Indes eut lieu trois cent vingt-six ans avant Jésus-Christ, d'où il résulte qu'on peut établir depuis Ram jusqu'à la présente année 1821, une durée de huit mille cinq cent cinquante ans.

diciaires du souverain Pontife. Les Artisans fournirent les ouvriers et les serviteurs de toutes les sortes. L'esclavage fut aboli.

Après avoir posé ces bases simples de son culte et de son gouvernement, Ram, environné de la vénération d'un peuple immense et dévoué à ses ordres, descendit du Touran, où il s'était tenu jusqu'alors, et entra dans l'Iran pour en faire la conquête, et y établir le siége de sa théocratie.

———

CHAPITRE XI.

Établissement d'un Empire universel, théocratique et royal.

Comme je me suis interdit les détails purement historiques, je marcherai rapidement dans cette partie de l'histoire de Ram. Tout ce qui s'en est conservé dans la tradition paraît allégorique. Les poètes qui ont chanté ses triomphes, long-temps après sans doute qu'il avait cessé d'être, l'ont visiblement confondu, non seulement avec le Grand Ancêtre de la Race boréenne, dont il établit le culte, mais encore avec la race entière, qu'ils ont personnifiée dans lui. C'est ce qui est évident dans le *Ramayan*, le plus grand poëme des Hindoux, ouvrage du célèbre Valmik, et dans les *Dionysiaques* de Nonnus (1). Dans ces deux poëmes, Rama et Dionysos sont également persécutés dans leur jeunesse, livrés à la haine d'une femme artificieuse et cruelle qui les force à déserter leur patrie. Après plusieurs aven-

---

(1) Les savants anglais qui ont lu le *Poëme de Valmik*, assurent qu'il surpasse infiniment, pour l'unité d'action, la magnificence des détails et l'élégance du style, l'ouvrage poli, érudit, mais froid, de Nonnus. Il y a, au reste, des rapprochements singuliers à faire entre ces deux poëmes.

tures plus ou moins bizarres, l'un et l'autre finissent par triompher de tous leurs ennemis, et font la conquête de l'Inde, où ils obtiennent les honneurs divins.

Sans nous arrêter donc à ce tissu d'allégories qui seraient ici de peu d'intérêt, continuons notre exploration historique, afin d'en tirer, par la suite, d'utiles inductions pour atteindre à des connaissances morales et politiques vraies, et fondées sur la nature même des choses. Ce qui a le plus égaré les philosophes modernes, c'est le défaut d'érudition positive et traditionnelle. Non seulement ils ne connaissaient pas l'Homme en lui-même, mais ils ignoraient encore la route que cet être avait déjà parcourue, et les diverses modifications qu'il avait subies. Entre une multitude de situations, ils n'en fixaient jamais que deux ou, tout au plus, que trois, et croyaient bonnement, quand leur imagination avait fait quelques voyages chez les anciens Romains, chez les Grecs, et, par manière d'acquit, chez les Hébreux, que tout était dit, qu'ils connaissaient l'histoire du genre humain, et tout ce qu'il y avait de plus admirable dans cette histoire. Ils ne savaient pas que Rome et Athènes présentaient seulement de petits accidents politiques d'une certaine forme, dont la généralisation était impossible, et que les Hébreux, porteurs d'une tradition qu'ils ne comprenaient pas, ne pouvaient offrir à leurs méditations qu'un livre fermé de sept sceaux, plus difficiles à rompre que ceux dont il est parlé dans l'*Apocalypse*.

Nous toucherons toutes ces choses en leur lieu ; achevons auparavant de parcourir à grands traits les siècles qui nous en séparent.

Les Sudéens, établis depuis long-temps dans l'Iran, opposèrent au théocrate celte une résistance vigoureuse ; mais rien ne put arrêter l'enthousiasme religieux dont Ram avait pénétré son armée. Leur ville sacrée d'Isthakar fut prise d'assaut.(1) Une bataille générale et décisive ayant été livrée à peu de distance de cette capitale, ils furent entièrement vaincus.

---

(1) Le nom de cette ville antique devrait être écrit *Isdhan-Khâir*, c'est-à-dire la Ville divine. Il est remarquable que dans l'ancien idiome de l'Iran, *Isdhan* signifie Dieu ou Génie, comme il le signifie encore en hongrois. On croit que cette ville était la même que les Grecs nommaient *Persépolis*. Elle est aujourd'hui en ruines. On trouve sur plusieurs monuments, et principalement sur celui que les modernes Persans appellent le *Trône de Giam-Shyd*, des inscriptions tracées en des caractères entièrement inconnus. Ces caractères, visiblement écrits de gauche à droite, indiquent une origine boréenne. Plusieurs poètes persans, et entre autres Nizamy et Sahdy, ont couvert de sentences morales les ruines d'Istha-Khar ; entre ces sentences la suivante est une des plus remarquables : « Parmi les souverains de la Perse, depuis les siècles de Feridoun, de Zohak, de Giam-Shyd, en connais-tu quelqu'un dont le trône ait été à l'abri de la destruction, et qui n'ait point été renversé par les mains de la fortune ? »

Tout ce qui refusa de se soumettre fut obligé de sortir de l'Iran, et se replia en désordre, une partie vers l'Arabie, et l'autre partie vers l'Indostan, où le bruit de leur défaite les avait précédés.

Ram, ayant bâti une ville pour y établir le siége de son souverain pontificat, la consacra à la Vérité qu'il annonçait, et la nomma, en conséquence, *Vahr* (1). Cependant il songea à consolider et à étendre son empire. Le Grand-Kanh qu'il avait sacré établit sa résidence dans Isthakhar, et releva de lui seul. Les Kanhs inférieurs obéirent à ses ordres. L'un d'eux, à la tête d'une puissante armée, se porta vers l'Asie-Mineure, alors appelée *Plaksha*, tandis qu'un autre, marchant du côté opposé, arriva sur les bords du Sind, aujourd'hui l'Indus; et malgré l'opposition formidable qu'il y rencontra, en franchit les ondes et pénétra dans l'Indostan. Ces deux Kanhs eurent des succès divers. Celui qui s'était porté vers le nord, ayant rencontré les Celtes bodohnes, avec lesquels il fit alliance, eut d'abord à combattre les Amazones, dont il renversa entièrement la domination. Ces femmes guerrières, obligées de se soumettre ou de quitter le continent de l'Asie, se réfu-

---

(1) On trouve dans le *Zend-Avesta* que la ville de *Vahr* fut la capitale du *Vahr-Giam-Ghard*, c'est-à-dire de l'enceinte universelle de la Vérité. On croit que la jolie ville d'Amadan repose aujourd'hui sur les ruines de l'antique Vahr. En expliquant en chaldaïque le nom d'*Amah-dan*, on trouve qu'il signifie la métropole de la Justice.

gièrent en petit nombre dans l'île de Chypre, dans celle de Lesbos, et dans quelques autres de l'Archipel. La conquête de Plaksha étant achevée, et le Tigre et l'Euphrate coulant désormais sous les lois de Ram, la ville de *Ninveh* fut bâtie pour servir de capitale à un royaume, qui porta d'abord le nom de Chaldée, tant que la caste sacerdotale y domina, et qui prit plus tard le nom d'empire syrien ou assyrien, lorsque la caste militaire parvint à y prendre le dessus (1). Les Arabes, qui à cette époque étaient déjà un mélange de Celtes et d'Atlantes, contractèrent facilement alliance avec les sectateurs de Ram, et reçurent sa doctrine.

Les Sudéens qui ne voulurent pas se soumettre à la loi du vainqueur se portèrent vers l'Égypte, ou, s'embarquant sur le golfe Persique, gagnèrent le

---

(1) On peut remarquer que les mots *Chaldée* et *Syrie* sont également interprétables par le celte ou par l'hébreu, comme la plupart de ceux qui remontent à une haute antiquité. On trouve dans les mots *Chaldée* et *Syrie* les racines *Oald*, un vieillard; et *Syr*, un Maître, un Seigneur.

La fondation de la ville d'*Ask-chaldan*, appelée aujourd'hui *Ascalon*, peut servir de nouvelle preuve à ce que j'avance : le nom de cette ville antique, célèbre par la naissance de Sémiramis, peut signifier le Peuple celte, aussi-bien que le Peuple chaldéen; la racine primitive de ces deux mots étant la même. Il est digne d'attention que les Hindoux considèrent encore aujourd'hui la ville d'*Ask-chala* comme sacrée.

midi de l'Asie, où leurs plus grandes forces étaient concentrées. C'est là que la lutte fut rude. Le Kanh qui avait passé assez heureusement le Sind, battu ensuite par les ennemis, fut obligé de le repasser en désordre. Le bruit de sa défaite étant venu aux oreilles du Grand-Kanh, il marcha à son secours, mais vainement. Il fallait ici une puissance au-dessus de la sienne. Ram le sentit; il vit bien qu'il s'agissait à présent d'une conquête plus qu'ordinaire, et que de la lutte qui s'était engagée dans l'Indostan dépendait l'avenir de la Race boréenne, et le triomphe de son culte. C'était sur les bords du Gange qu'allait se décider cette grande question : auquel des deux Peuples, noir ou blanc, devait appartenir l'empire du monde. Il s'y porta donc en personne, et rassembla autour de lui tout ce qu'il avait de forces. La tradition raconte qu'un grand nombre de femmes, appelées *Thyades*, combattaient sous ses ordres, ainsi qu'une foule d'hommes sauvages, appelés *Satyres*. C'était sans doute une partie des Amazones qu'il avait soumises, et ces peuplades de Tatârs errans qu'il avait réunis et civilisés.

Suivant cette même tradition la guerre dura sept ans; elle fut signalée par les plus étonnants phénomènes. Ram y déploya, dans un grand nombre de circonstances, des moyens au-dessus de l'humanité. Au milieu des plus arides déserts, et tandis que ses troupes étaient dévorées par une soif ardente, il découvrit des sources abondantes, qui parurent sourdre à sa voix du sein des rochers. Tandis que les vivres manquaient, il trouva des ressources inattendues dans une sorte de manne dont il enseigna l'usage. Une épidémie cruelle s'étant manifestée, il reçut encore de son Génie l'indication du remède qui en arrêta les ravages. Il paraît que ce fut d'une plante nommée *hom* (1), qu'il tira le suc salutaire dont il le composa. Cette plante, qui resta sacrée parmi ses sectateurs, remplaça le Gui de chêne, et le fit oublier. Mais ce qui étonna le plus, ce fut de voir que ce puissant Théocrate, se trouvant transporté par les événements d'une longue guerre au milieu d'une nation dès long-temps parvenue au dernier degré de la civilisation, industrieuse et riche, l'égala en industrie, et la surpassa en richesses.

Parmi les choses que j'aurais dû rapporter en leur lieu, je vois que j'en ai omis une, à l'oubli de laquelle la sagacité du lecteur ne peut pas suppléer. C'est l'invention de la monnaie. Cette invention, comme toutes celles d'une haute importance, se perd dans la nuit des temps. Ceux des écrivains qui l'ont crue moderne, comme Wachter ou Sperling, ont témoigné bien peu de connaissance de l'antiquité. A l'époque où l'empire chinois fut fondé,

---

(1) On croit que c'est la même que les Grecs appelaient *Amomos*, et les Latins *Amomum*; les Égyptiens qui la connurent, la nommèrent *Persea*, peut-être à cause de son origine.

elle était déjà usitée. On sait que l'empereur Kang-hi, ayant rassemblé des pièces de monnaie de toutes les dynasties, en possédait qui remontaient jusqu'au temps de Yao. Il en montra même à nos missionnaires quelques unes d'origine indienne, frappées au coin, et fort antérieures à celles des premiers monarques chinois.

On ne peut douter que certains métaux, et surtout l'or, l'argent et le cuivre, n'aient été choisis de temps immémorial comme signes représentatifs de tous les autres objets, à cause de la facilité avec laquelle on peut les diviser sans qu'ils perdent rien de leur valeur. Il est des cas, comme l'observe très bien Court de Gebelin, où l'on a besoin d'une très petite valeur représentative ; et où trouver cette valeur dans une chose qui, sans s'altérer en rien, puisse se présenter en masse, et offrir des divisions aussi petites que l'on veut ? Une brebis, un bœuf, ne se partagent point sans se détruire. Un cuir, une étoffe, un vase, une fois divisés, ne peuvent plus se réunir en masse. Les métaux seuls ont cette faculté ; et c'est aussi ce qui les fit entrer dans la composition de ce signe, appelé monnaie, signe admirable, sans lequel il ne peut exister ni véritable commerce, ni parfaite civilisation.

Je suppose que ce fut à l'époque de la première alliance que les Celtes contractèrent avec les Atlantes qu'ils reçurent la première connaissance de la monnaie, connaissance d'abord assez confuse, comme toutes les autres, mais qui se fixa et se perfectionna peu à peu. Les circonstances imminentes où se trouva Ram, en dûrent nécessairement étendre beaucoup l'usage. Il avait à parcourir des contrées où une longue habitude rendait l'or et l'argent d'une indispensable nécessité. Comme jamais il ne manqua de ces deux métaux au besoin, cela fit dire qu'il avait un Génie à ses ordres, qui lui découvrait les trésors et les mines partout où il y en avait.

La marque dont ce Théocrate frappait ses monnaies était un bélier; voilà pourquoi la figure et le nom même de ce symbole se sont conservés parmi un grand nombre de nations. Il parait que le type usité par les Celtes autochtones était un taureau. Quant à la monnaie des Atlantes qui avait alors cours dans les Indes, tout porte à croire qu'elle avait pour empreinte la figure d'une sorte de serpent ailé appelé Dragon (1). Le Dragon était l'enseigne de ces peuples. Leur souverain suprême portait le titre de *Rawhan*, ou *Rawhon*, c'est-à-dire le Surveillant-Universel, le Grand-Roi; tandis que les souverains inférieurs qui relevaient de lui, comme celui d'Égypte, par

---

(1) C'est de là que vient le mot antique *Drach-mon*, une dragme, c'est-à-dire un dragon d'argent. Si l'on veut voir quelques détails curieux sur les monnaies, on peut consulter mon *Vocabulaire de la langue d'Oc*, aux mots *Mouneda, Dardera, Escud, Piastra, Sol, Deniar, Liard, Patac, Pecugna*, etc.

exemple, s'appelaient *Pha-rawhôn* : ce qui signifiait la voix, l'écho ou le reflet du *Rawhôn*.

Il est parlé fort au long dans le poëme du *Ramayan*, des combats terribles que se livrèrent Ram et le Rawhôn, pour savoir à qui demeurerait l'empire. Nonnus, dans ses *Dionysiaques*, a consacré vingt-cinq chants à les décrire. Il appelle le Rawhôn *Dériades*, sans doute son nom propre, et le qualifie toujours de Roi noir, chef du Peuple noir. Après un grand nombre de vicissitudes, sur lesquelles il est inutile de nous arrêter, le Rawhôn, forcé d'abandonner sa capitale Ayodhya (1), et de sortir même du continent, se retira dans l'île de Lankâ, aujourd'hui Ceylan, et s'y crut à l'abri des efforts de son ennemi, regardant les flots qui l'environnaient comme un obstacle insurmontable ; mais il apprit bientôt à ses dépends ce que peut le véritable courage, soutenu par l'enthousiasme religieux. La tradition rapporte que les compagnons de Ram, que nuls dangers, nuls travaux, nulle fatigue, ne pouvaient rebuter, profitèrent de quelques rocs épars dans les ondes pour arrêter et lier ensemble un nombre considérable de radeaux, dont ils formèrent

---

(1) Aujourd'hui *Aoud* ou *Haud*, sur le bord méridional du Gagra ou Sardjou, qui se jette dans le Gange vers le 26ᵉ degré de latitude. Si l'on en croit les relations des Pouranas, cette ville antique fut une des plus considérables, des plus célèbres et des plus saintes de la terre ; elle avait quinze lieues de long.

un immense pont, sur lequel ils passèrent (1). Le Grand-Kanh porta par ce moyen l'incendie dans le palais même du Rawhôn; et Ram, qui le suivit de près, décida la victoire. Le Rawhôn fut tué dans le combat, et son vainqueur demeura seul maître de l'Asie.

On dit que dans ce mémorable combat une épouse de Ram, appelée *Sita*, prisonnière de l'ennemi, fut heureusement délivrée. Soupçonnée d'avoir cédé aux vœux du Rawhôn, elle prouva son innocence, en se soumettant à l'épreuve du feu. Cet événement a fourni, et fournit encore aujourd'hui le sujet d'un grand nombre de drames, parmi les Indiens. C'est même de là que l'art du théâtre a pris son origine, ainsi que j'ai essayé de le montrer dans un autre ouvrage. (2)

Après la conquête de Lankâ, rien ne résista plus au Théocrate celte. Du midi au nord, et de l'orient à l'occident, tout se soumit à ses lois religieuses et civiles.

---

(1) Les Hindoux montrent encore les restes de ce fameux pont dans une suite de rochers, qu'ils appellent le *Pont de Ram*. Les Musulmans ont cru devoir, par esprit de piété, changer le nom de *Ram* en celui d'*Adam*. Au reste, on lit dans le *Ramayan* que le chef des compagnons de Ram s'appelait *Hanouman*; ce nom, celte d'origine, signifie le Roi des hommes, *Kanh-of-man*.

(2) *Discours sur l'essence et la forme de la Poésie*, en tête des *Vers dorés*.

CHAPITRE XII.

Récapitulation.

Voilà quels furent les effets d'un premier ébranlement intellectuel. Ces hommes que j'ai laissés, à la fin du dernier Livre, échappant à peine au joug d'une race ennemie, sont devenus en peu de siècles les maîtres d'un immense Empire, et les législateurs du Monde. Il est vrai que ce n'a point été sans trouble, sans erreurs, sans accidents de toutes les sortes. Mais connaît-on quelque chose de grand sur la Terre, qui se fonde sans peine et qui s'exécute sans péril ? Si les édifices les plus médiocres ont coûté des fatigues, combien n'en ont pas dû entraîner les remparts du Caucase, les pyramides d'Égypte, ou la grande muraille de la Chine ?

Les politiques modernes, accoutumés à lire des histoires rédigées en miniature, voient tout en petit. Ils s'imaginent qu'une loi couchée sur le papier est une loi, et qu'un Empire est constitué parce qu'une constitution a été écrite. Ils ne s'inquiètent pas si la Providence, si le Destin, si la Volonté de l'homme, entrent dans ces choses. Ils déclarent bonnement que la loi doit être athée, et croient que tout est dit. S'ils nomment la Providence, c'est comme faisait Épicure, par manière d'acquit, et pour dire seulement qu'ils l'ont nommée. Mais ce n'est point de cette manière que se déroulent les vastes décrets qui régissent l'Univers.

Écoutez, Législateurs ou Conquérants, et retenez ceci. Quels que soient vos desseins, si au moins une des trois grandes puissances que j'ai nommées ne les soutient pas, ils s'évanouiront dans les airs comme une vaine fumée. Et voulez-vous savoir quelle espèce de soutien leur prêtera chacune de ces puissances, si elles sont isolées? Le Destin leur prêtera la force des armes; la Volonté de l'homme, la force de l'opinion; la Providence, la force morale qui naît de l'enthousiasme politique ou religieux. La réunion de ces trois forces donne seule la stabilité. Dès que l'une fléchit, l'édifice est ébranlé.

Avec le seul Destin on fait des conquêtes plus ou moins rapides, plus ou moins désastreuses, et l'on étonne le Monde, comme Attila, Gengis ou Timour-lenk. Avec la seule Volonté, on institue des Républiques plus ou moins orageuses, plus ou moins transitoires, comme Lycurgue ou Brutus; mais ce n'est qu'avec l'intervention de la Providence qu'on fonde des États réguliers, des Théocraties, ou des Monarchies dont l'éclat couvre la Terre, et dont la durée fatigue le temps, comme celle de Taöth, de Bharat, de Ram, de Fo-hi, de Zeradosht, de Krishnen ou de Moïse.

FIN DU LIVRE SECOND.

LIVRE TROISIÈME.

Les Nations ressemblent aux individus, ainsi que je l'ai répété plusieurs fois; et les Races entières se comportent comme les Nations. Elles ont leur commencement, leur milieu et leur fin. Elles passent par toutes les phases de l'adolescence, de l'âge viril et de la vieillesse. Mais, comme parmi les individus la plupart meurent enfants, et sans atteindre même à l'adolescence, il en est de même parmi les nations. Il est de leur essence de s'engloutir les unes les autres, et de s'agrandir par la conquête et l'agrégation. Rarement atteignent-elles à leur extrême vieillesse.

J'ai exposé dans le Livre précédent le premier triomphe de la Race boréenne. Ce triomphe signala son adolescence. Il fonda la Théocratie Lamique, et donna un nouvel éclat à l'Empire Indien. L'Asie détrôna l'Afrique, et prit en main le sceptre du Monde; mais l'Europe qui avait donné le mouvement ne fut rien encore; et cela, par les raisons que j'ai assez clairement indiquées : c'est qu'au lieu d'adhérer au mouvement Providentiel, elle tenta de l'étouffer.

Dans ce troisième Livre, j'examinerai les suites de ce premier triomphe, j'en suivrai les phases les plus marquées, et signalerai les événements importants qui décidèrent du destin de l'Europe.

CHAPITRE PREMIER.

Digression sur les Celtes. Origine des Saliens et des Ripuaires. Leurs Emblêmes. Loi salique.

Les Celtes d'Europe qui persistèrent dans le culte de Thor, et qui, malgré l'opposition de Ram, continuèrent d'offrir à leurs farouches Divinités des sacrifices humains, regardèrent d'abord le schisme qui venait d'avoir lieu parmi eux, comme peu considérable ; ils donnèrent même aux sectateurs de Ram un nom qui peignait moins la haine que la pitié. C'était pour eux un Peuple égaré, *Esk-wander* (1). Ce nom, illustré par le succès, trans-

---

(1) J'ai déjà dit que la racine *Ask*, *Osk*, *Esk*, avait désigné un peuple sous le rapport de multitude ou d'armée. Cette racine développait aussi, par la même raison, l'idée d'un bois, à cause de la multitude des arbres qui le composent ; de là, le verbe ἀσκεῖν, *exercer, former à la manœuvre*, et aussi *remuer, fourmiller*; de là, encore les mots ἀσκιος, *touffu*, et σκιά, *ombre*. Le vieux mot français *ost*, une armée, en dérive. Le mot *Wander* réuni au radical *Esk*, pour signifier un peuple errant ou égaré, vient du primitif *Wand*, un tourbillon ; de cette dernière racine se sont formés le saxon, l'anglais, l'allemand *Wind*, le français *Vent*, et le latin *Ventus*.

Au reste, c'est du radical *osk*, un Peuple, que dérive notre terminaison moderne *ois*. On disait autrefois *Côt-osk*

porté, par la suite du temps, de tout le Peuple sur le chef en particulier, devint le ●●●●● générique de tous les héros qui se signal●●●● ●●● des exploits éclatants. Il y a peu de Nat●●●● ●●● se soient vantées d'un *Scander*. Le prem●●● de tous, Ram, a été désigné comme le Scander aux deux cornes, à cause du Bélier qu'il avait pris pour emblème. Ces deux cornes ont été singulièrement célèbres par la suite. On les a mises sur la tête de tous les personnages théocratiques. Elles ont donné la forme de la tiare et de la mitre. Enfin, il est remarquable que le dernier des Scanders, Alexandre-le-Grand, portait le nom par lequel ce héros antique avait été désigné. (1)

On trouve dans les livres sacrés des Hindoux, appelés *Pouranas*, les plus grands détails touchant les conquêtes de Ram. Ces conquêtes s'étendirent sur toute la terre habitée. Comme il ne paraît pas possible que la vie d'un seul homme ait suffi à tant d'événements, il est probable que, selon la manière d'écrire l'histoire à cette époque reculée, on a mis sur le compte du premier fondateur du culte, tout ce qui fut fait par ses lieutenants ou ses successeurs. Quoi qu'il en soit, on trouve dans ces livres, que

---

ou *Ghôl-land-osk*, pour *Gaulois* ou *Hollandois*, le Peuple des Terres-Basses; *Pôl-land-osk*, pour *Polonois*, le Peuple des Terres-Hautes, etc.

(1) Le nom d'*Alexandre* se forme de l'antique *Scander*, auquel est joint l'article arabe *al*.

Ram, sous le nom de *Deva-nahousha* (1), l'Esprit divin, après ●●● assuré de l'île sacrée de Lanká, revint dans ●●● septentrionales de l'Asie, et s'en empa●●● ●●● saintes de Balk et de Bamiyan (2) ●●● ●vrirent leurs portes, et se soumirent à son culte. De là, traversant l'Iran, il se porta vers l'Arabie, dont il reçut les hommages. Après avoir visité la Chaldée qui lui appartenait, il revint sur ses pas, et se présenta sur les frontières de l'Égypte. Le Pharaon qui y régnait, jugeant que la résistance serait inutile contre une puissance devenue si formidable, se déclara son tributaire. Celui d'Éthiopie imita son exemple. De manière que des bords du Nil à ceux du Gange, et de l'île de Lanká aux montagnes du Caucase, tout subit ses lois.

La partie occidentale de l'Europe, que les livres hindoux nomment *Varaha*, et la partie orientale qu'ils nomment *Kourou*, furent également visitées par les armées de Ram qui y fondèrent des colonies.

---

(1) Il paraît certain que c'est de ce nom, vulgairement prononcé *Deo-naüsh*, que les Grecs ont tiré leur *Dio-nysos*.

(2) La ville de Bamiyan est une des villes les plus extraordinaires qui existent; comme la fameuse Thèbes égyptienne elle est entièrement taillée dans le roc. La tradition en fait remonter la construction au peuple de *Gian-ben-Gian*, c'est-à-dire aux peuples noirs. On voit à quelque distance deux statues colossales, dont l'une sert de portique à un temple dans l'intérieur duquel une armée entière a pu se loger avec tous ses bagages.

Les Celtes autochtones, forcés de refluer vers les contrées septentrionales, y rencontrèrent des peuplades encore errantes, auxquelles il fallut disputer le terrain. Une lutte meurtrière s'engagea. Également pressés des deux côtés, ces Celtes se trouvèrent dans la situation la plus pénible. Tantôt vaincus, tantôt vainqueurs, ils passèrent un grand nombre de siècles à combattre pour conserver leur existence. Presque toujours repoussés des côtes méridionales, sans cesse harcelés par les hordes de Tatars qui s'étaient accoutumés à franchir le Borysthène, ils ne jouirent pas d'un moment de repos. Jouets d'un impitoyable Destin, au lieu d'avancer dans la carrière de la civilisation, ils reculèrent. Toutes leurs institutions se détériorèrent. Cachant dans l'horreur des forêts leur culte sanguinaire, ils devinrent farouches et cruels. Leurs vertus même prirent un caractère austère. Impatiens de toutes sortes de jougs, irrités de la moindre contrainte, ils se firent de la liberté une sorte d'idole sauvage, à laquelle ils sacrifièrent tout, et jusqu'à eux-mêmes. Toujours prompts à exposer leur vie ou à ravir celle des autres, leur courage devint férocité. Une sorte de vénération pour les femmes, qu'ils continuaient à regarder comme divines, adoucissait un peu, il est vrai, l'âpreté de leurs mœurs; mais cette vénération ne resta pas long-temps générale. Un événement inévitable vint diviser leur opinion à cet égard.

Depuis très long-temps, ainsi que je l'ai dit, les

femmes partageaient le sacerdoce, et même le dominaient, puisque c'était de leur bouche que sortaient tous les oracles; les Druidesses présidaient aux cérémonies du culte comme leurs maris, et même aux sacrifices, et comme eux immolaient les victimes; mais il n'était pas encore arrivé qu'une femme fût montée sur le trône. Tant que les chefs militaires avaient été électifs cela avait été impossible; car l'élection entraînait presque toujours l'épreuve du combat; mais quand ils devinrent héréditaires, en prenant la place de chefs civils, le cas fut absolument différent.

Il arriva qu'un Kanh mourant sans enfants mâles, ne laissa qu'une fille. La question fut de savoir si cette fille hériterait de la couronne : les uns crurent que cela devait être ainsi; les autres pensèrent le contraire. La nation se divisa. On remarqua que dans cette querelle les habitants des plaines fertiles, ceux qui résidaient sur les bords des fleuves et des mers, étaient dans le premier parti, et soutenaient la légitimité absolue de la naissance; tandis que les habitants des montagnes, ceux qui avaient à lutter contre une nature plus agreste, ne voulaient la légitimité de la naissance que dans les mâles seulement. Cette remarque fut cause qu'on appela les premiers *Ripuaires*, et les seconds *Saliens*. Les Ripuaires passèrent pour efféminés et mous, et on leur donna le surnom de *Grenouilles*, à cause de leurs marais. Les Saliens furent taxés, au contraire, de rusticité et de manque d'esprit, et on les désigna par l'épithète de *Grues*, à cause des hauteurs qu'ils cultivaient. Les deux partis saisirent ces allusions, et prirent pour emblème ces différents animaux ; de manière que le taureau ne parut plus seul sur les enseignes celtiques, mais accompagné de grenouilles à ses pieds ou de grues sur son dos : de grenouilles, pour exprimer qu'il appartenait aux Ripuaires ; de grues, pour faire entendre qu'il désignait les Saliens. Le taureau même finit par disparaître, et les grenouilles et les grues restèrent seules. Opposées les unes aux autres, elles se combattirent long-temps ; et leurs divers partisans se vouèrent une haine implacable (1). Les misérables Celtes, ayant abandonné les voies de la Providence, ne marchaient plus que de divisions en divisions et de malheurs en malheurs. La nation celtique n'existait déjà plus, à

---

(1) Les *Ripuaires* étaient ainsi appelés du mot *ripa* ou *riba*, qui signifiait un rivage ; et les *Saliens*, à cause du mot *sal* ou *saul*, qui exprimait une éminence. C'est de ce dernier mot que sortent les mots *sault*, *seuil*, *saillant*, et l'ancien verbe *saillir*; ils tiennent tous à la racine *hal*, *hel* ou *hil*, désignant une colline. A l'époque de la domination des Étrusques, dont je parlerai plus loin, les Celtes saliens fournissaient de certains prêtres de Mars, dont la coutume était de sauter en chantant des hymnes à ce Dieu. Leur enseigne, qui était une grue, s'ennoblit assez par la suite pour devenir l'aigle romaine. Il en arriva autant aux grenouilles des Ripuaires, qui, comme on le sait assez, sont devenues les fleurs de lis des Francs.

proprement dire. On ne voyait éparses dans les contrées septentrionales de l'Europe, que des fractions de ce grand tout, aussi divisées d'opinion que d'intérêt. Chaque fraction voulait commander; aucune ne voulait obéir. L'anarchie qui était dans chacune d'elles, était aussi dans chaque individu. Les noms qu'elles se donnaient exprimaient presque toujours leur indépendance. C'étaient les Alains, les Allemands, les Vandales, les Frisons, les Quades, les Cimbres, les Swabes, les Allobroges, les Scandinaves, les Francs, les Saxons, etc. dont on peut voir la signification en note. (1)

Le mouvement Providentiel était alors en Asie. C'était là que la Race boréenne avait transporté sa force. Nous allons nous y transporter nous-mêmes, pendant un assez long espace de temps, avant de revenir en Europe.

---

(1) Les *Alains* ou *All-ans*, les égaux en souveraineté; les *Allemands*, les égaux en virilité; les *Vandales*, ceux qui s'éloignent de tous; les *Frisons*, les Enfants de la Liberté; les *Quades*, les parleurs; les *Cimbres*, les ténébreux; les *Swabes*, les hautains; les *Allobroges*, les briseurs de tout lien; les *Scandinaves*, ceux qui errent sur des navires; les *Francs*, les fracasseurs, ceux que rien n'arrête; les *Saxons*, les enfants de la nature, etc.

CHAPITRE II.

Unité divine admise dans l'Empire universel. Détails historiques. Origine du Zodiaque.

A l'époque où Ram fit la conquête de l'Indostan, cette contrée ne portait pas ce nom. Aujourd'hui même, quoiqu'il y soit assez généralement reçu, les Brahmes ne l'emploient qu'avec répugnance. Ce nom signifiait la demeure du Peuple noir; il lui avait été donné par les premières peuplades de l'Iran, en le tirant d'un mot de leur idiome qui signifiait noir (1). A cette époque reculée le nom de *Bharat-Khant* ou *Bharat-Versh* était celui que portait l'Inde entière. Ce nom exprimait dans l'idiome africain, la possession ou le tabernacle de Bharat (2). Or, ce Bharat, personnage très célèbre parmi les Hindoux, passait pour avoir été un de leurs premiers législateurs, celui de qui ils tenaient leur culte et leurs lois, leurs sciences et leurs arts, avant l'arrivée de Ram. Le Dieu que Bharat offrit à l'adoration des peuples se

---

(1) Par conséquent un *Hindou* signifiait un Nègre. C'est de ce mot qu'est sorti le mot *indigo*, et peut-être l'anglais et le belge *ink*, de l'encre.

(2) Le nom de *Bharat* peut signifier le fils du Dominateur tutélaire.

nommait *Wôdka*, c'est-à-dire l'Éternité, ou plutôt le type de tout ce qui est éternel : l'éternelle bonté, l'éternelle sagesse, l'éternelle puissance, etc. Les Hindoux le connaissent encore aujourd'hui sous le nom de *Boudh*, mais fort dégénéré de son ancienne grandeur à cause du nombre considérable de novateurs qui ont usurpé son nom. Le nom de cet antique *Wôdh* se trouve dans tous les cultes et dans toutes les mythologies de la terre. Le surnom le plus ordinaire que lui donnait Bharat, était *Iswara*, c'est-à-dire l'Être suprême.

Ainsi, avant la conquête de l'Inde par Ram, l'unité divine y était enseignée et reconnue. Ce puissant Théocrate ne la détruisit pas; mais comme il paraît bien que cette unité était présentée dans son incompréhensible immensité, il y adjoignit le culte des Ancêtres, qu'il fit considérer comme une hiérarchie médiane, nécessaire pour lier l'Homme à la Divinité; et conduisit de cette manière l'intelligence de son peuple, de la connaissance de l'Être particulier à celle de l'Être absolu. Il nomma ces génies médianes *Assour*, de deux mots de sa langue, qui pouvaient signifier également un Ancêtre ou un Prince (1). Quant aux objets visibles du sabéisme, tels que le soleil, la lune, et les autres planètes, il les bannit de son culte, ne voulant y admettre absolument rien de sensible, ni

---

(1) Ce sont les mots *As* et *Syr*, que j'ai déjà cités plusieurs fois.

aucune idole, ni aucune image, ni rien qui pût assigner une forme quelconque à ce qui n'en a pas.

Lorsqu'il arriva dans l'Inde, cette contrée obéissait à deux Dynasties que les Atlantes sans doute y avaient établies, et qui régnaient conjointement sous le nom de *Dynastie solaire* ou *lunaire*. Dans la première étaient les enfants du Soleil, descendants d'Ikshaûkou, et dans la seconde les enfants de la Lune, descendants du premier Boudha. Les Brahmes disent que cet Ikshaûkou, chef de la Dynastie solaire, était fils du septième Menou, fils de Vaivasouata, qui fut sauvé du Déluge (1). Le Rawhôn, détrôné par Ram, était le cinquante-cinquième monarque solaire depuis Ikshaûkou; il se nommait Daçaratha.

Le trône de la Dynastie solaire était établi dans la ville sacrée d'*Ayodhya*, aujourd'hui Aûdh; et celui de la Dynastie lunaire dans celle de *Pratishthana*,

---

(1) On entend par *Menou* l'Intelligence législatrice, qui préside sur la Terre d'un déluge à l'autre. C'est comme une Constitution Providentielle qui comprend plusieurs phases. Les Hindoux admettent l'apparition successive de quatorze *Menous*; selon ce système nous sommes arrivés au septième *Menou*, et au quatrième âge de ce *Menou*. Si, comme je le crois, on peut dater du règne d'Ikshaûkou l'établissement des Atlantes en Asie, cet établissement devait remonter à environ deux mille deux cents ans avant *Daçaratha*. Nonnus nomme ce dernier Monarque indien, détrôné par Dionysos, *Deriadès*, nom qui n'est pas très éloigné de celui que lui donnent les Brahmes.

aujourd'hui Vitora. Ram, voulant, comme je l'ai dit, éloigner de son culte tout ce qui pouvait rappeler les idoles du sabéisme, réunit ces deux Dynasties en une seule. Voilà pourquoi on ne trouve dans la chronologie des Hindoux aucune trace de la Dynastie lunaire, depuis Ram jusqu'à Krishnen qui la rétablit après un grand nombre de générations.

Le premier Kanh que Ram sacra pour être le souverain Roi du Monde, se nommait *Kousha*. Il régnait sur un grand nombre de rois, qui, tels que ceux de l'Iran, de l'Arabie, de la Chaldée, de l'Égypte, de l'Éthiopie, de la Libye, et même de l'Europe, relevaient de lui. Le siége de son immense empire était dans la ville d'Ayodhya. Ram établit son suprême sacerdoce sur une montagne, auprès de Balk et de Bamiyan. Comme il s'était donné l'immortalité, selon le système Lamique dont j'ai déjà parlé, on n'a connu le nom d'aucun de ses successeurs. Les Brahmes remplissent le long intervalle qui s'est écoulé entre Ram et Krishnen, par le seul nom de Youdhistir (1), qui ne signifie rien autre chose que le Représentant divin.

De même que le Roi suprême régnait sur une foule de rois feudataires, le Pontife-Suprême dominait sur une foule de souverains Pontifes. Le titre ordinaire de ces souverains Pontifes était celui de

---

(1) Ce nom devrait être écrit *Wôdh-Ester*, celui qui est en place de Dieu.

père ou de *papa*. Le Pontife-Suprême portait celui de *Pa-zi-pa*, le Père des pères. Partout où il y avait un roi, il y avait un souverain Pontife ; et toujours le lieu qu'il habitait était réputé sacré. Ainsi Balk ou Bamiyan devinrent le lieu sacré par excellence, à cause que le Pontife-Suprême y avait fixé sa résidence ; et le pays qui environnait ces deux villes fut appelé *Para-desa*, la terre divinisée. On pourrait encore, en cherchant sur l'ancien continent les lieux que la tradition a consacrés, y reconnaître les traces du culte Lamique, et juger de l'immense étendue de l'Empire Indien. (1)

Je me laisse entraîner dans des détails historiques, qui peut-être paraîtront déplacés ; je ne puis m'empêcher néanmoins, avant de clore ce chapitre, de rapporter une hypothèse que je ne crois point dénuée de fondement.

Ainsi que je l'ai rapporté plus haut, les Celtes

---

(1) Au nombre des lieux sacrés les plus célèbres, on peut mettre pour l'Inde, l'île de Lankâ, aujourd'hui Ceylan ; les villes d'Aûdh, de Vitora, les lieux appelés Guyah, Methra, Devarkash, etc. ; pour l'Iran ou la Perse, la ville de Vahr aujourd'hui Amadan ; celles de Balk, de Bamiyan, etc. ; pour le Thibet, la montagne Boutala, la ville de Lassa ; pour la Tâtarie, la ville d'Astrakhan, les lieux appelés Gangawaz, Baharein, etc. ; pour l'ancienne Chaldée, les villes de Ninive, de Babel ; pour la Syrie et l'Arabie, les villes d'Askêhalâ, aujourd'hui Ascalon ; celles de Balbec, de Mambyce, de Jérusalem, de la Mecque, de Sanah ; pour l'Égypte, les

avaient déjà fait assez de progrès en Astronomie, pour avoir un calendrier régulier; mais il ne parait pas qu'ils eussent arrangé les étoiles du ciel par groupes appelés astérismes, pour en former le Zodiaque et le système des constellations que nous connaissons aujourd'hui. Court de Gébelin dit que c'était principalement à l'observation du flux et du reflux de l'Océan septentrional, que ces peuples devaient la régularité de leur année. Lorsque Ram eut achevé la conquête de l'Inde, et que son autorité sacerdotale fut reconnue par toute la terre, il examina le Calendrier des peuples Atlantes, et vit qu'il était supérieur en beaucoup de points à celui des Celtes. Il résolut donc de l'adopter, surtout en ce qui avait rapport à la forme de la sphère céleste; mais usant de son droit de Pontife-Suprême, il ôta la plupart des figures que ces peuples antérieurs avait appliquées aux diverses constellations, et en imagina de nouvelles, avec une sagacité et un talent assez rares pour faire que les constellations zodiacales que le

---

villes de Thèbes, de Memphis, etc.; pour l'ancienne Éthiopie, les villes de Rapta, de Meroë; pour l'ancienne Thrace, le mont Hæmus et les lieux appelés *Balkan* et *Caucayon;* pour la Grèce, le Mont-Parnasse et la ville de Delphes; pour l'Étrurie, la ville de Bolsène; pour l'ancienne Oscitanie, la ville de Nîmes; pour les Asques occidentaux, la ville de Huesca, celle de Gadès; pour les Gaules, la ville de Périgueux, celle de Bibracte aujourd'hui Autun, celle de Chartres, etc. etc.

soleil parcourt dans une année, présentassent dans une suite de figures emblématiques trois sens parfaitement distincts : le premier ayant rapport à la marche de cet astre et à l'influence des saisons ; le second contenant l'histoire de ses propres voyages, de ses travaux et de ses succès ; et le troisième enveloppant, sous des hiéroglyphes très ingénieux, les moyens qu'il avait reçus de la Providence pour atteindre un but aussi extraordinaire et aussi élevé.

Cette sphère céleste, ainsi conçue, fut reçue chez tous les peuples soumis à la domination de Ram, et livra à leurs méditations un livre admirable, qui, après une longue suite de siècles, fait encore de nos jours l'étonnement ou l'étude d'une foule de savants.

Il n'entre point dans mon plan de m'appesantir sur les secrets mystères que peut renfermer ce livre, ouvert à la curiosité de tous; il me suffit d'avoir montré qu'il n'était ni le fruit du hasard ni d'une frivole imagination; mais, au contraire, celui de l'intelligence de l'homme dans la vigueur de son premier développement. (1)

---

(1) Les signes du Zodiaque, au nombre de douze, sont ce qu'il y a de plus remarquable dans la sphère céleste; les autres ne servent guère qu'à en développer la triple expression. C'est dans l'invention de ces signes que Ram a mis toute la force de son génie. Celui qui porte son nom, le Bélier, doit être sans doute considéré comme le premier. Mais à quelle partie de l'année doit-il correspondre? Si c'est au commencement, comme cela paraît certain, il faut

donc le placer au solstice d'hiver, à cette nuit-mère appelée par les Celtes *Modra-Nect*. Alors, en examinant l'état du ciel, nous verrons aujourd'hui que cette nuit tombe sur le Sagittaire; ce qui donne une rétrogradation de près de quatre signes, ou de cent vingt degrés. Or, en calculant ces cent vingt degrés à raison de soixante-douze ans par degré, nous trouvons par l'ancienneté du Zodiaque précisément huit mille six cent quarante ans; ce qui ne s'éloigne pas trop de la chronologie d'Arrien, que j'ai déjà rapportée. En suivant cette hypothèse, il se trouve que le signe de la Balance tombait au solstice d'été, et divisait l'année en deux parties égales. Comme Ram a été confondu avec le Soleil, que l'on a désigné aussi par le symbole du Bélier, il a été tout simple, comme l'ont fait une foule d'écrivains, de voir le cours de cet astre et ses diverses influences caractérisés par les douze signes qu'il franchit; mais en réfléchissant sur l'histoire de ce célèbre Théocrate, telle que je l'ai racontée, on voit qu'elle est assez bien exprimée par les figures qui accompagnent ces signes. D'abord, c'est un Bélier qui fuit, la tête tournée en arrière, l'œil fixé vers le pays qu'il quitte. Voilà la situation de Ram abandonnant sa patrie. Un Taureau furieux paraît vouloir s'opposer à sa marche; mais la moitié de son corps, enfoncée dans la vase, l'empêche d'exécuter son dessein; il tombe sur ses genoux. Ce sont les Celtes désignés par leur propre symbole, qui, malgré tous leurs efforts, finissent par se soumettre à Ram. Les Gémeaux qui suivent n'expriment pas mal son alliance avec les sauvages Touraniens. Le Cancer signifie ses méditations et ses retours sur lui-même; le Lion, ses combats, et surtout l'île de Lanká désignée par cet animal; la Vierge ailée, portant une palme à la main, indique sa victoire. Par la Balance n'a-t-il pas caractérisé l'égalité qu'il établit entre les vaincus et les vainqueurs? Le Scorpion peut retracer quelque révolte, quelque trahison; et le Sagittaire, la vengeance qu'il en tira. Le Capricorne, le Verseau et les Poissons tiennent plus à la partie morale de son histoire ; ils retracent des événements de sa vieillesse, et peut-être par les deux Poissons a-t-il voulu exprimer la manière dont il croyait que son ame serait enchaînée à celle de son successeur.

Comme c'est aux environs de Balk que les figures emblématiques de la sphère ont été inventées, vers le trente-septième degré de latitude, les astronomes peuvent voir que le cercle tracé du côté du pôle austral par les constellations du Navire, de la Baleine, de l'Autel et du Centaure, et le vide laissé au-dessous d'elles, dans les plus anciennes sphères, dessinent exactement l'horizon de cette latitude, et donnent, par conséquent, le lieu de leur invention.

CHAPITRE III.

Conséquences d'un Empire universel. Étude de l'Univers. Est-il le produit d'une Unité absolue ou d'une Duité combinée ?

Ainsi la Race boréenne avait décidément pris la domination sur la sudéenne. Les débris de celle-ci, repoussés de toutes parts vers les déserts de l'Afrique, devaient finir par s'y éteindre. L'Empire indien s'étendait sur toute la terre habitée. A l'exception de quelques peuples rejetés aux extrémités du Midi et du Nord, il n'existait pour tous les hommes qu'un seul culte, dont un seul Pontife-Suprême maintenait les dogmes et réglait les cérémonies; et qu'un seul Gouvernement, dont un seul souverain Roi faisait agir les ressorts. Ce Pontife-Suprême et ce souverain Roi, liés l'un à l'autre par les nœuds les plus forts, libres sans être indépendants, se prêtaient un appui mutuel, et concouraient par leur action diverse, sans être opposée, à tout conserver dans une admirable unité.

Un édifice si majestueux n'était point l'ouvrage du hasard; il avait ses fondements dans la nature des choses, et recevait ses principes, ses formes et ses développements, de l'action simultanée des trois grandes puissances qui régissent l'Univers. Ainsi que deux métaux se raffermissent en s'amalgamant, les deux Races donnaient aux matériaux de l'édifice plus de solidité, en se confondant l'une dans l'autre.

Il est inutile de dire combien cette époque de la civilisation humaine eut d'éclat et procura de bonheur. Les Brahmes, qui la signalent comme leur troisième âge, ne se lassent pas d'en faire l'éloge; leurs Pouranas retentissent à l'envi des plus magnifiques descriptions. Un nombre considérable de siècles se passa sans laisser la moindre trace. Le bonheur de l'homme est comme le calme des mers, il présente moins de tableaux et laisse moins de souvenirs que la calamité et la tempête.

Mais enfin, ce n'était ici que la jeunesse de la Race; quoique tout y fût brillant et fastueux, rien n'était encore profondément beau; les passions d'ailleurs étaient à craindre : elles arrivèrent. L'homme avait encore besoin de leçons; il en reçut.

J'ai signalé, dans un autre ouvrage, la cause singulière qui vint troubler l'harmonie qui régnait dans le plus grand et le plus bel empire qui eût paru jusqu'alors, et qui ait paru depuis sur la terre; et je suis entré à cet égard dans des détails très étendus qui me seraient interdits ici. Cette cause, qui le croirait? prit son faible commencement dans la musique. Pour comprendre ceci, il faut faire un moment trêve aux préjugés de notre enfance, et bien comprendre ce qu'ont dit Pythagore, Zoroastre, Kong-tzée, Platon et tous les Sages de l'antiquité, que la musique est la science universelle, la science sans laquelle on ne peut pénétrer dans l'essence intime d'aucune chose. Cette science ne fut pourtant ici que le prétexte du bouleversement qui arriva. Sa cause véritable fut dans la nature de l'Homme, qui, le poussant toujours en avant dans la carrière qu'il parcourt, ne peut le laisser que peu de moments stationnaire sur les mêmes points. Son intelligence, une fois ébranlée, ne peut plus s'arrêter; une vérité profonde l'émeut, même à son insu; il sent qu'il n'est pas à sa place, et qu'il doit y arriver. Les hommes intellectuels ne tardent pas à devenir contemplatifs; ils veulent connaître les raisons de tout; et, comme l'Univers est livré à leur exploration, on sent qu'ils ont beaucoup à faire, et beaucoup d'occasion de se tromper.

J'ai déjà dit qu'à l'époque où les Celtes firent la conquête des Indes, ils y trouvèrent établi un système complet de sciences métaphysiques et physiques. Il paraît certain qu'alors la cosmogonie atlantique rapportait tout à l'Unité absolue, et fesait tout émaner et tout dépendre d'un seul Principe. Ce Principe unique, nommé *Iswara*, était conçu purement spirituel. On ne peut nier que cette doctrine ne présente de grands avantages; mais aussi on doit convenir qu'elle entraîne quelques inconvénients, surtout lorsque le peuple auquel elle est donnée ne se trouve pas dans des circonstances propres à la recevoir. Il faut, pour que le dogme de l'Unité absolue reste dans le spiritualisme pur, et n'entraîne pas le Peuple dont il constitue le culte dans un matérialisme et un anthropomorphisme abject, que ce Peuple soit assez éclairé pour raisonner toujours juste, ou qu'il le soit assez peu pour ne raisonner jamais. S'il ne possède que de demi-lumières intellectuelles, et que ses connaissances physiques le portent à tirer des conséquences justes de certains principes dont il ne peut pas apercevoir la fausseté, sa déviation est inévitable; il deviendra athée ou il changera le dogme.

Puisqu'il est prouvé que les Atlantes avaient admis le dogme d'un seul principe, et que ce principe avait été jusqu'alors en harmonie avec leur situation, on ne peut se refuser à croire qu'ils ne fussent parvenus au plus haut degré de l'État social. Leur empire avait embrassé la terre; mais sans doute qu'après avoir jeté leur plus grand éclat, les lumières commençaient à s'y obscurcir quand les Celtes en firent la conquête. Les Hindoux, qui leur avaient succédé sur une autre partie de la terre, quoique leurs disciples les plus instruits, étaient loin de posséder les mêmes moyens. Leur gouvernement marchait encore, grâce à l'impulsion qu'il avait reçue; mais déjà les ressorts étaient usés, et les principes de vie qui l'animaient ne se réparaient plus.

Tel était l'état de choses, plusieurs siècles même avant l'arrivée de Ram. Il est évident que si ce Théocrate n'eût pas trouvé l'empire des Atlantes dans son déclin, et chancelant sur sa base, non seulement il ne s'en serait pas si facilement emparé, mais il n'eût pas même tenté de le faire; car la Providence ne l'y aurait pas déterminé. Il adopta, comme je l'ai dit, l'Unité divine, à laquelle il adjoignit le culte des Ancêtres; et trouvant toutes les sciences fondées sur un Principe unique, les livra ainsi à l'étude de ses peuples.

Mais il arriva, après un laps de temps plus ou moins long, qu'un des souverains Pontifes, examinant le système musical de Bharat, que l'on croyait fondé sur un seul principe, comme tout le reste, s'aperçut qu'il n'en était pas ainsi, et qu'il était nécessaire d'admettre deux principes dans la génération des sons. (1)

Or, ce qui faisait de la musique une science tellement importante pour les anciens, c'était la faculté qu'ils lui avaient reconnue de pouvoir facilement servir de moyen de passage du physique à l'intellectuel; en sorte qu'en transportant les idées qu'elle fournissait d'une nature à l'autre, ils se croyaient autorisés à prononcer, par analogie, du connu à l'inconnu. La musique était donc entre leurs mains comme une sorte de mesure proportionnelle qu'ils appliquaient aux essences spirituelles.

---

(1) Je suis entré dans de très grands détails tant sur cet objet que sur tous ceux que je ne fais qu'indiquer ici, dans un ouvrage sur la *Musique*, qui sera publié incessamment.

La découverte que venait de faire ce souverain Pontife dans le système musical, ayant été divulguée et connue dans tout l'Empire, les savants contemplatifs ne tardèrent pas à s'en emparer, et à l'employer, selon l'usage, pour expliquer par son moyen les lois cosmogoniques de l'Univers; et bientôt ils virent avec étonnement que ce qu'ils avaient jusqu'alors considéré comme le produit d'une Unité absolue, était celui d'une Duité combinée. Ils auraient pu sans doute, sans s'effrayer de cette idée, remettre tout à sa place, en regardant les deux Principes dont ils étaient forcés d'admettre l'existence, comme principiés, au lieu de les regarder comme principiants, ainsi que fit, quelques siècles plus tard, le premier Zoroastre; mais il aurait fallu pour cela s'élever à des hauteurs où leur intelligence ne pouvait pas encore atteindre. Accoutumés à tout voir dans Iswara, ils n'eurent pas la force de le déposséder de sa suprématie, et ils aimèrent mieux le doubler, pour ainsi dire, en lui adjoignant un nouveau principe qu'ils appelèrent *Pracriti*, c'est-à-dire la Nature. Ce nouveau principe posséda le *sakti*, ou le pouvoir conceptif, et l'ancien Iswara, le *bidja*, ou le pouvoir génératif et vivifiant.

Le résultat de ce premier pas, qui fut d'assez longue durée, fut donc de faire considérer l'Univers comme le produit de deux principes possédant, chacun en son particulier, l'un la faculté du mâle, et l'autre, celle de la femelle. Ce système, dont la simplicité séduisit d'abord, fut généralement adopté. On trouve, chez la plupart des peuples, ces deux Principes invoqués sous une multitude de noms. Ce sont eux que Sanchoniaton appelait *Hipsystos*, le Très-Haut; et sa femme, *Berouth*, la Création ou la Nature. Les Hindoux possèdent à eux seuls plus de mille noms, qu'ils ont donnés en divers temps à ces deux Principes cosmogoniques. Les Égyptiens, les Grecs, les Latins, avaient une infinité d'épithètes pour les désigner. Celles que nous employons aujourd'hui le plus communément en poésie se renferment dans les noms mythologiques de Saturne et de Rhéa, correspondant à ceux d'Iswara et de Pracriti. (1)

---

(1) Les noms de *Saturne* et de *Rhéa* signifient le Principe igné et le Principe aqueux. Les deux racines qui les composent se reconnaissent dans les noms des deux Races sudéenne et boréenne.

CHAPITRE IV.

Huitième Révolution. Division des Principes universels. Influence de la Musique. Questions sur la Cause première; est-elle mâle ou femelle ? Schisme dans l'Empire à ce sujet.

Mais dès que les nations dépendantes de l'Empire indien furent autorisées à considérer l'Univers comme le produit de deux Principes, l'un mâle, et l'autre femelle, elles furent insensiblement portées à se faire sur la nature de ces mêmes principes des questions que les circonstances amenèrent, et devaient nécessairement amener. Puisque l'Univers, se demanda-t-on, est le résultat de deux puissances principiantes, dont l'une agit avec les facultés du mâle, et l'autre avec celles de la femelle, comment peut-on considérer les rapports qui les lient? Sont-elles indépendantes l'une de l'autre ? également ingénérées, et existantes de toute éternité? ou bien doit-on voir dans l'une d'elles la cause préexistante de sa compagne? Si elles sont toutes deux indépendantes, comment se sont-elles réunies? et, si elles ne le sont pas, laquelle des deux doit être soumise à l'autre? quelle est la première en rang, soit dans l'ordre des temps, soit dans l'ordre comparatif de l'influence? Est-ce Iswara qui produit Pracriti, ou

Pracriti, Iswara? Lequel des deux agit-il plus nécessairement et plus énergiquement dans la procréation des êtres? Qui nommer le premier, ou la première, dans les sacrifices, dans les hymnes religieux qu'une immense multitude de peuples leur adresse? Doit-on confondre ou séparer le culte qu'on leur rend? Les hommes et les femmes doivent-ils, ou doivent-elles avoir des autels séparés pour l'un et pour l'autre, ou pour tous les deux ensemble?

On dit, continua-t-on, que la musique sacrée présente des moyens sûrs et faciles de distinguer les deux principes universels: oui, quant à leur nombre et à leurs facultés opposées; mais non quant à leur rang, et encore moins quant à leur influence sexuelle (1). Là-dessus on interrogeait le Système musical de Bharat, qui, loin d'éclaircir toutes ces difficultés, les embrouillait encore.

Si le lecteur veut bien se rappeler ce que j'ai dit dans le premier Livre de cet Ouvrage, et s'il considère l'obstacle qui arrêta la consolidation du premier âge de la civilisation, il verra que c'est ici, sous des rapports plus élevés, la même difficulté qui se présente. Il n'était question alors que d'une misérable tanière à gouverner; à présent il s'agit de l'Univers. Les formes ont beaucoup varié; le fond est toujours le même.

---

(1) On pourra voir ce que j'ai dit à cet égard dans mon ouvrage sur la *Musique*, Liv. III, ch. 3.

Que si des personnes, peu accoutumées à lire dans les annales du Monde, trouvent oiseuses et même ridicules ces questions dont les suites funestes firent couler tant de sang, qu'elles aient la bonté de croire que ces questions sont d'une énorme profondeur, en comparaison de celles qui, long-temps après, et dans des siècles non loin de nous, ont causé des ravages proportionnés à l'étendue du pays qu'elles pouvaient envahir. Car à l'époque où l'Empire indien couvrait toute la terre, à quoi se réduisaient, en effet, ces difficultés qui tendaient à le diviser? A savoir si la Cause première de l'Univers, en admettant qu'il n'y en eût qu'une, agissait dans la création des choses selon les facultés du mâle ou de la femelle; et dans le cas où cette Cause fût double, comme l'indiquaient les analogies qu'on tirait de la science musicale, lequel des deux principes on devait placer le premier, soit dans l'ordre des temps, soit dans celui de la puissance, le masculin ou le féminin. Et lorsque cet empire, divisé, déchiré de toutes les manières, était près d'expirer dans le dernier de ses lambeaux, dans ce qu'on appelait l'Empire grec, ou plus justement le Bas-Empire, à quoi étaient venues aboutir les questions qui depuis mille ans avaient ravagé l'Empire romain? A savoir si la lumière que certains moines fanatiques, nommés Hésicartes, voyaient à l'entour de leur nombril, comparée à celle qui éclata sur le mont Thabor, était créée ou incréée. On sait que plusieurs conciles, assemblés pour prononcer sur cette singulière difficulté, se partagèrent, et, par leurs dissensions, facilitèrent les progrès des Tâtars, qui, sous le nom de Turcs, s'emparèrent de Constantinople, et mirent fin à l'Empire. Je tais, autant pour l'honneur de l'humanité que pour éviter les longueurs, les questions en grand nombre, plus ridicules les unes que les autres, que je pourrais rapporter. Un lecteur instruit suppléera facilement à mon silence. Ainsi donc ce n'est pas d'après l'opinion particulière qu'on pourrait avoir, qu'il faut apprécier les questions dont je viens de parler ; mais d'après la situation générale des esprits, à l'époque où elles eurent lieu.

D'abord ces questions circulèrent sourdement dans l'Empire, et s'y propagèrent en se renforçant de tout ce que leur nature même présentait d'insoluble. Le Sacerdoce suprême, soit qu'il feignît de les ignorer, ou que s'en occupant il les condamnât, en irrita également les auteurs. Les sectaires se multiplièrent dans tous les partis, et lorsque, forcé de prononcer en faveur de l'un d'eux, il maintint la dominance du sexe masculin sur le féminin, l'antériorité du principe mâle et sa plus grande influence dans l'Univers, il passa pour tyrannique ; et son orthodoxie, qu'il fut obligé d'appuyer d'une certaine force légale, devint une affreuse intolérance. Les esprits irrités fermentèrent en secret, s'échauffèrent, et n'attendirent qu'une circonstance favorable pour faire explosion.

Cette circonstance se présenta ; car la circonstance opportune ne manque jamais à l'esprit qui la desire et qui l'attend. On lit dans plusieurs Pouranas (1), que deux princes de la dynastie régnante, également issus du roi Ougra, ayant conçu l'un contre l'autre beaucoup de haine, divisèrent l'Empire indien, qui, suivant des opinions opposées, se partagea en leur faveur. L'aîné de ces princes, appelé *Tarak'hya*, entraîna dans son parti les grands de l'État, et les premières classes des citoyens ; tandis que le cadet, nommé *Irshou*, n'eut pour lui que les dernières classes, et pour ainsi dire la lie du peuple. C'est pourquoi on nomma d'abord, par dérision, les partisans d'Irshou les *Pallis* (2), c'est-à-dire, en samscrit, les Pâtres.

Ces Pallis, ou ces Pâtres, devenus fameux dans l'histoire, sous le nom de *Pasteurs*, ne réussirent pas d'abord dans leurs projets ; car Tarak'hya les ayant vigoureusement poursuivis, détruisit leur principale place d'armes, qu'ils avaient établie sur les bords du fleuve Narawind-hya, et appelée de leur nom *Pallisthan*. Il est très probable que si le mouvement causé par Irshou dans l'Empire indien, eût

---

(1) Principalement dans le *Scanda-pourana*, et dans le *Brahmanda*.

(2) Le mot samscrit *Palli*, analogue à l'étrusque et au latin *Palès*, le Dieu ou la Déesse des Bergers, peut venir du celte *pal*, désignant un bâton allongé qui sert de houlette ou de sceptre.

été purement politique, ou fût resté tel, il aurait été, sans les moindres suites, étouffé dès sa naissance. Mais, soit qu'Irshou fût réellement un des sectateurs zélés de Pracriti, ou qu'il crût utile à ses intérêts de le devenir, il rompit ouvertement avec le sacerdoce orthodoxe, et déclara qu'il adorait la faculté féminine, comme appartenant à la Cause première de l'Univers, et qu'il lui accordait l'antériorité et la prééminence sur la faculté masculine. Dès ce moment tout changea de face. La guerre, qui n'avait été que civile, prit une forme religieuse. Son parti se fortifia de tous ceux qui partageaient cette doctrine, quel que fût leur rang, et couvrit en peu de temps la face entière de la Terre, dont presque une moitié se déclara pour lui.

Mon dessein n'est point de décrire ici les combats sans nombre que se livrèrent les deux partis; lorsque, tour à tour vainqueurs ou vaincus, relevant et détruisant cent fois les mêmes trophées, ils couvrirent pendant plusieurs siècles, et l'Asie, et l'Afrique, et l'Europe, de ruines sanglantes. Je ne me laisse que trop entraîner, je le sens, au plaisir de retracer quelques faits extraordinaires de cette histoire antique, si intéressante et si peu connue! Venons à présent aux principaux résultats de l'événement dont je viens de parler.

Les sectateurs de la faculté féminine, appelés d'abord *Pallis*, les Pasteurs, ayant pris pour symbole de leur culte le signe distinctif de cette faculté, appelé *Yoni*, en samscrit, furent surnommés par la suite *Yonijas*, *Yawanas*, *Ionioï*, c'est-à-dire *Ioniens*; et comme, pour des raisons mystérieuses qu'il est inutile d'expliquer ici, ils avaient pris pour enseigne la couleur rouge tirant sur le jaune, on leur donna aussi le nom de *Pinkshas*, ou de *Phéniciens*, qui signifie les *Roux*. Tous ces noms, injurieux dans la bouche de leurs adversaires, devinrent glorieux dans la leur; et reçus ou traduits parmi toutes les nations où ils triomphèrent, y devinrent autant de titres d'honneur. (1)

---

(1) Le nom de *Palli*, changé en celui de *Bálli*, par les Chaldéens, les Arabes, les Égyptiens, qui prononçaient difficilement la consonne P, a signifié, selon la contrée et selon le temps, Gouverneur, Seigneur, Souverain et même Dieu. Il persiste encore parmi nous dans le titre de *Bailli*. Le nom de *Palais*, qui se donne à la demeure du souverain, en dérive. C'est à cause de ce nom que celui de Pasteur ou de Berger est devenu, dans une foule de langues, synonyme d'amant ou d'homme aimable auprès des femmes. C'est à cause du nom de *Yoni*, analogue à celui de *Ioneh*, une Colombe, que cet oiseau a été consacré à la Déesse de l'Amour, *Milydha*, *Aphrodite*, *Vénus*, etc.; et que tous les arts de luxe, toutes les inventions molles et délicates, ont été rapportés à l'Ionie. C'est à cause de la couleur phénicienne, appelée *ponceau*, que la couleur pourpre a été l'emblème de la souveraineté; enfin, c'est à cause de la Colombe rouge que ce peuple portait en armoiries, que l'oiseau blasonique appelé *Phénix*, du nom même des Phéniciens, est devenu si célèbre.

De leur côté, les Hindoux, leurs antagonistes, demeurés fidèles au culte de la faculté masculine dans la Divinité, eurent aussi leurs dénominations particulières; mais comme ils triomphèrent plus rarement en Europe, ces dénominations et ces symboles y sont devenus beaucoup moins communs. Cependant on peut reconnaître sur quelques monuments leur symbole le plus frappant, qui était, par opposition à celui de leurs ennemis, le signe distinctif de la faculté masculine (1). La couleur de leur enseigne, blanche comme celle des anciens Druides, leur fit donner le nom de *Blancs*; et c'est à la faveur de ce nom, traduit en divers dialectes, qu'on peut distinguer, dans les temps très anciens, la résistance que

---

(1) Ce signe, appelé *Linga* en samscrit, *Phallos* ou *Phallus* en grec et en latin, se reconnaît, quoique défiguré, dans l'ordre d'architecture dorique, par opposition à l'ionique. Ce symbole se transforme ordinairement en tête de bélier. Le *Yoni* prend aussi la forme d'une fleur de violette; et voilà pourquoi cette fleur, consacrée à Junon, était si chère aux Ioniens.

La couleur blanche, qui était celle des Druides, comme elle a été ensuite celle des Brahmes, est cause que dans la plupart des dialectes celtiques, le mot blanc est synonyme de sage, de spirituel et de savant. On dit encore en allemand *weis* blanc, et *wissen* savoir: *Ich weis*, Je sais; etc. En anglais, *white* blanc, et *wit*, esprit; *wity*, spirituel; *wisdom*, sagesse; etc. Il est présumable que les Argiens et les Albains, c'est-à-dire les Blancs, furent en Grèce et en Italie des adversaires des Phéniciens.

rencontrèrent, en diverses contrées de l'Asie et de l'Europe, leurs adversaires, appelés tantôt *Philistins*, tantôt *Ioniens*, tantôt *Phéniciens* ou *Iduméens*, selon qu'on les considérait comme Pasteurs, adorateurs de la faculté féminine, ou portant la couleur rouge.

CHAPITRE V.

Origine des Pasteurs phéniciens; leurs opinions sur la Cause première de l'Univers. Leurs conquêtes. Nouveaux Schismes, d'où proviennent les Persans et les Chinois. Établissement des Mystères : pourquoi.

Ces Indiens dissidents, ainsi que cela est constaté par toutes les légendes samscrites, ne parvinrent jamais à faire de grands progrès dans l'Inde proprement dite; mais cela n'empêcha pas que, d'un autre côté, ils ne devinssent extrêmement puissants. Leur premier établissement considérable s'effectua d'abord sur le golfe Persique ; de là ils passèrent dans l'Yémen, dont ils firent la conquête, malgré la violente opposition qu'ils y rencontrèrent. Les Celtes bodohnes, depuis long-temps maîtres de l'Arabie, après avoir résisté autant qu'ils le purent, obligés de céder au Destin, aimèrent mieux s'expatrier que de se soumettre. Une grande partie passa en Éthiopie, le reste se répandit dans les déserts, et s'y divisa en peuples errants, qu'on appela *Hébreux* pour cette raison (1). Cependant les Phéniciens ayant

---

(1) Le mot *hebri*, dont nous avons fait hébreu, signifie transporté, déporté, expatrié, passé au-delà. Il a la même

pris la domination de la mer qui sépare l'Arabie de l'Égypte, lui donnèrent leur nom, et vinrent, comme le dit Hérodote, occuper le rivage de la Méditerranée, où ils établirent le siége de leur Empire. (1)

A cette époque, l'empire chaldéen fut renversé. Un des chefs des Phéniciens, connu sous le nom de *Bâlli*, fit la conquête de Plaksha, l'Asie-Mineure, et bâtit sur les bords de l'Euphrate la célèbre ville de Babel, à laquelle il donna son nom. Ce Bâlli, appelé *Belos* ou *Belus*, par les Grecs et par les Latins, fut donc le fondateur de cet empire célèbre qu'on a appelé tantôt *Babylonien*, tantôt *Syrien* ou *Assyrien*. Les Hébreux, ennemis implacables des Phéniciens, à cause qu'ils étaient issus de ces Celtes bodohnes, chassés par ces pasteurs de l'Arabie-Heureuse, et contraints d'aller errer dans les déserts, les Hébreux, dis-je, donnèrent à ce Bâlli le nom de *Nembrod*, pour exprimer la violence et la tyrannie de son usurpation. Mais ce fut en vain qu'ils tentèrent d'arrêter le torrent qui se débordait sur eux. Depuis le Nil jusqu'à l'Euphrate, tout subit en quelques siècles le joug de ces formidables Pasteurs, qui, quoique assis sur le trône, gardaient ce nom,

---

racine que le mot *harbi*, un Arabe; mais il a plus de force, en ce qu'il exprime une dislocation plus grande.

(1) Les Pouranas des Hindoux lui donnent le nom de *Pallisthan*: c'est la Palestine proprement dite, l'Idumée ou la Phénicie.

qu'on leur avait donné comme injurieux. La Haute-Égypte résista long-temps à leurs efforts, à cause des vigoureux partisans qu'y avait la faculté masculine, sous le nom d'*Iswara*, *Israël*, ou *Osyris*; mais enfin la faculté opposée l'emporta partout; et la déesse Isis, chez les Thébaïtes, et la déesse Milydha, chez les Babyloniens, furent également placées au-dessus d'Adon. En Phrygie, la bonne Mère *Má*, appelée *Dindymène* ou *Cybèle* par les Grecs, dépouilla *Atis*, le Père souverain, de sa force virile; et ses prêtres ne purent se conserver, qu'en lui offrant en sacrifice la chose même dont l'Orthodoxie faisait ailleurs l'emblême de son culte.

Telle fut, dans les temps anciens, cette influence de la musique, dont on avait tant parlé sans jamais chercher à la comprendre. De là, les lois sévères promulguées contre les innovateurs dans cette science; et les efforts des Pontifes d'en cacher avec soin les principes constitutifs au fond des sanctuaires. C'est surtout ce que firent les prêtres Égyptiens, lorsque forcés de courber la tête sous le joug des rois pasteurs, et obligés de feindre des sentimens qu'ils n'avaient pas, ils songèrent à établir ces mystères secrets où la Vérité ensevelie, et réservée aux seuls initiés, ne parut plus aux yeux des profanes que couverte des voiles les plus épais. Ce fut dans ces mystères qu'ils consacrèrent les événemens dont je viens d'esquisser le récit; et que, ne pouvant témoigner ouvertement leur douleur touchant la défaite du principe masculin dans la cause première de l'Univers, ils inventèrent cette allégorie si connue d'Osiris trahi, déchiré, dont les membres dispersés ensanglantent l'Égypte ; tandis qu'Isis, livrée au plus affreux désespoir, quoique couronnée des mains d'Anubis, et soupçonnée d'avoir pris part à cette lâche trahison, rassemble en pleurant les membres de son époux, et les renferme dans un tombeau, à l'exception d'un seul, perdu dans les flots du Nil. Cette ingénieuse allégorie, qui fut alors reçue dans tous les sanctuaires où l'orthodoxie conservait des partisans, se trouve avec quelque changement de nom dans toutes les mythologies de la terre. (1)

---

(1) Les chronologistes ont éprouvé de grandes difficultés pour fixer l'époque de l'apparition des Pasteurs phéniciens en Égypte. Cela me paraît pourtant très aisé quand on veut consulter les faits, et ne pas se renfermer dans des limites qu'on ne puisse franchir. Nous savons par les Livres sacrés des Hindoux, que le schisme d'Irshou qui donna naissance à ces Pasteurs, eut lieu avant le commencement du Kaliyoug, vers 3200 avant Jésus-Christ. Or, ces peuples, d'abord fixés sur le golfe Persique, eurent besoin de plusieurs siècles pour s'établir solidement en Palestine, et se mettre en état d'attaquer un royaume aussi puissant que l'Égypte. Ils durent certainement commencer par la conquête de l'Arabie et de la Chaldée. Nous savons par la table des trente Dynasties égyptiennes de Manethon, conservées par Jules Africain, que les Pasteurs phéniciens fournirent trois de ces Dynasties, depuis la xve jusqu'à la xviie, dont

Cependant les Hindoux orthodoxes, justement effrayés des succès de leurs adversaires, et voyant leur empire morcelé s'écrouler à l'extérieur, mirent tous leurs soins à défendre du moins le centre, en y rassemblant toutes leurs forces. Il parut sur le trône pontifical un homme extraordinaire, qui fut comparé au premier Ram, et honoré de son nom, à cause de la force qu'il manifesta. Pendant quelque temps, il soutint l'édifice prêt à s'écrouler; mais il était réservé à un homme plus grand d'en arrêter la chute. Cependant les Yonijas furent déclarés impies, anathématisés et bannis à perpétuité. Tout commerce fut interdit avec eux. Il fut défendu aux Hindoux, non seulement de les recevoir, mais encore de les aller trouver dans leur propre pays. La couleur rouge, qui leur servait d'enseigne, fut regardée comme abo-

---

la durée totale fut de 953 ans. Le Pharaon Amos qui les vainquit, monta sur le trône environ 1750 ans avant notre ère, et précéda de 130 ans ce fameux Aménophis qui érigea en l'honneur du Soleil la statue colossale de Memnon. En sorte que, si l'on réunit ces 1750 ans, avec les premiers 953, on trouvera que ce fut vers l'an 2703, avant notre ère, que les Phéniciens entrèrent en Égypte, environ cinq siècles après le schisme d'Irshou.

D'après ces données, on peut raisonnablement inférer que les premiers mystères égyptiens furent célébrés vingt-cinq ou vingt-six siècles avant Jésus-Christ. Il existe une tradition portant qu'à l'époque où ils commencèrent, l'équinoxe du printemps tombait sur les premiers degrés du Taureau : ce qui donne une coïncidence remarquable.

minable. Les Brahmes dûrent s'abstenir de jamais rien toucher qui portât cette couleur, même dans leur plus grande détresse; et le fleuve Indus fut désigné comme la limite fatale que nul ne pouvait franchir sans encourir l'anathême.

Ces mesures rigoureuses, peut-être nécessaires pour conserver le tout, eurent néanmoins l'inconvénient d'en détacher encore plusieurs parties. Elles donnèrent lieu à un schisme presque aussi considérable que le premier. Ce nouveau schisme prit naissance au sein des plus chauds partisans du principe mâle, et des plus zélés défenseurs de son antériorité et de sa prééminence. Parmi les Iraniens, un homme doué d'une grande force d'intelligence, nommé *Zeradosht* ou *Zoroastre*, prétendit qu'on s'était trompé en concevant les deux principes cosmogoniques, Iswara et Pracriti, comme principiants, et possédant, l'un la faculté du mâle, et l'autre la faculté de la femelle; qu'il fallait, au contraire, les regarder comme principiés, tous les deux mâles, tous les deux émanant de l'Éternité, Wôdh; mais l'un agissant dans l'esprit comme Principe du Bien, et l'autre dans la matière, comme Principe du Mal; le premier, appelé *Ormudz*, le Génie de la Lumière; et l'autre, *Ariman*, le Génie des Ténèbres.

Parmi les Peuples qui habitaient au-delà du Gange, un autre Théosophe, non moins audacieux, appelé *Fo-hi*, prétendit que le premier schisme des Pallis avait pris naissance dans un malentendu, et qu'on l'aurait facilement évité si l'on eût examiné que les facultés sexuelles avaient été mal posées sur les deux Principes cosmogoniques Iswara et Pracriti, ou l'Esprit et la Matière ; que c'était Pracriti ou la matière qui possédait la faculté masculine, fixe et ignée, tandis qu'Iswara ou l'Esprit possédait la faculté féminine, volatile et humide. En sorte que, selon lui, les Phéniciens n'étaient point schismatiques en mettant la matière avant l'esprit, mais seulement en lui attribuant des facultés opposées à celle qu'elle a réellement.

Zéradosht et Fo-hi apportaient à l'appui de leurs raisonnements des preuves tirées de la science musicale, qui paraissaient péremptoires ; mais qui seraient ici tout-à-fait hors de place (1). Ils se flattaient l'un et l'autre de ramener le calme dans l'Empire, en satisfaisant à une partie des prétentions des Pallis réfractaires ; leur espérance fut également trompée. La Caste sacerdotale, voyant plus loin qu'eux-mêmes dans les conséquences de leur propre idée, les rejeta et les condamna également. Zéradosht, plus irrité encore que Fo-hi, parce qu'il était plus passionné, alluma une guerre civile et religieuse, dont le résultat définitif fut la séparation absolue de l'Iran. Les Peuples qui le reconnurent pour leur souverain théocratique, prirent dorénavant les noms de *Parthes*, *Parses* ou *Perses*, à

---

(1) On pourra les trouver dans l'ouvrage déjà cité.

cause du nom de *Paradas*, que les Hindoux orthodoxes leur avaient donné par dérision. Ces peuples, qui s'emparèrent plus tard de la domination de l'Asie, y devinrent très célèbres et très puissants. Ils eurent, à des époques différentes, divers législateurs théocratiques, qui prirent successivement le nom du premier Zéradosht (1), que nous nommons *Zoroastre*. Le dernier qui parut du temps de Darius, fils d'Hystaspes, est celui dont les Ghèbres suivent encore la doctrine, consignée dans le *Zend-Avesta* (2). Les deux Principes opposés de la Lumière et des Ténèbres, Ormudz et Ariman, y sont présentés comme également issus du Temps-sans-bornes, autrement l'Éternité, seul Principe principiant auquel ils sont soumis. Le troisième Principe qui les réunit s'appelle *Mithra*. Ce Principe médiateur représente la Volonté de l'homme, comme Ormudz et Ariman repré-

---

(1) Je crois que ce nom, dont on a toujours manqué la signification, peut être ramené aux deux racines celtiques et phéniciennes *Syrah-d'Osht*, le Prince ou le chef de l'Agression ou de l'Armée.

(2) Les *Ghèbres* sont un reste des Peuples célèbres que Moïse appelle *Ghiborim*, et que les Grecs ont connus sous le nom d'*Hyperboréens*; ce sont les seuls descendants des Peuples Boréens qui en aient conservé le nom antique jusqu'à nos jours. Ils appellent *Gustasps* le Prince sous le règne duquel parut leur dernier *Zeradosht*. Le *Zend-Avesta*, traduit par Anquetil-du-Perron, n'est qu'une sorte de Bréviaire de l'ouvrage de cet ancien Théosophe.

sentent la Providence et le Destin. Ce système cosmogonique est réuni au culte des Ancêtres, comme tous ceux qui tiennent à la même origine. Le Principe principiant éternel y est adoré sous l'emblème du feu.

Quant à Fo-hi (1), doué d'un caractère plus pacifique et plus doux que Zeradosht, il ne voulut pas allumer une nouvelle guerre civile au sein de l'Empire, mais il s'éloigna, suivi de ses partisans; et, franchissant les déserts qui bornaient l'Inde à l'Orient, alla s'établir sur les bords du fleuve *Hoang-ho*, qu'il nomma ainsi *Fleuve-Jaune*, à cause de la couleur jaune qu'il prit pour enseigne, tant pour se distinguer des Hindoux orthodoxes, que pour n'être pas confondu avec les Phéniciens. Il rassembla sur les bords de ce fleuve quelques hordes de Tâtars errants, anciens débris de la Race jaune, qui se réunirent à ses sectateurs, et leur donna sa doctrine, fort ressemblante pour le fond à celle de Zoroastre. Selon lui, les deux Principes principiés sont *Yn*, le repos, et *Yang*, le mouvement, tous deux issus d'un seul Principe principiant appelé *Tai-ki*, le premier Moteur. Les deux principes *Yn* et *Yang* donnent, par leur action réciproque, naissance au troisième Principe médiateur, appelé *Pan-Kou*, l'Être universel :

---

(1) Le nom de *Fo-hi* signifie le Père de la Vie. Il faut remarquer, comme une chose très digne d'attention, que les deux racines qui composent ce nom sont d'origine celtique.

alors il existe trois puissances appelées *Tien-hoang*, *Ti-hoang* et *Gin-hoang*; c'est-à-dire le Règne céleste, le Règne terrestre, et l'hominal, ou, en d'autres termes : la Providence, le Destin et la Volonté de l'homme, les mêmes que j'ai établies au commencement de cet ouvrage. Le culte des Ancêtres fut admis dans la Religion de Fo-hi, plus expressément encore que dans celle de Zoroastre.

C'est à cette émigration que les Livres samscrits rapportent l'origine de l'empire chinois, qu'ils nomment *Tchandra-Douip*, le Pays de la Lune masculinisée; c'est-à-dire le Pays où le Principe féminin est devenu le masculin. Le nom de *Tchinas*, que les Brahmes donnent aux peuples qui l'habitent, ne signifie pas absolument des impies et des réprouvés, comme celui de *Yawanas*, dont ils signalent les Ioniens en général, et les Grecs en particulier; mais seulement des schismatiques. Les Chinois, que nous nommons de ce nom injurieux, ne l'ont pas accepté : ils se nomment, et ils nomment leur propre pays, *Tien-hia*, ce qu'il y a de plus précieux sous le ciel. (1)

Il est certain que parmi les démembrements qui se

---

(1) Il existe une tradition importante pour la chronologie. On trouve qu'à l'époque des premières observations astronomiques, parmi les Chinois, l'étoile polaire, appelée *Teu-tchu*, c'est-à-dire le Pivot de la droite, était, dans la constellation du Dragon, celle que nous désignons par *Alpha*. Cette

firent, à cette époque, de l'Empire indien, aucun, sans doute, n'égala, ni pour l'étendue, ni pour la puissance, celui des *Tchinas;* mais aussi aucune nation ne garda avec un plus inviolable respect les lois et les coutumes de ses Ancêtres, dont le culte ne s'éteignit jamais dans son sein. C'est encore aujourd'hui un très beau fragment de l'Empire universel, qui a surnagé presque intact sur le torrent des âges. Tandis que l'Asie a éprouvé une foule de révolutions; que les faibles restes de l'empire indien ont été la proie de trente nations rivales; que le sceptre des Phéniciens, arraché de leurs mains par les Assyriens, est passé dans celles des Égyptiens, des Arabes et même des Étrusques; qu'il est revenu de nouveau dans les mains des Assyriens, pour tomber dans celles des Mèdes, des Perses, des Grecs, des Romains; et qu'enfin ses débris, échappés à la ruine de Constantinople, ont été dispersés sur toutes les contrées de l'Europe; la Chine a survécu à ces catastrophes, qui ont changé cent fois la face du Monde, et n'a jamais pu être conquise sans que la force de sa constitution n'ait aussitôt asservi ses propres conquérants.

---

tradition, qui nous reporte à environ deux mille sept cents ans avant notre ère, offre une nouvelle coïncidence qui corrobore tout ce que j'ai dit dans ma précédente note, page 279.

CHAPITRE VI.

Réflexions sur le démembrement de l'Empire universel.

Avant de continuer cette exploration historique, qui, comme on le sent bien, donne à ma première hypothèse une force plus qu'hypothétique, il me semble important de faire ici une réflexion. On se demandera peut-être comment l'empire de Ram, dont le principe était évidemment Providentiel, et duquel la Volonté de l'homme avait jeté les fondements, d'accord avec la Providence, n'était pas plus durable. Si on borne là la difficulté, et qu'on ne demande pas pourquoi il n'était pas éternel, je répondrai facilement; et si l'on poussait la difficulté jusqu'à ses dernières limites, je répondrais plus facilement encore. D'abord je dirais à ceux qui peuvent l'ignorer, que pour ce qui est de l'Éternité absolue, Dieu seul la possède; car on ne pourrait admettre deux êtres absolus sans impliquer contradiction. L'éternité que Dieu communique ne peut donc être qu'une éternité relative, dont son Éternité absolue détermine le principe et le mode. Toutes les formes sont dans le domaine du temps; le temps lui-même n'est que la succession des formes; les essences seules sont indestructibles, parce qu'elles tiennent par leur principe à l'Essence absolue, qui ne saurait jamais passer : car, pour concevoir un passage, il faut concevoir un espace; et comment concevoir un espace hors de l'espace absolu?

Il faut donc distinguer la forme de l'essence; le temps, de l'espace; et l'éternité relative, de l'éternité absolue. La Forme, le Temps, l'Éternité relative, sont des émanations; l'Essence, l'Espace, l'Éternité absolue, sont des identités divines. Tout ce qui constitue ces identités est immuable; tout ce qui appartient à ces émanations peut changer. Les formes, en se succédant les unes aux autres, enfantent le Temps; le Temps donne naissance à l'éternité relative; mais cette éternité, et le temps qui la mesure, et les formes qui la remplissent, s'évanouissent également dans l'Essence qui donne les formes, dans l'Espace qui crée le temps, et dans l'Éternité absolue qui enveloppe l'éternité relative.

Tout a son poids, son nombre et sa mesure; c'est-à-dire, son rang dans l'échelle des êtres, ses facultés propres et sa puissance relative. Rien ne peut paraître dans la vie élémentaire sans subir les lois de cette vie. Or, la première de ces lois est d'y paraître sous une forme, assujettie aux trois époques du commencement, du milieu et de la fin. Toute forme dont le mouvement propre n'est pas dérangé par des événements étrangers, parcourt ces trois époques; mais ce n'est que le plus petit nombre qui les parcourt sans interruption. La plupart des formes sont brisées dès le commencement, peu atteignent le milieu de leur existence, et encore moins parviennent à la fin. Plus les formes sont multipliées dans une seule espèce, et plus il en avorte dans l'origine. Qui pourrait nombrer, par exemple, combien un chêne produit de glands, tous destinés à devenir des chênes, avant qu'un autre chêne prenne naissance d'un seul de ces glands?

Si, parmi les trois Puissances qui régissent l'Univers, le Destin obtenait seul la domination; si la Volonté de l'homme disparaissait ou se paralysait; si la Providence était absente, conçoit-on quel épouvantable chaos suivrait cet état de choses? Toutes les espèces, luttant les unes contre les autres, se déclareraient une guerre sans terme; toutes voudraient occuper seules l'étendue terrestre, et faire venir à bien tous les germes qu'elles jettent; en sorte qu'il n'y aurait pas de raison pour que, dans le règne végétal, par exemple, l'espèce du chêne, de l'orme, ou de tel autre arbre, n'étouffât toutes les autres, et ne couvrît toute la terre (1). Mais la Volonté de l'homme est là pour tout maintenir dans de justes bornes, tant dans le règne végétal que dans l'animal,

---

(1) Buffon fait la remarque judicieuse que la Nature, qui tend à organiser les corps autant qu'il est possible, émet une immense quantité de germes. Ce Naturaliste a fait le calcul que si rien n'arrêtait la puissance productrice d'un seul germe, comme d'une graine d'orme, par exemple, il

et pour empêcher que les plantes nuisibles et les animaux dangereux ne se multiplient autant que leurs forces le leur permettraient. Cette Volonté, mue par son propre intérêt, veille, au contraire, à ce que les espèces faibles, mais utiles, se propagent et se conservent, grâce aux soins qu'elle leur donne.

Mais quoique la Volonté de l'homme puisse ainsi préférer une espèce à une autre, et couvrir de magnifiques moissons de blé ou de riz des plaines immenses qui ne produiraient, sans elle, que des chardons ou quelques autres plantes stériles; quoiqu'elle puisse propager la vigne sur des coteaux où ne croîtraient que des bruyères, et promener de nombreux troupeaux d'animaux pacifiques dans des lieux déserts qu'habiteraient seules les bêtes farouches; quoiqu'elle puisse tout perfectionner par la culture, cette Volonté ne peut cependant pas changer la nature intime d'aucune chose, ni la soustraire aux lois du Destin, dans le domaine duquel elle est obligée de puiser son nutriment. Tout ce qui vit de la vie élémentaire en doit subir les lois. La plante annuelle ne peut pas voir deux hivers; le chêne robuste doit arriver au terme de sa décomposition; et tandis que la mouche éphémère remplit sa carrière

---

existerait au bout de cent cinquante ans, plus d'un million de millions de lieues cubes de matière organisée semblable au bois d'orme; en sorte que le globe terrestre tout entier serait converti en matière organisée d'une seule espèce.

en un jour, l'éléphant, qui peut atteindre deux siècles, est pourtant obligé de passer comme elle.

Ainsi donc l'Homme peut choisir, parmi les germes physiques ou les principes intellectuels que la Providence met à sa disposition, ceux dont il veut protéger le développement; il peut connaître leurs facultés propres, leurs vertus diverses, leur force vitale, leur durée relative, et savoir d'avance quel sera le résultat de ses soins. Un agriculteur saura bien, par exemple, que s'il sème un grain de blé, il n'aura qu'une plante frêle et passagère, tandis que s'il sème un gland, il obtiendra un arbre robuste et vivace; mais il saura aussi que la plante annuelle lui donnera une jouissance prompte et facile, tandis que l'arbre séculaire le laissera long-temps attendre ses fruits. Son choix sera donc, dans l'un ou dans l'autre cas, motivé par ses besoins, et fondé sur ses lumières agricoles; il se déterminera avec connaissance de cause. La position du législateur serait exactement la même que celle de l'agriculteur, si l'un pouvait réunir au même degré l'expérience qui éclaire la conduite de l'autre. Cela est presque impossible; cependant le législateur entièrement aveugle et inexpérimenté, qui jettera au hasard des principes politiques, sans connaître d'avance, et la nature de ces principes, et celle du peuple auquel il les destine, ne méritera point du tout ce titre, et ressemblera à l'ignorant agriculteur qui sèmerait du riz dans un sable aride, ou qui voudrait planter de la vigne dans un marais. L'un et l'autre passeront, à juste titre, pour des fous, dignes des calamités de tout genre qui les attendent.

A présent que j'ai assez éclairé le fond de la question que je me suis proposé de résoudre, je dirai que Ram ayant reçu directement de la Providence le principe intellectuel d'un Empire théocratique, en jeta le germe dans des circonstances favorables, qui en hâtèrent le développement. Mais ce germe, le plus robuste et le plus vivace de tous ceux de son espèce, dut néanmoins subir les vicissitudes de toutes les choses confiées au Destin; et puisqu'il eut un commencement d'existence temporelle, il dut nécessairement, après avoir atteint son milieu, pencher vers sa fin. J'ai montré, par plusieurs rapprochements chronologiques, que l'époque de son commencement pouvait remonter à environ six mille sept cents ans avant notre ère. Or le premier ébranlement qui s'y fit sentir, et dont l'histoire ait conservé la mémoire, date de l'an 3200. Cet empire resta donc dans tout l'éclat de sa jeunesse pendant trente-cinq siècles. A cette époque les passions commencèrent à s'y faire sentir, et formèrent dans son sein des orages plus ou moins violents. Il y survécut néanmoins malgré les défections et les schismes dont j'ai parlé; et pendant encore onze ou douze siècles posséda l'Inde tout entière. Ce ne fut que vers l'an 2100 avant Jésus-Christ, que l'extinction de la Dynastie solaire, et celle même de la Dynastie lunaire que Krishnen avait rétablie, comme je le dirai tout à l'heure, ayant entraîné sa chute politique, il se concentra dans la seule existence religieuse, et plaça son siége principal au Thibet, où il survit encore, malgré sa grande vieillesse, dans le culte Lamique.

Si l'on considère que ce culte, aujourd'hui âgé de plus de quatre-vingt-cinq siècles, domine encore sur une grande partie de l'Asie, après avoir joui pendant près de quarante-six siècles de l'Empire universel, dont trente-cinq furent couverts d'un éclat exempt de tout nuage, on conviendra que son sort a été assez beau, et qu'on ne doit ni s'étonner ni s'affliger de son déclin, ni de sa disparition même prête à s'effectuer.

CHAPITRE VII.

Les Phéniciens se divisent; leur culte s'altère. Fondation de l'Empire assyrien. Premier conquérant politique. Neuvième Révolution dans l'État social.

Maintenant revenons aux Phéniciens, et continuons à esquisser à grands traits la suite de leur histoire.

Les Pasteurs schismatiques, ayant causé la première division de l'Empire indien, ne furent pas long-temps sans se diviser entre eux. La flamme de l'incendie qu'ils avaient allumé, manquant d'aliments à l'extérieur, devait nécessairement réagir sur eux-mêmes. Quoique d'abord ils s'accordassent sur le principal point du schisme, qui était la prééminence accordée dans l'Univers à la faculté féminine, ils ne tardèrent pas à se proposer des difficultés assez ardues, sur la nature de cette faculté. Un grand nombre de sectes se formèrent, dont la plus considérable prétendit qu'on ne devait point considérer cette faculté comme simplement conceptive, mais comme créatrice; et qu'on devait la désigner par le nom d'*Hébé*, qui, dans l'idiome phénicien, était celui de l'amour au féminin (1). Cette secte établit que, dès

---

(1) Le mot allemand moderne *liebe*, amour, a la même

l'origine des choses, il exista deux êtres, l'Amour et le Chaos; l'Amour, principe féminin spirituel; le Chaos, principe masculin matériel. Selon la doctrine qu'elle répandit, c'était l'Amour qui, en débrouillant le Chaos, avait donné naissance à l'Univers.

Il paraît bien certain que la secte phénicienne qui adopta cette Cosmogonie, et qui reconnut dans l'Amour un principe féminin, créateur de toutes choses, fut très répandue et très nombreuse. Les fragments qui nous restent de Sanchoniaton, et la Théogonie grecque d'Hésiode, en sont une preuve manifeste. On peut remarquer, comme une chose digne d'attention, que cette doctrine n'était pas du tout éloignée de celle des anciens Celtes dont Ram avait cru devoir se séparer, il y avait alors plus de quarante siècles. Aussi arriva-t-il, dès que les Phéniciens se présentèrent sur les côtes méridionales de l'Europe, et qu'ils s'emparèrent des colonies que les Hindoux y avaient posées sur les ruines de celles des Atlantes, qu'ils n'eurent aucune peine à s'allier avec le reste des Celtes subsistant encore dans l'intérieur des terres, sur les côtes septentrio-

---

racine que le mot phénicien *hébch*, et il est également du genre féminin. Cette analogie est remarquable entre tous les mots qui remontent à une haute antiquité. Le mot *chaos*, opposé à celui d'*hébé*, développe l'idée de tout ce qui sert de base aux choses, comme le marc, l'excrément, la *caput mortuum*. C'est, en général, tout ce qui demeure d'un être après que l'esprit en est sorti.

nales du Danemarck, ou dans les îles Britanniques. De manière même qu'il se fit des deux cultes une sorte de fusion qui se reconnaît facilement dans les livres mythologiques de l'un et de l'autre peuple. (1)

Les Phéniciens, possesseurs d'une grande variété de connaissances physiques et morales, mais dont le culte se trouvait dépourvu de rites, firent alors un échange assez malheureux. Ils apprirent aux Celtes leurs sciences, et reçurent en retour une foule de superstitions, parmi lesquelles étaient au premier rang les sacrifices humains. Comme ils étaient sortis des voies de la Providence, et que, tombés dans celles du Destin, ils ne pouvaient lui opposer qu'une volonté passionnée et mal éclairée, ils s'abandonnèrent à ces superstitions nouvelles avec plus de fureur que ceux mêmes qui les leur livraient. Les aruspices, les augures, les divinations de toutes sortes, trouvèrent place dans leur religion nouvelle. Ils adoptèrent le culte de Thor, avec toutes ses atrocités, et s'en engouèrent au point de nommer une de leurs métropoles de son nom. Ce fut la fameuse ville de Tyr, dans laquelle ils lui élevèrent un temple magnifique sous son nom de Herchôl. Ce nom, par une coïncidence qui ne doit pas échapper à la sagacité du lecteur, se trouvait avoir le même sens

---

(1) Il suffit de lire le fragment qui nous reste de Sanchoniaton, et les fables renfermées dans l'*Edda* des Islandais, pour demeurer convaincu de ce que j'avance.

en celte qu'en phénicien. Cependant, comme les mots qui le composaient avaient déjà quelque chose de trop antique, ils les traduisirent dans ceux plus modernes de *Melicartz*(1), le Roi de la Terre. Quant à Teutad, qu'ils empruntèrent aussi aux Celtes, ils lui donnèrent par excellence le nom de *Moloc*, le Roi, ou celui de *Krôn*, le Couronné (2). Ce fut par la suite des temps le fameux *Kronos* des Grecs, le Saturne des Étrusques, duquel sortirent tous les autres Dieux mythologiques des anciens Polythéistes.

C'est une chose très singulière de voir comment ces Phéniciens, après avoir pris presque toutes les divinités mythologiques des Celtes, et les avoir pliées à leurs divers systèmes cosmogoniques, les leur rendirent plus tard sous mille noms nouveaux, et présentées sous une infinité d'emblèmes qui les rendaient méconnaissables; car la légèreté et l'inconstance, particulières à ces peuples, les jetèrent dans les idées les plus disparates et les plus extravagantes,

---

(1) Les Grecs nous l'ont fait connaître sous le nom de *Melicerte*.

(2) Le mot *Krôn* signifie proprement une corne en phénicien. Mais j'ai dit que ce fut dans l'origine, à cause de la corne du Bélier *Ram*, que furent imaginées toutes les coiffures sacerdotales et royales. Le mot celtique *Krohne*, une couronne, en dérive. Les Grecs, en confondant le nom de *Kronos*, le Couronné, avec celui du temps *Chronos*, ce qui s'écoule, ont fini par faire de Saturne le Dieu du temps.

ainsi que le prouve, dans ses contradictions et ses incohérences remarquables, leur mythologie, conservée en grande partie par les Grecs et par les Romains, qui en étaient issus. Leur instabilité à cet égard est aussi frappante que la tenacité et la persévérance des Chinois, leurs antagonistes les plus décidés. Il semblait que la faculté féminine à laquelle ils avaient accordé la suprématie universelle, agissait sur leur imagination versatile. S'il était question d'écrire leur histoire, on pourrait montrer facilement que la multitude de noms qu'ont portés en divers temps les nations d'origine phénicienne, et qu'elles ont donnés à leurs colonies, n'ont caractérisé que la versatilité de leurs opinions et l'énorme quantité de leurs symboles cosmogoniques.

Mais non seulement, comme je l'ai dit, les Phéniciens se divisèrent en un grand nombre de sectes qui les affaiblirent; ils eurent encore à lutter contre plusieurs nations attachées en secret à l'orthodoxie, et qu'ils avaient plutôt entraînées par la force de leurs armes que par la justesse de leurs arguments. Parmi ces nations, celle des Égyptiens fut toujours celle qui porta le plus impatiemment le joug de ces Rois pasteurs, et qui fit les plus fréquents efforts pour le secouer, ainsi que l'atteste son histoire. J'ai déjà dit que ce fut même à son attachement secret pour l'orthodoxie que durent leur origine ces Mystères d'Isis, devenus si fameux par la suite, et qui servirent de modèle à tous les autres, même à ceux qui, à cause de divers changements opérés dans le culte, eurent tout un autre but et une toute autre forme. Cependant, malgré cette opposition intérieure, tant religieuse que politique, ce ne fut point l'Égypte qui la première eut la gloire de se soustraire au joug des Phéniciens. Les Livres sacrés des Brahmes disent expressément que ce fut sur les bords du *Kamoud-vati*, ou de l'Euphrate, que la faculté masculine ayant repris la domination sur la faculté féminine, on adora de nouveau son symbole sous le nom de *Bâl-Iswara-Linga* (1). Les peuples de ces bords rentrèrent ainsi dans l'orthodoxie, mais sans se réunir à l'Empire indien; ils en formèrent un particulier, dont la durée et l'éclat furent très considérables.

C'est du sein de cet Empire que sortit le premier conquérant purement politique qui ait paru dans la Race boréenne. Jusque-là, toutes les guerres avaient eu pour objet, ou la conservation de la Race, ou des dissensions civiles ou religieuses. L'histoire nomme ce conquérant *Ninus*, c'est-à-dire le fils du

---

(1) On peut dater cette époque de celle de l'érection de la fameuse tour de Babel, qui, d'après les observations des Chaldéens, envoyés par Callisthènes à Alexandre, remontait à 1903 ans avant ce conquérant; ce qui place cette époque à l'an 2230 avant notre Ere; environ mille ans après le schisme d'Irshou.

Seigneur (1); ce qui l'a fait considérer par la suite des temps comme le fils de Belus; mais Belus, ou plutôt Bâl, était le nom donné à l'Être suprême, à celui que les Celtes nommaient *Teutad*; les Hindoux, *Iswara*, et les Phéniciens, *Moloc*.

La première conquête de Ninus fut celle de l'Iran, qui perdit alors son nom primitif pour prendre celui de Perse, conservé par cette contrée jusqu'à nos jours. La dynastie que le premier Zoroastre y avait établie, près de mille ans avant cet événement, s'appelait *Mahabad*, c'est-à-dire la Grande-Sagesse (2); elle était purement théocratique. Elle fut remplacée par celle des Pishdadiens, ou des Juges, sortes de Vice-Rois que leur donna le monarque assyrien. Cette dernière dynastie ne finit qu'à l'avènement de Kai-Kosrou, que nous nommons *Cyrus*.

Ninus, après avoir étendu ses conquêtes très avant dans la Scythie et jusque chez les Celtes d'Europe, tourna ses armes contre l'Inde, et se prétendit appelé à relever l'Empire de Ram; mais la mort le surprit au milieu de ses vastes projets, dont son épouse, qui lui succéda, accomplit une partie. Cette

---

(1) *Nin-Iah* signifiait en chaldaïque, comme en phénicien, la progéniture de l'Être souverain.

(2) On devrait écrire *Mâha-abâdh*, la Puissance éternelle ou la Grande Éternité. Encore aujourd'hui les Parses, appelés *Ghèbres*, donnent à leurs prêtres le nom de *Mobéd*.

femme célèbre, pour témoigner qu'elle ne prenait aucune part au schisme des Pasteurs, et se donner un appui parmi les orthodoxes hindoux, se fit appeler *Sémiramis*, c'est-à-dire l'Éclat de Ram (1), et prit pour enseigne une colombe blanche.

Mais long-temps avant cette époque, il s'était passé aux Indes un événement très considérable, et qui devait avoir la plus grande influence sur les destinées de l'Univers. Il est bon de revenir un moment sur nos pas.

---

(1) Le mot *Sem* ou *Shem* signifie un signe, un lieu, un nom, une chose éclatante.

CHAPITRE VIII.

Nouveaux développements de la sphère intellectuelle. Autre Envoyé divin : Krishnen. Origine de la Magie parmi les Chaldéens, et de la Théurgie en Égypte. Nouvelle vue sur l'Univers. Admission d'une Triade dans l'Unité divine.

Il était évident que le schisme des Pasteurs phéniciens devait entraîner la division et la chute de l'Empire universel de Ram; et qu'il fallait trouver un moyen de conserver la force centrale aussi longtemps qu'il serait nécessaire, pour que les vérités qui devaient survivre à cette catastrophe ne fussent pas englouties avec elle. La Providence le voulut, et un homme extraordinaire parut dans le monde : cet homme, né parmi les Pasteurs, comme l'indique son premier nom *Gopalla* (1), fut par la suite appelé *Krishnen*, Bleu-céleste, à cause de la couleur bleue qu'il prit pour emblème. Les Brahmes le regardent encore aujourd'hui comme une des plus brillantes manifestations de la Divinité, et le placent

---

(1) *Gopalla* signifie proprement le Bouvier. Les Hindoux, en faisant son apothéose, le placèrent parmi les constellations. C'est le Bootès des Grecs, que les Arabes nomment encore *Muphrid-al-Rami*, celui qui explique Ram.

ordinairement à la huitième incarnation de *Vishnou*. Ils conviennent généralement que cet homme divin, voyant l'état déplorable où les sectes rivales des *Lingajas* et des *Yonijas* avaient réduit l'Empire indien, et gémissant sur les malheurs sans nombre que leur fanatisme avait causés, entreprit de réparer le mal qui en était résulté, en ramenant les esprits à une doctrine mitoyenne, tolérante dans ses principes, susceptible de satisfaire aux objections de tous les partis, et propre à lever leurs doutes sans les aigrir les uns contre les autres.

Krishnen, disent-ils, commença par établir que les deux facultés, mâle et femelle, étaient également essentielles, également influentes dans la production des êtres; mais que ces facultés resteraient éternellement séparées l'une de l'autre, et par conséquent inertes, si une troisième faculté ne leur fournissait le moyen de se réunir. Cette faculté qu'il attribua à Vishnou, fut conçue par lui comme une sorte de lien médiane entre Iswara et Pracriti; en sorte que si par l'un on entendait l'Esprit, et par l'autre la Matière, on devait considérer la troisième faculté comme l'âme qui opère la réunion des deux. Cela posé, ce grand homme alla plus loin. Il fit concevoir que les deux facultés qui se montrent indépendantes et isolées dans les êtres physiques et principiés, ne sont pas telles dans les êtres intellectuels et principiants; de manière que chaque faculté mâle possède sa faculté femelle inhérente, et chaque faculté femelle, sa faculté mâle. Ainsi, admettant une sorte d'hermaphrodisme universel, Krishnen enseigna que chaque principe cosmogonique était double. Alors, laissant de côté l'Être absolu Wòdh (1), comme inaccessible à l'entendement humain, et considérant Iswara et Pracriti comme ses facultés créatrices, inhérentes, il posa trois principes de l'Univers, émanés de cet Être ineffable, qu'il nomma *Brahma*, *Vishnou* et *Siva*, auxquels il adjoignit, comme leurs facultés inhérentes, Sarasvati, Lakshmi et Bhavani (2). Telle fut l'origine de cette Trinité Indienne qui, sous différents noms et sous différents emblèmes, a été admise ou connue de tous les Peuples de la Terre.

---

(1) Les Brahmes nomment aussi l'Être absolu *Karta*, le premier Moteur; *Baravastou*, le Grand Être: *Parasashy*, le seul Souverain, etc. Son nom mystérieux, qu'ils ne profèrent jamais, de peur de le profaner, est *OM*. Ce nom, composé des trois caractères, *A, U, M*, représente Vishnou, Siva et Brahma. Ces trois Divinités, selon la doctrine de Krishnen, n'en font qu'une, et ne sont que les facultés manifestées de l'Éternité absolue.

(2) La doctrine du Théosophe indien, telle que je viens de l'exposer en peu de mots, est contenue dans les Pouranas intitulés *Baguhat-Vedam*, et *Baguhat-ghita*. On doit entendre par *Brahma*, l'Esprit ou l'Intelligence; par *Vishnou*, l'Ame ou l'Entendement; et par *Siva*, le Corps ou l'Instinct. *Sarasvati* représente la sphère intellectuelle; *Lakshmi*, l'animique; et *Bhavani*, l'instinctive: et cela, tant dans la Nature universelle que dans la Nature particulière.

Parmi les trois personnes de cette Trinité, le prophète Indien choisit Vishnou, comme la principale, et l'offrit de préférence à l'adoration de ses disciples. Il éloigna, en conséquence, les symboles du *Linga* et du *Yoni*, qui avaient causé tant de troubles, et prit pour le sien la figure de l'ombilic, comme réunissant les deux autres, et caractérisant la doctrine de l'hermaphrodisme divin qu'il établissait. Cette doctrine eut un succès prodigieux dans l'Inde proprement dite, où son premier effet fut de ramener la paix. Le fanatisme religieux s'y éteignit. Krishnen conçut alors le vaste dessein de recommencer l'Empire universel. Il osa même aller plus avant que Ram, et rétablir la dynastie lunaire que cet ancien Théocrate avait jugé convenable d'interrompre, et qui était restée interrompue depuis plus de trente-six siècles; mais le mouvement providentiel n'allait pas jusque-là. Les idées politiques ne pouvaient pas suivre le cours des idées morales; et la scission qui s'était opérée était trop forte pour que les parties désunies pussent jamais se rapprocher et se confondre.

Le bien véritable qui résulta de la mission de Krishnen, après celui du rétablissement de la paix religieuse, fut de donner à l'Inde une force morale capable de résister à toutes les invasions, et de la présenter à la tête de la civilisation universelle, comme digne d'instruire et de dominer ses propres conquérans. De manière que la conquête de cette contrée fut long-temps considérée comme le but d'une gloire immortelle, plutôt intellectuelle que physique. Tous les héros qu'une noble émulation poussa dans la carrière des conquêtes, depuis Ninus jusqu'à Alexandre, envièrent le surnom de vainqueur de l'Inde, et crurent ainsi marcher sur les traces de Ram, le premier Scander aux deux cornes.

Ninus et Sémiramis essayèrent de triompher de l'Inde, et après eux le Larthe Séthos en fit la conquête. Ce Séthos, venu d'Étrurie, comme je le dirai plus loin, était le dix-septième monarque après Amosis, celui même qui mit fin, en Égypte, au règne des Pasteurs. Presque à la même époque où ces Pasteurs étaient forcés de quitter le trône d'Égypte, environ mille huit cents ans avant notre ère, ils étaient également chassés de l'Arabie, par les Peuples fatigués de leur joug. Ces Peuples, après s'être rendus indépendants, se choisirent des rois de leur nation, auxquels ils donnèrent le nom affectueux de *Tobba*, c'est-à-dire celui qui fait le bien. Ainsi l'Empire phénicien, également pressé de toutes parts, sur le continent de l'Asie et de l'Afrique, se bornait presque aux côtes de la Méditerranée, et ne se soutenait plus qu'à la faveur de son immense marine et de ses colonies, qui, soumettant toujours les mers à sa puissance, rendaient le reste de la terre tributaire de son commerce. Tyr et Sidon étaient à cette époque l'entrepôt des richesses du Monde.

Quoiqu'il puisse paraître étrange que je me laisse

ainsi aller au plaisir d'écrire l'histoire, j'entrerai encore ici dans quelques détails. Je ne veux pas négliger, puisque l'occasion s'en présente si naturellement, de faire voir à quelle distance de la vérité nous a placés la mauvaise interprétation du Sépher de Moïse, et comment on s'est trouvé forcé, d'après cette interprétation, de mutiler l'histoire des nations antiques pour les renfermer dans la plus ridicule et la plus étroite des chronologies, à peu près de la même manière que la mythologie grecque rapporte qu'un certain Procruste raccourcissait les étrangers pour les faire entrer dans son lit de fer.

Voici ces détails que je crois de quelque importance. Quand l'Assyrien Ninus fit la conquête de la Perse, il y trouva la doctrine de Zoroastre établie depuis long-temps, et donna ainsi occasion aux prêtres chaldéens de la connaître. Cette doctrine, fondée sur les deux principes opposés du Bien et du Mal, plaît singulièrement aux hommes qui s'adonnent aux sciences naturelles, parce qu'elle explique facilement un grand nombre de phénomènes. Les hommes animiques s'en accommodent fort bien. Aussi trouve-t-on qu'elle fit de grands progrès dans la Babylonie. On place ordinairement vers cette époque l'apparition d'un second Zoroastre qui fut le créateur de cette espèce de science appelée *Magie*, à cause des Mages (1), qui s'y rendirent savants. Les Hébreux,

---

(1) Le mot *Mage* signifiait également grand et puissant :

à l'époque de leur captivité, s'initièrent dans cette science, ainsi que dans la doctrine des deux principes, et ils donnèrent à l'une et à l'autre une place dans leur culte. C'est par eux que nous les avons connues. Il n'y a rien dans le Sépher de Moïse qui ait trait à la chute de l'Ange rebelle. La Magie, qui en est une sorte de résultat, y est au contraire sévèrement défendue. Voilà donc la raison pour laquelle, d'abord les Chaldéens, et ensuite les Juifs, ont été cités parmi toutes les nations antiques, pour leurs opérations magiques et leurs connaissances occultes.

A présent voici pourquoi l'Égypte, au contraire, fut célèbre parmi ces mêmes nations, pour ses lumières théurgiques et sa sagesse, et pourquoi ses mystères où l'on dévoilait les principes des choses, furent recherchés par les plus grands hommes, qui hasardèrent souvent leur vie pour s'y faire initier.

L'Égypte, il ne faut point l'oublier, fut la dernière contrée qui resta sous la domination des Atlantes. Elle conserva donc toujours le souvenir de ces peuples; et lors même qu'elle passa sous la puissance des Pasteurs phéniciens, elle resta en possession de deux traditions importantes : la première qui lui venait originellement de la Race sudéenne, dont ses habitants avaient fait partie, et la seconde qu'elle

---

on donnait ce titre aux Prêtres Iraniens à l'époque de leur théocratie. La Magie était donc proprement la grande science, la connaissance de la Nature.

avait acquise de la Race boréenne, dont elle avait subi plus tard le culte et les lois. Elle pouvait même, au moyen de la première tradition, remonter à une antérieure, et conserver quelque idée de la Race australe qui avait précédé la sudéenne. Cette première Race, à laquelle appartenait peut-être le nom primitif d'Atlantique, avait péri tout entière au milieu d'un déluge effroyable qui, couvrant la terre, l'avait ravagée d'un pôle à l'autre, et submergé l'île immense et magnifique que cette Race habitait au-delà des mers. Au moment où cette île avait disparu avec tous les peuples qui l'habitaient, la Race australe tenait l'Empire universel et dominait sur la sudéenne, qui sortait à peine de l'état de barbarie, et se trouvait encore dans l'enfance de l'État social. Le déluge qui l'anéantit fut tellement violent, qu'il n'en laissa subsister qu'un souvenir confus dans la mémoire des Sudéens qui y survécurent. Ces Sudéens ne durent leur salut qu'à leur position équatoriale, et aux sommets des montagnes qu'ils habitaient; car il n'y eut que ceux qui furent assez heureux pour se trouver sur les sommets les plus élevés qui purent échapper au naufrage.

Ces traditions, que le corps sacerdotal égyptien possédait presque seul, lui donnait une juste supériorité sur les autres. Les Prêtres de Thèbes ne pouvaient sans doute que rire de pitié lorsque après une foule de siècles écoulés, ils entendaient les Grecs, peuples nouveaux, à peine sortis de l'enfance, se vanter d'être autochtones; parler de quelques inondations partielles comme du Déluge universel, et donner Ogygès ou Deucalion, personnages mythologiques, pour les ancêtres du Genre humain; oublier plaisamment ce qu'ils devaient aux Sudéens, aux Celtes, aux Chaldéens, aux Phéniciens, aux Égyptiens eux-mêmes, pour se targuer de leur haute science; placer en Crète le tombeau de Zeus, le Dieu vivant; faire naître dans une bourgade de la Béotie, Dionysos, l'Intelligence divine; et dans une petite île de l'Archipel, Apollon, le Père universel, toutes ces choses, et une infinité d'autres que je pourrais rapporter, étaient bien faites pour autoriser ce Prêtre qui disait à Solon : Vous autres Grecs, vous êtes comme des enfants qui battent leurs nourrices. Vous vous croyez fort savants, et vous ne connaissez encore rien de l'histoire du Monde.

CHAPITRE IX.

L'apparition du Conquérant politique entraîne le Despotisme et la chute de la Théocratie. Suite de ces événements. Mission d'Orphée, de Moïse et de Foë. Fondation de Troye.

L'Assyrien Ninus fut, comme je l'ai dit, le premier conquérant politique. Grâce à lui et à Sémiramis qui lui succéda, Babylone tint le sceptre du Monde, jusqu'à l'avénement des Pharaons, Aménophis et Orus, qui le donnèrent à l'Égypte, environ six siècles après. Mais durant cet intervalle il se passa plusieurs événements remarquables.

Les Pasteurs phéniciens furent détrônés en Égypte par Amosis, et chassés de l'Arabie. Les uns refluèrent dans la Palestine; les autres allèrent s'établir sur les côtes septentrionales de la Lybie, car alors on donnait le nom de Lybie à tout le continent africain (1); un grand nombre resta en Égypte, et se soumit à la domination du vainqueur.

Cependant les successeurs de Ninus et de Sémi-

---

(1) Ce nom lui était donné à cause de sa forme. Dans le langage atlantique le mot *Lyb* voulait dire *cœur*; de là notre mot *Lobe*. L'Afrique a reçu son nom moderne du celte *Afri*, qui signifie *farouche, barbare*; de là notre mot *affreux*.

ramis, voyant tout obéir à leurs ordres, s'endormirent sur le trône et se livrèrent à la mollesse. Aralios et Armatristis furent les premiers monarques qui perdirent de vue leur haute destination, et qui, oubliant qu'ils étaient les représentants temporels de la Providence, et qu'ils devaient hommage de leur dignité au souverain Pontife, cherchèrent à se rendre indépendans, et à gouverner leurs états despotiquement. Bélochus, qui leur succéda, eut même l'audace de porter la main sur la tiare sacrée; et soit qu'il profitât de la mort du souverain Pontife, ou qu'il eût hâté ses derniers moments, pour la réunir à sa couronne, il se déclara monarque absolu. Cette profanation eut les suites qu'elle devait avoir. Les Colonies européennes qu'il écrasait du poids de sa tyrannie et de son orgueil, se révoltèrent. Elles écoutèrent la voix de leurs souverains Pontifes résidant sur les montagnes sacrées de la Thrace, de l'Étrurie et de l'Hespérie, et refusèrent de le reconnaître. Les Anaxes des Thraces, les Larthes des Étrusques, les Règhes des Vasques, tous relevant jusque-là de l'autorité suprême du souverain Roi, profitant de cette occasion favorable à leur ambition, secouèrent le joug, et se déclarèrent Rois eux-mêmes de vice-rois qu'ils étaient. Toutes les forces de l'Empire assyrien, alors très-considérables, se levèrent contre eux. Les Phéniciens, obligés de suivre le mouvement, fournirent leur marine; mais les Arabes et les Égyptiens firent une puissante diversion. La guerre allumée entre l'Asie d'une part, et l'Europe de l'autre, ayant l'Afrique pour auxiliaire, fut longue et terrible. Pendant plus de trois siècles le sang ne cessa pas un moment de couler. Au milieu de ces troubles politiques, il sembla que la nature elle-même, agitée de convulsions intestines, voulait ajouter aux horreurs de la guerre. Les fléaux les plus formidables se manifestèrent. Des déluges effroyables inondèrent plusieurs pays; les mers surmontèrent leurs bords et couvrirent l'Attique; les lacs s'ouvrirent des passages à travers les montagnes de la Thessalie; et tandis que des peuples entiers étaient entraînés par les vagues courroucées, un ciel d'airain couvrait d'autres contrées, et pendant l'espace de sept années les laissait sans une goutte de pluie ou de rosée. Des volcans se déclarèrent en plusieurs endroits. L'Etna lança ses premiers tourbillons de flammes. Un furieux incendie éclata dans les forêts de la Gaule, sans qu'on sût d'où en était parti la première étincelle. Presque toute l'Italie brûla. Les monts Hespériens furent embrasés, et prirent à cause de cet événement le nom de *monts Pyrénées*. Pour la première fois le sang des rois coula sur le trône. On vit des scélérats obscurs porter sur leur prince une main impie, et se mettre à leur place. La terre trembla. Des montagnes furent renversées, et des villes entières ensevelies sous leurs débris.

De quelque côté que l'on jette les yeux, à quelque époque que l'on considère ces temps déplorables, depuis le règne de l'Assyrien Béloèhus jusqu'à celui de l'Égyptien Orus, on ne voit que désastres et calamités (1). Ce sont des fragments de peuple qui se heurtent, qui se brisent, qui passent d'Asie en Europe, et d'Europe en Asie, pour en abreuver les rivages de leur sang. Au milieu de cette confusion, on voit descendre des hauteurs septentrionales des hordes de Boréens encore sauvages. Ils viennent, comme des oiseaux de proie, affamés de carnage, pour dévorer les restes de l'Empire phénicien tombant en lambeaux.

L'audace sacrilége de l'impie Beloèhus avait donné le signal de tous ces malheurs.

L'Inde et la Chine même n'étaient pas plus tranquilles que le reste du Monde : déjà la Chine avait été le théâtre de plusieurs révolutions; dans l'Inde, les deux dynasties solaire et lunaire s'étant éteintes par suite des conquêtes de Sémiramis, des aventuriers audacieux, sans autre titre que leur courage, sans autre droit que leur épée, avaient fondé des royaumes plus ou mois puissants. Sans s'inquiéter de l'assentiment du Pontife-Suprême, relégué sur les montagnes du Thibet, ils s'étaient mis eux-mêmes

---

(1) Si l'on place le règne de Ninus, d'après le calcul de Callisthène, à l'an 2200 avant Jésus-Christ, on aura pour celui du règne de Beloèhus, l'an 1930; et pour celui du règne d'Orus, environ l'an 1600; d'où il suit que l'intervalle écoulé entre Beloèhus et Orus est d'environ trois siècles.

la couronne sur la tête, s'exposant ainsi à ce qu'elle en fût arrachée par les mêmes moyens qui la leur avaient acquise. Un certain Sahadeva, dans le Magadha; un certain Bohg-Dhaut, dans la ville de Sirinagour, s'étaient ainsi déclarés rois; mais leur faible postérité, jouet des orages politiques, avait souvent ensanglanté les marches du trône : tantôt le premier ministre de l'un, tantôt le chef de la garde de l'autre, les avaient supplantés. On avait vu le vieux Nanda, assassiné à l'âge de plus de cent ans, remplacé par un homme de la plus basse extraction.

Telles étaient les suites du schisme d'Irshou. Le génie puissant de Krishnen avait bien pu en arrêter le débordement pendant douze ou quinze siècles; mais le mouvement comprimé n'en devenait que plus dangereux. La Volonté de l'homme s'étant livrée au Destin, en devait suivre le cours. Tout ce qu'il était possible de faire à présent, était de conserver le dépôt des traditions antiques et les principes des sciences, afin de les livrer plus tard, et quand l'orage serait passé, à des Peuples nouveaux qui pussent en profiter. La Providence en conçut la pensée; et ce dessein en puissance ne tarda pas à passer en acte.

Environ quatorze ou quinze siècles avant notre ère, trois hommes extraordinaires parurent sur la terre : Orphée, chez les Thraces; Moïse, chez les Égyptiens, et un troisième Boudha chez les Hindoux. Ce Boudha fut appelé d'abord *Foë*, et ensuite surnommé *Shakya*. Le caractère de ces trois hommes, tout-à-fait dissemblable, mais d'une égale force dans son genre, se reconnaît encore dans la doctrine qu'ils ont laissée : son empreinte indélébile a bravé le torrent des âges. Rien de plus brillant dans les formes, rien de plus enchanteur dans les détails que la mythologie d'Orphée; rien de plus profond, de plus vaste, mais aussi rien de plus austère que la cosmogonie de Moïse; rien de plus enivrant, de plus capable d'inspirer l'enthousiasme religieux que la Contemplation de Foë. Orphée a revêtu des plus brillantes couleurs les idées de Ram, de Zoroastre et de Krishnen; il a créé le polythéisme des poètes; il a enflammé l'imagination instinctive des peuples. Moïse, en nous transmettant l'Unité divine des Atlantes, en déroulant à nos yeux les décrets éternels, a porté l'intelligence humaine à une hauteur où souvent elle a peine à se tenir. Foë, en révélant le mystère des existences successives, en expliquant la grande énigme de l'Univers, en montrant le but de la Vie, a parlé au cœur de l'homme, a ému toutes ses passions, a surtout exalté l'imagination animique. Ces trois hommes, qui partent également de la même vérité, mais qui s'attachent plus particulièrement à en faire ressortir une des faces, s'ils avaient pu être réunis, seraient peut-être parvenus à faire connaître la Divinité absolue : Moïse, dans son insondable Unité; Orphée, dans l'infinité de ses facultés et de ses attributs; Foë, dans le principe et la fin de ses Conceptions.

A l'époque où Orphée parut, l'Égypte dominait sur la terre : elle avait abaissé la puissance des Babyloniens, fait alliance avec les Éthiopiens et les Arabes, et forcé les superbes successeurs de Ninus de reconnaître non seulement l'indépendance des colonies phéniciennes établies en Europe, mais encore celles des Phéniciens proprement dits, subsistant en Afrique et en Asie, sous les noms divers de *Numides*, de *Lybiens*, de *Philistins*, d'*Iduméens*, etc. Ces colonies, ayant acquis leur indépendance, furent très loin d'être tranquilles. Quoiqu'on pût reconnaître trois centres principaux sur les côtes méridionales de l'Europe, depuis le Pont-Euxin jusqu'aux Colonnes d'Hercule, à cause des trois souverains Pontifes établis sur les monts Rhodopes, les Apennins et les Pyrénées, il s'en fallait de beaucoup que les Thraces, les Étrusques et les Vasques formassent trois puissances distinctes et parfaitement unies entre elles. Une foule de petites souverainetés s'étaient formées au milieu d'elles, aussi différentes de noms que de prétentions, d'étendue et de forces. Les Anaxes, les Larthes, les Règhes, s'étaient multipliés à l'infini. Tous voulaient commander; aucun ne voulait obéir; le souverain Pontife avait beau faire entendre sa voix, on ne l'écoutait plus; l'anarchie était complète (1). A peine ces

---

(1) C'est même à cette époque qu'on peut faire remonter l'origine du mot *Anarchie*.

petits souverains avaient été débarrassés du soin de combattre les Assyriens, qu'ils avaient tourné leurs armes contre eux-mêmes. De l'Orient à l'Occident, et de l'Occident à l'Orient, il y avait un mouvement continuel de petits peuples qui, cherchant à se dominer mutuellement, se heurtaient et se brisaient tour à tour. Les historiens et les chronologistes qui ont cherché à pénétrer dans cette époque des Annales du Monde, se sont perdus dans un dédale inextricable (1). Au milieu de ces mouvements, de trop peu d'importance pour que je m'y arrête, il s'en passa pourtant un que je dois rapporter, à cause de l'influence singulière qu'il acquit par la suite.

Un certain Jasius, étant un des Larthes des Étrusques, déclara la guerre à un autre Larthe nommé *Dardanus*, qui vraisemblablement se trouvant trop faible pour lui résister, invoqua l'appui du roi de Babylone, Ascatade (2). Après plusieurs combats où les deux Larthes furent tantôt vaincus, tantôt vainqueurs, Dardanus, ne se souciant plus de retourner en Italie, céda les droits qu'il avait sur cette contrée à un certain Tyrrhène, fils d'Ato, parent ou allié de

---

(1) Pour se tirer d'embarras ils ont appelé ces temps de tumulte, *les temps héroïques*; c'étaient au contraire des temps de décadence, où l'obscurcissement des lumières commençait à se faire sentir.

(2) Je fais remarquer le nom de ce Roi, qui, formé de deux racines celtiques, signifie *Père du Peuple*.

l'Assyrien Ascatade, et reçut en échange une partie des champs Méoniens, où il s'établit avec ceux des Aborigènes qui avaient suivi ses drapeaux. Quant à Tyrrhène, il arriva par mer en Italie, et y obtint, à la suite d'un traité, la ville de Razène, où il fonda un petit royaume.

Ce Dardanus fut le premier roi de Troye, petite ville qu'il trouva bâtie au pied du mont Ida, et qu'il agrandit considérablement. Ses successeurs, appelés *Dardanides*, quoique relevant toujours du monarque assyrien, jetèrent un assez grand éclat pour laisser leur nom au détroit des Dardanelles, sur lequel ils dominaient. Leur ville capitale, embellie par trois siècles de prospérité, devint fameuse par le siége de dix ans qu'elle soutint contre les Grecs; et sa chute occupa et occupe encore toutes les voix de la Renommée, grâce au génie d'Homère, qui la choisit pour sujet de ses chants épiques et de ses allégories.

CHAPITRE X.

Quels étaient Orphée, Moïse et Foë. Leur doctrine. Établissement des Amphictyons en Grèce. Origine des Confédérations et de la Représentation nationale. Dixième Révolution dans l'État social.

En ce temps-là, une dispute très vive s'étant élevée en Égypte, entre deux frères qui prétendaient tous les deux à la couronne, il s'ensuivit une guerre civile de longue durée. L'un d'eux, nommé *Ramessès*, fut, à cause de ses manières fastueuses, surnommé *Gôpth*, le Superbe; et l'autre, nommé *Armessès*, fut, à cause de sa douceur et de sa modestie, surnommé *Dónth*, le Modeste (1). Le premier étant resté vainqueur, obligea son frère à s'expatrier; et celui-ci, suivi de tous ceux qui restèrent attachés à sa fortune, passa en Grèce, où il établit plusieurs colonies. C'est lui que les Grecs ont appelé *Danaüs*, et sur le compte duquel ils ont bâti plusieurs fables mythologiques. Gôpth, dont le nom a été changé en celui d'*Égyptus*, donna pour les Grecs son nom

---

(1) Il est présumable que ces deux frères étaient jumeaux, et qu'ils régnèrent d'abord ensemble avant de se brouiller.

à l'Égypte (1), nommée avant cet événement *Chemi* ou *Mitzrah*.

Ce fut avec l'une de ces colonies qu'Orphée, Thrace d'origine, mais initié à Thèbes aux mystères sacrés des prêtres égyptiens, passa en Grèce. Il trouva, comme je l'ai dit, cette belle contrée en proie au double fléau de l'anarchie religieuse et politique. Favorisé néanmoins par l'influence des Égyptiens, et soutenu par son propre génie, il exécuta en peu de temps ce que la Providence exigeait de lui. Ne pouvant point reconstruire sur le même plan un édifice écroulé, il profita du moins avec une rare habileté des matériaux qu'il trouva sous sa main. Voyant la Grèce divisée en une certaine quantité de petits souverains qui ne voulaient absolument plus reconnaître la suprématie des Thraces, il leur persuada de se réunir ensemble par une confédération politique et religieuse, et leur offrit un point de ralliement sur le mont Parnasse, dans la ville de Pytho (2), où il donna à l'oracle d'Apollon, qui y était déjà établi, une grande célébrité. La force et

---

(1) C'est ici l'article phénicien *ha*, rendu par l'article grec Ὁ, qu'on a mis devant le mot *Gôpth* pour en faire *ha-Gôpth*, changé ensuite en Αἴγυπτος, *Ægyptus*. Le nom moderne des Coptes prouve cette dérivation. Les noms anciens *Chemi* ou *Mitzrah* expriment également dans deux dialectes différents, la compression ou le resserrement, et font allusion à la position géographique de cette contrée.

(2) C'était l'ancien nom de la ville de Delphes, ainsi

les charmes de son éloquence, réunis aux phénomènes qu'il opéra, soit en prédisant l'avenir, soit en guérissant les maladies, lui gagnèrent tous les esprits, et lui fournirent les moyens d'établir le Conseil des Amphictyons, l'une des plus admirables institutions qui aient honoré l'intelligence humaine.

Rien n'a été plus célèbre dans l'antiquité que ce Conseil, élevé au-dessus des peuples et des rois, pour les juger également. Il s'assemblait au nom de toute la Grèce, deux fois l'année, au printemps et en automne, dans le temple de Cérès, aux Thermopyles, près l'embouchure du fleuve Asope. Les décrets de cet auguste Tribunal devaient être soumis au souverain Pontife, résidant sur le Mont-Sacré, avant d'avoir force de lois; et ce n'était qu'après avoir été approuvés et signés par lui, qu'ils étaient gravés sur des colonnes de marbre, et considérés comme authentiques.

On voit qu'Orphée, ne pouvant plus conserver les formes de la royauté, que les rois eux-mêmes avaient contribué à détruire, conservait du moins celles de la théocratie, afin d'opposer une digue qui pût arrêter les débordements de l'anarchie, que les excès du despotisme et ceux de la démagogie provoquaient également. Ce conseil amphictyonique offrit le premier exemple de la confédération de plu-

---

appelée à cause de la Pythie qui y prononçait l'oracle d'Apollon.

sieurs peuples réunis sous la dénomination d'un seul, celui des Hellènes, et créa une nouveauté politique de la plus grande importance, celle de la représentation nationale, ainsi que son nom l'exprime assez (1). Heureux s'il avait pu s'entourer d'une force assez grande pour empêcher les entreprises turbulentes de quelques cités qui, pour se donner une liberté absolue, en opprimèrent d'autres, et donnèrent naissance à une nouvelle forme d'esclavage légitime, dont j'aurai plus loin occasion de parler (2). Mais le mal déjà conçu dans la pensée de l'homme, et servi par toute la puissance du Destin, était inévitable. Orphée ne pouvait qu'en retarder l'explosion, et préparer de loin le remède qui devait en arrêter les effets.

Je ne m'étendrai pas davantage sur la doctrine d'Orphée; j'en ai assez parlé dans d'autres ouvrages, pour me dispenser de grossir celui-ci par des répétitions inutiles. Il résulte de tout ce que nous ont laissé les Anciens au sujet de cet homme justement admiré, qu'il fut le créateur du système musical des Grecs, et qu'il employa le premier le rhythme illustré par Homère. Si la Grèce a surpassé toutes les

---

(1) Ce nom est composé de deux mots grec Ἀμφὶ et χίος: il signifie proprement ce qui fait une contrée de plusieurs contrées, ou un peuple de plusieurs peuples.

(2) Dans le septième Livre de cet Ouvrage, chapitre III. Je n'ai pas cru devoir interrompre ici le fil historique.

autres nations du Monde dans la culture des beaux-arts ; si elle nous a ouvert la carrière des sciences morales, politiques et philosophiques, c'est à Orphée qu'elle a dû cet avantage. Orphée a produit Pythagore, et c'est à Pythagore que l'Europe a dû Socrate, Platon, Aristote, et leurs nombreux disciples. Il paraît qu'Orphée enseignait comme Krishnen l'Hermaphrodisme divin, et qu'il renfermait les principes cosmogoniques dans une triade sacrée (1). Sa morale était la même que celle du prophète indien ;

---

(1) Aristote nous a conservé, au sujet de l'Hermaphrodisme divin, ce beau vers d'Orphée :

Ζεὺς ἄρσην γένετο, Ζεὺς ἄμβροτος ἔπλετο νύμφη.

Jupiter est l'Époux et l'Épouse immortelle.

Cette doctrine fut reçue de toute la terre ; mais chaque état, en la recevant, se proclama le seul et véritable propriétaire de l'Ombilic, c'est-à-dire du point central dont il était l'emblème. La ville de Delphes disputa cet honneur à celle de Thèbes en Égypte, comme celle-ci l'avait disputé au fameux temple de Shakanadam, et à l'île sacrée de Lankâ.

Quant à la Triade sacrée de Krishnen, *Brahma*, *Vishnou* et *Siva*, il est évident que les idées varièrent beaucoup sur le rang, sur l'emploi, sur le degré de puissance de chacune de ces trois Divinités. Tantôt on vit dans *Vishnou* un fluide aqueux, aërien ou igné ; tantôt on confondit *Brahma* avec la lumière ou l'éther ; et *Siva* avec le feu ou la terre. *Osiris, Orus, Typhon*, chez les Égyptiens ; *Zeus, Dionysos, Aidès*, chez les Grecs ; *Jupiter, Bacchus, Pluton* ou *Véjovis*, chez les Latins, n'ont pas, à beaucoup près, représenté leurs il avait en horreur, comme lui, les sacrifices sanglants. Les tentatives qu'il fit pour substituer les mystères de Bacchus à ceux de Cérès, lui devinrent funestes. Il paraît même que les Ioniens, c'est-à-dire les anciens partisans de la faculté féminine, ayant rassemblé leurs forces contre lui, parvinrent à l'accabler. C'est du moins ce qui résulte de la tradition conservée dans une foule de fables, où l'on raconte qu'Orphée fut déchiré par des femmes furieuses, qui s'opposèrent aux innovations qu'il voulait apporter à leur culte. Quoi qu'il en soit, ses institutions lui survécurent, et ses disciples, appelés *Eumolpides*, c'est-à-dire les Parfaits, illustrèrent long-temps la Grèce.

Le nom d'Orphée, qui signifie le Guérisseur, le Médecin éclairé, indique un titre donné à ce Théocrate, à cause des services qu'il rendit à sa Patrie. Il est vraisemblable que c'était le nom de quelque

---

modèles; ils ont même souvent différé entre eux : mais on a toujours pu reconnaître leur origine commune à travers les variations qu'ils ont éprouvées; et voir que, produits par deux principes opposés, mâle et femelle, ils pouvaient être ramenés à un principe absolu, inaccessible à toute recherche, appelé *Wôdh* ou *Karta*, par les Hindoux; *Kneph* ou *Chnoun*, par les Égyptiens; et *Phanès*, *Faunus*, *Pan*, *Jan*, *Zan*, *Janus* ou *Jaô*, par les Romains et les Grecs. On trouve quelquefois la Trinité indienne représentée par *Saturne*, *Jupiter* et *Mars*. Les trois autels de ces Dieux se voyaient souvent réunis à Rome.

personnage mythologique, peut-être celui d'Esculape, dont la légende fut, par la suite des temps, fondue dans son histoire. Cette remarque s'applique également à Moïse, dont le nom signifie au contraire le Sauvé.

Moïse, élevé à la cour du Pharaon égyptien, initié aux mystères sacrés, passa de bonne heure en Éthiopie, à cause d'un meurtre qu'il avait commis. Ce fut là qu'il connut la tradition primitive des Atlantes sur l'Unité divine, et qu'il retrouva une partie de ces peuplades arabes que les Pasteurs phéniciens avaient chassées de l'Yémen, ainsi que je l'ai déjà raconté. Ces Arabes, issus d'un mélange d'Atlantes et de Celtes bodohnes, avaient toutes sortes de motifs pour détester ces Pasteurs, auxquels ils conservaient le nom de Philistins. Dispersés dans l'Éthiopie comme dans l'Égypte, ils y étaient très malheureux. Moïse avait pris naissance parmi eux. Il était errant, il en fut accueilli. L'infortune les lia. On sait assez comment cet homme divin, appelé par la Providence à de si hautes destinées, fut réduit à garder les troupeaux de Jéthro, dont il épousa la fille Zéphora.

Jéthro était un des prêtres de ces Arabes expatriés, dont j'ai déjà fait mention. On les nommait Hébreux pour la raison que j'ai dite. Jéthro connaissait les traditions de ses ancêtres; il les lui apprit. Peut-être conservait-il quelques livres généthliaques relatifs aux Atlantes; il les lui donna. Le livre des

Générations d'Adam, celui des *Guerres de Ihôa*, celui des *Prophéties*, sont cités par Moïse. Le jeune Théocrate se pénétra de toutes ces choses, et les médita long-temps. Enfin il obtint sa première inspiration étant au désert. Le Dieu de ses pères, qui se nomma lui-même *Ihôa*, l'Être-étant, lui fit entendre sa voix du sein d'un buisson ardent.

Je n'insisterai point sur le sens mystérieux et secret du *Sépher* de Moïse, puisque j'ai dit ailleurs beaucoup de choses à ce sujet (1). Ce que j'ajouterai ici, comme ayant particulièrement trait à la matière que je traite, c'est que Moïse, après avoir rapporté la légende d'*Ælohim*, l'Être des êtres, rapporte ensuite celle de *Noé*, le Repos de la Nature; celle d'*Abraham*, le Père sublime; celle de *Moïse*, le Sauvé, à laquelle il mêle habilement la sienne, laissant à celui qu'il s'est choisi théocratiquement pour lui succéder, à *Josué*, le Sauveur, le soin d'achever son ouvrage. En sorte que les origines qu'il paraît donner à son peuple, et qu'il se donne à lui-même, par la manière dont il lie ces légendes à son histoire propre, sont purement allégoriques, s'attachent à des objets cosmogoniques infiniment plus importants, et remontent à des époques infiniment plus reculées.

Telle était la méthode que suivaient les anciens Sages, et telle fut celle de Moïse. Le Sépher de cet

---

(1) Dans mon ouvrage sur la *Langue hébraïque restituée*.

homme extraordinaire, parvenu tout entier jusqu'à nous à la faveur du triple voile dont il l'a couvert, nous a porté la tradition la plus ancienne qui existe aujourd'hui sur la terre. Elle atteint non seulement l'époque des Atlantes primitifs, mais s'élevant au-delà de la catastrophe dont ils furent les victimes, s'élance à travers l'immensité des siècles jusqu'aux premiers principes des choses, qu'elle énarre sous la forme d'un Décret divin, émané de l'éternelle Sagesse.

Les Hébreux n'étaient point un reste des Pasteurs phéniciens, comme l'ont cru quelques écrivains, puisque ces Pasteurs n'avaient pas de plus mortels ennemis. Ce peuple était le résultat d'un premier mélange, fait en Arabie, entre le sang sudéen et le boréen. Leur opposition à la doctrine ionienne les contraignit d'abord d'abandonner leur patrie. Persécutés en Égypte et en Abyssinie, ils y devinrent intolérants eux-mêmes. La Doctrine de Krishnen les ayant trouvés ensuite aussi réfractaires que celle d'Irshou, on les considéra comme des hommes insociables, dont on ne pouvait fléchir le caractère opiniâtre, et on les relégua dans les déserts, comme des sortes de Parias impurs (1). Ce fut là que les trouva Moïse, et que, les ayant saisis dans leurs

---

(1) Les *Parias* constituent, aux Indes, une caste d'hommes réprouvés, auxquels il est interdit de vivre dans la société des autres hommes.

propres idées, il les conduisit à la conquête de la Palestine, à travers une foule d'obstacles que son Génie surmonta. Ce peuple, que Moïse appelle un peuple de col roide, fut celui que la Providence choisit pour lui confier le dépôt sacré dont j'ai parlé. Ce dépôt, dont les Hébreux ont rarement connu le vrai mérite, a traversé intact le torrent des âges, a bravé l'effort de l'onde, et du feu, et du fer; grâce aux mains ignorantes, mais robustes, qui le gardaient.

Les noms d'Orphée et de Moïse sont, comme je l'ai énoncé, plutôt des titres résultants de leur doctrine, que des noms propres. D'autres hommes ont pu les porter avant eux, et c'est ce qui a jeté quelque confusion dans leur histoire. Quant à Foë, surnommé aussi *Boudha* ou *Shakya*, on connaît son nom originel, comme on connaissait celui de Krishnen. J'ai dit que ce dernier s'appelait *Gopálla*. Le nom propre de Foë était *Sougot*. Il ne prit celui de Foë qu'après sa vocation. Voici comment les Hindoux racontent sa première inspiration. Le jeune Sougot, disent-ils, tandis qu'il était retiré sur la montagne Solitaire, où il s'était réfugié pour éviter la colère de son père qui voulait le marier, considérant un jour l'étoile du matin, tomba dans une sorte d'extase, pendant laquelle le ciel s'ouvrit à ses yeux. Il vit alors l'essence du premier Principe. Des mystères ineffables lui furent révélés. Revenu de l'étonnement où l'avait jeté cette vision, il prit le nom de *Foë*, le Père vivant, et commença à poser les premiers fondements de son culte. On le surnomma par la suite *Boudha*, la Sagesse éternelle, et *Shakya*, l'Être toujours existant.

Les points essentiels de sa doctrine se réduisent aux suivants : les ames des hommes et des animaux sont de la même essence ; elles ne diffèrent entre elles que selon le corps qu'elles animent, et sont également immortelles. Les ames humaines, seules libres, sont récompensées ou punies, suivant leurs bonnes ou leurs mauvaises actions.

Le lieu où les ames vertueuses jouissent des plaisirs éternels est gouverné par Amida, le principe du Bien, qui règle les rangs selon la sainteté des hommes. Chaque habitant de ce lieu fortuné, dans quelque degré qu'il soit placé, se fait une douce illusion de penser que son partage est le meilleur, et qu'il n'a point à envier la félicité des autres. Tous les péchés y sont effacés par la miséricorde et la médiation d'Amida. Les femmes et les hommes ne diffèrent plus. Les deux sexes jouissent des mêmes avantages, selon la doctrine de Krishnen.

Le lieu réservé à la punition des méchants ne renferme point de peines éternelles. Les ames coupables n'y sont tourmentées que relativement aux crimes qu'elles ont commis, et leurs tourments sont plus ou moins longs, selon l'intensité des crimes. Elles peuvent même recevoir quelque soulagement par les prières et les bonnes œuvres de leurs parents et de leurs amis ; et le miséricordieux Amida peut fléchir en leur faveur *Yama*, le Génie du mal, suprême monarque des enfers. Lorsque ces ames ont expié leurs crimes, elles sont renvoyées sur la terre pour passer dans les corps des animaux immondes, dont les inclinations s'accordent avec leurs anciens vices. Leur transmigration se fait ensuite des plus vils animaux aux plus nobles, jusqu'à ce qu'elles soient dignes, après une entière purification, de rentrer dans des corps humains : alors elles parcourent la même carrière qu'elles ont déjà parcourue, et subissent les mêmes épreuves. (1)

Le culte de Foë, qui n'est qu'une sorte de corol-

---

(1) C'est pour s'épargner ces épreuves réitérées que les sectateurs de Foë, résolus à ne plus revivre sur la terre, ont outré les préceptes moraux de leur Prophète, et, par un esprit de pénitence, porté l'abnégation de soi à un excès presque incroyable. Il n'est pas rare aujourd'hui même, après plus de trois mille ans d'existence, de voir des fanatiques de ce culte, si tolérant et si doux, devenir leurs propres bourreaux, et se dévouer à une mort plus ou moins douloureuse ou violente : les uns se précipitent dans l'eau, une pierre au cou ; les autres s'ensevelissent vivants ; ceux-ci vont se sacrifier à la bouche des volcans ; ceux-là s'exposent à une mort plus lente sur des rochers arides et brûlés par le soleil ; les moins fervents se condamnent à recevoir, au cœur de l'hiver, sur leur corps entièrement nu, cent cruches d'eau glacée ; ils se prosternent contre terre mille fois par jour, en frappant à chaque fois le pavé de leur front ; ils entreprennent nu-pieds des voyages périlleux sur des cailloux aigus, parmi des ronces, dans des

laire de celui de Ram, s'y est facilement amalgamé. Presque tous les Lamas sont aujourd'hui Boudhistes; de sorte qu'on peut admettre, sans erreur, que c'est un des cultes les plus répandus sur la face de notre hémisphère. Le système de la métempsycose en est né, et tous ceux qui l'ont reçu de Pythagore n'ont fait que suivre les idées de Foë.

---

routes semées de précipices; ils se font suspendre dans des balances sur des abimes affreux. Il n'est pas rare de voir dans les solennités publiques une multitude de ces dévots Boudhistes se faire écraser sous les roues des chariots ou sous les pieds des chevaux. Ainsi les extrêmes se touchent. L'impitoyable Thor et le doux et favorable Amida ont eu également leurs victimes dévouées : tant il est difficile de rencontrer ce juste milieu où résident seulement la Vérité, la Sagesse et la Vertu!

CHAPITRE XI.

Quel était le but de la mission d'Orphée, de Moïse et de Foë. Mouvement politique et moral du Monde, pendant l'espace d'environ mille ans. Apparition de Pythagore et de plusieurs autres Grands hommes.

Ainsi la Providence, dans son intarissable bonté, ne pouvant point empêcher la dissolution de l'Empire universel qu'elle avait élevé par les mains de Ram, voulait du moins en adoucir les suites, et conserver dans ses principaux fragments autant de force et d'harmonie qu'il était possible, afin de pouvoir les employer plus tard, pour l'érection d'un nouvel édifice, plus grand encore et plus beau que le premier, lorsque les temps marqués pour cela seraient arrivés.

Voilà les raisons qui avaient déterminé la mission d'Orphée, de Moïse et de Foë. Ces trois hommes, très dissemblables entre eux, étaient appropriés avec une admirable sagacité aux Peuples et aux circonstances qui les demandaient. Ces circonstances étaient telles, que les trois grandes puissances qui régissent l'Univers, ayant réuni leur action pendant un long espace de temps dans l'empire de Ram, à présent la séparaient; mais de manière que le Destin restant presque uniquement maître en Asie et en Afrique, tandis que la Volonté de l'homme s'apprêtait à dominer toute l'Europe, la Providence, obligée de se retirer, ne pouvait conserver, par-ci par-là, que quelques points circonscrits et cachés dans l'ombre. Orphée, destiné à contenir les emportements de la Volonté, la saisissait par l'imagination, et, lui offrant la coupe enchanteresse de la volupté, l'amenait par le prestige des beaux-arts, par les charmes de la poésie et de la musique, par l'éclat et la majesté des cérémonies, à venir puiser dans ses mystères des leçons de morale, et des connaissances universelles, qu'on ne pouvait plus abandonner à la multitude qui les aurait profanées. Puisque le lien de la politique devait se relâcher, il fallait que celui de la religion et de la philosophie se resserrât proportionnellement.

D'un autre côté, Foë, dont l'influence intellectuelle devait s'opposer à ce que la fatalité du Destin avait de plus rigide, offrait les dédommagements d'une vie future ; montrait que l'action de cette puissance, en apparence si terrible, se renfermait dans des bornes fort étroites ; et que la Volonté de l'homme, en s'y soumettant dans le cours d'une vie passagère, pouvait lui échapper pour l'éternité. Il faisait voir, d'ailleurs, que les hommes les plus favorisés par cette puissance étaient toujours les plus exposés, et que l'éclat et la pompe de ses présents cachaient des dangers d'autant plus grands, que leurs possesseurs étaient plus disposés à en abuser. Comme c'était en Asie que le despotisme absolu s'établissait, parce que les rois, non contents de se soustraire partout à la domination sacerdotale, avaient encore usurpé la puissance des souverains Pontifes; il fallait adoucir, autant qu'il était possible, le joug qu'ils faisaient peser sur la masse du Peuple, et montrer en même temps à ces monarques imprudents la situation périlleuse dans laquelle ils s'étaient placés.

Quant à Moïse, sa mission s'était bornée à conserver les principes cosmogoniques de tous les genres, et à renfermer comme dans une arche sainte, les germes de toutes les futures institutions. Le Peuple auquel il confia la garde de cette arche, était un peuple grossier, mais robuste, dont sa législation exclusive augmenta encore la force. Les formes de son gouvernement n'importaient pas; il suffisait, pour que les vues de la Providence fussent remplies, que sa fusion dans aucun autre gouvernement ne pût avoir lieu.

Si l'on a bien compris ce que je viens de dire, on doit sentir combien cette époque de l'État social était importante. Trois Principes long-temps confondus dans l'Unité, donnaient, en se divisant, naissance à trois formes de gouvernement entièrement nouvelles. En Asie, la masse du Peuple soumise à l'individu, subissait le despotisme sous les lois du Destin; en Europe, l'individu soumis à la masse, fléchissait sous la démocratie, et suivait l'impulsion de la Volonté de l'homme ; en Arabie, en Égypte, en Éthiopie, et surtout en Palestine, une sorte de puissance intellectuelle, dénuée de force et de moyens apparents, gouvernait invisiblement des Peuples indifféremment en proie à toutes les formes de gouvernement, fluctuant entre mille visions et mille opinions diverses, et changeant au gré de ses caprices les plus sublimes vérités en des superstitions et des pratiques puériles.

Depuis la guerre civile qui s'était élevée en Égypte, entre Armessès et Ramessès, surnommés *Dónth* et *Gópth*, ou *Danaüs* et *Egyptus*, et dont le résultat avait été l'expatriation de Danaüs, et le passage en Grèce d'un grand nombre de colonies égyptiennes, cette contrée avait perdu une grande partie de sa force ; en sorte qu'après le faible règne du second Aménophis, elle tomba sous la domination des Étrusques. Nous savons, par un fragment très curieux de Manéthon, que le fameux Séthos n'était point Égyptien d'origine, puisqu'il ne porta pas sur le trône le titre de Pharaon, mais bien celui de Larthe, qui était le titre que prenaient les souverains d'Étrurie. La dynastie de ce Séthos, qui régna sur l'Égypte, et qui fit la conquête momentanée de l'Arabie et de l'Inde, fournit six Larthes, dont le dernier, appelé *Thuoris*, mourut l'année même de la prise de Troie par les Grecs.

Après quelques dissensions intestines, les Égyptiens parvinrent pourtant à reprendre leur influence, mais ils en furent bientôt dépouillés par les Lydiens qui s'emparèrent de l'empire des mers. Ces Lydiens devinrent pendant quelque temps ce qu'avaient été le Phéniciens dont ils étaient issus ; mais dans la situation des choses, rien ne pouvait durer. Au bout de quelques siècles, c'étaient les Rhodiens qui les avaient remplacés.

Les mêmes révolutions qui se succédaient à Memphis et à Sardes, se succédaient aussi à Babylone. L'Empire des Assyriens, autrefois si florissant, était devenu si foible, que Teutamos, qui prenait encore le titre de Roi des rois, ne peut point défendre Priam contre les Grecs, quoique ce monarque eût imploré son assistance, selon ce que rapporte Diodore. Le siége de Troie fut célèbre dans l'antiquité, précisément à cause de cela. Il parut étonnant que quelques faibles Peuplades, à peine échappées au joug des Thraces, osassent assiéger une ville royale, placée sur la protection du Roi des rois, sans que Ninive ni Babylone, presque à la vue desquelles elle se trouvait, pussent s'opposer à son embrasement. Aussi cet exploit enfla-t-il singulièrement l'orgueil de ces hommes dont la doctrine d'Orphée avait déjà exalté l'imagination. On les vit, poussant leurs entreprises militaires, posséder en peu de siècles toutes les îles de l'Archipel (1), et couvrir de leurs colo-

---

(1) Ce mot est remarquable ; il est un abrégé du grec

nies le littoral presque entier de l'Asie-Mineure. Ce fut à cette époque que Rhodes devint célèbre par son commerce maritime, et qu'Homère parut. (1)

Alors un ébranlement général eut lieu dans toute l'Europe. La Volonté de l'homme, s'élevant au-dessus de la Providence et du Destin, prétendit dominer et domina par la multitude. Toutes les lignes de démarcation disparurent. On ne distingua plus parmi les

---

Ἀρχιπέλαγος, qui signifie exactement ce qui domine sur la mer Noire. Ceci corrobore ce que j'ai dit ci-devant, que toute la mer Méditerranée portait autrefois le nom de *Pélaghe*, ou mer Noire, à cause des *Pélasques*, ou Peuples noirs, qui la possédaient.

(1) Certains écrivains, peu judicieux, représentent quelquefois cette époque comme l'aurore de la civilisation, tandis qu'elle en était, au contraire, le déclin. Ils ne font pas attention que la langue grecque était déjà parvenue au plus haut point de perfection; que d'abord les Lydiens et ensuite les Rhodiens avaient acquis, par le commerce, des richesses immenses; que les arts avaient fait de tels progrès qu'on avait pu modeler, fondre et élever le colosse de Rhodes, cette énorme statue de bronze, représentant Apollon, placée à l'entrée du port, de manière à ce que chacun de ses pieds portant sur l'un des môles avancés, un vaisseau voguant à pleines voiles pût passer entre ses jambes : ce qui annonçait dans les sciences exactes, physiques et mécaniques, des moyens que nous n'avons pas encore renouvelés. On croit généralement qu'Homère a peint les mœurs de son siècle; mais on se trompe. Ce poëte a retracé les mœurs imaginaires des temps antiques telles que son génie les lui représentait.

Peuples que des hommes libres et des esclaves, selon qu'ils furent vainqueurs ou vaincus. On eût dit que la Race humaine, emportée par un mouvement rétrograde, revenait à l'enfance de la société, et ne reconnaissait plus pour toute autorité que la force.

Dans Athènes, un oracle dicté par cette Volonté dominatrice, force Codrus, son dernier roi, à se dévouer à la mort. A Lacédémone, Lycurgue, également entraîné par l'opinion démocratique, abdique la royauté, et forme le projet hardi de régulariser ce mouvement anarchique, en faisant de Sparte un couvent de soldats. Corinthe chasse ses rois. Partout la puissance royale est détruite. Les rois qui résistent au torrent, ou ceux qui, après avoir été renversés, parviennent à ressaisir l'autorité, obligés d'employer une force extraordinaire pour la conserver, sont appelés *tyrans*, et assimilés aux vice-rois despotiques, que, durant la puissance des Phéniciens, Tyr envoyait au loin pour gouverner ses colonies. La Grèce entière se hérisse de Républiques. Cette forme de Gouvernement passe des îles de l'Archipel sur la partie de l'Asie possédée par les Grecs, et s'y propage. Les Phéniciens, eux-mêmes, profitant de la faiblesse des Assyriens et des Égyptiens, qui les tenaient asservis, secouent le joug, et forment plusieurs États indépendants dont l'Arabie ressent l'influence. Deux tribus puissantes, celle des Hémyarites et celle de Caraïshites, se divisent d'opinion. La première, qui veut conserver les formes monarchiques, est attaquée par l'autre, qui cède au mouvement populaire. Il s'ensuit de violents combats, durant lesquels les deux tribus souffrent également. La tribu des Hémyarites ayant triomphé momentanément, un de leurs rois se crut assez fort pour faire une incursion en Perse, et y fonda la ville de Samarcand, sur les ruines de celle de Soghd, capitale de l'ancienne Soghdiane.

Au milieu de ces troubles, les Grecs, devenus de plus en plus nombreux et formidables, envoyaient partout des colonies. Milet, dans l'Asie-Mineure; Mytilène, dans l'île de Lesbos; Samos, dans l'île de ce nom; Cumes, en Italie, s'élèvent sous leur domination. Carthage, sur les côtes d'Afrique, reçoit un nouveau lustre par les soins des Tyriens. La ville de Syracuse est fondée en Sicile, et peu de temps après Rome commence à paraître sur la scène du Monde.

Cependant l'Empire des Assyriens se démembrait. Un préfet de Médie, nommé *Arbace*, secondé d'un prêtre babylonien, nommé *Bélésis*, se révolte contre Sardanapale, dernier roi d'Assyrie, et le contraint à mettre le feu à son palais, dans Ninive, et à s'y brûler avec ses femmes et ses trésors. Peu de temps après, un roi de Babylone, nommé *Nabon-Assar*, rempli d'un orgueil fanatique, irrité des éloges qu'il entendait donner à ses prédécesseurs, s'imagine qu'il suffit de faire disparaître ces exemples importuns pour remplir l'Univers de son nom. Il ordonne, en conséquence, qu'on efface toutes les inscriptions, qu'on brise toutes les tables d'airain, et qu'on brûle les bibliothèques. Il veut que l'époque de son avénement au trône soit celle où se rattachent tous les souvenirs. (1)

Ainsi depuis que l'Unité n'était plus dans les choses, c'est-à-dire depuis que la Volonté de l'homme, affaiblie d'une part, ou livrée de l'autre

---

(1) Cette ère de destruction date de l'an 747 avant Jésus-Christ. On assure qu'une semblable idée vint aux Romains après l'établissement de la République, et que les Consuls firent secrètement détruire les Livres de Numa, et tout ce qui pouvait rappeler l'ancienne domination des Étrusques sur eux. Il paraît également certain que les monuments des Thraces et des Vasques ont eu le même sort que ceux des Chaldéens et des Étrusques. Le souvenir d'un pareil événement s'est perpétué aux Indes. On sait assez qu'il eut lieu en Chine, et que l'empereur *Tsin-ché-hoang* alla encore plus loin que Nabon-Assar, en défendant, sous peine de mort, de garder aucun monument littéraire antérieur à son règne. A une époque beaucoup plus rapprochée de nous, Omar, le plus fougueux et le plus ignorant des disciples de Mahomed, fit brûler la fameuse bibliothèque d'Alexandrie. Avant lui, plusieurs Papes chrétiens, non moins intolérants, avaient fait détruire un grand nombre de monuments antiques. Les Archives du Mexique et celles du Pérou ont disparu pour satisfaire le zèle fanatique d'un Évêque espagnol. Ainsi d'un bout à l'autre de la terre, l'orgueil et l'ignorance se sont ligués pour étouffer la voix de l'Antiquité, et priver les hommes de leur propre histoire. On pourrait éviter ces événements désastreux en les prévenant.

à une effervescence désordonnée, ne liait plus la Providence au Destin, les choses telles qu'elles fussent, bonnes ou mauvaises, n'avaient qu'une existence précaire, et paraissaient dans une fluctuation continuelle. Si, au milieu des ténèbres qui gagnaient de plus en plus, quelques lueurs brillantes se montraient par intervalle, semblables à des météores, elles disparaissaient avec la même rapidité. La tendance générale, quoique imprimée par deux causes opposées, le despotisme d'un seul ou celui de la multitude, était vers l'extinction des lumières. Tout penchait vers sa décadence. Les Empires et les Républiques portaient également dans leur sein des germes de destruction, qui ne tardaient pas à se développer. Les lumières, insensiblement affaiblies, s'éteignaient; les souvenirs s'effaçaient dans les esprits; l'histoire allégorique mal comprise, et la mythologie défigurée, se matérialisaient pour ainsi dire, en passant du moral au physique. Les voiles, précurseurs d'une obscurité de plus en plus profonde, se déployaient sur le monde intellectuel. La corruption faisait des progrès effrayants dans toutes les classes de la société. Du haut des trônes de l'Asie, qu'elle avait d'abord envahis, elle se glissait dans les sanctuaires; et si les Républiques européennes pouvaient s'y soustraire, à leur origine, ce n'était que par un effort violent, qui, venant bientôt à se lasser, les laissait tomber dans une dissolution encore plus profonde.

La Providence, ne pouvant point suspendre entièrement le mouvement désorganisateur, en ralentissait du moins le cours, et préparait des moyens de salut pour l'avenir. Dans l'espace de quelques siècles, elle suscita une foule d'hommes extraordinaires, qui, inspirés par elle, et doués de talents différents, élevèrent des digues contre ce débordement de vices et d'erreurs, et présentèrent des asiles à la Vérité et à la Vertu. Alors parurent, à peu de distance les uns des autres, le dernier des Boudhas aux Indes, Sin-Mou au Japon, Lao-tzée et Kong-tzée en Chine, le dernier des Zoroastres en Perse, Esdras parmi les Juifs, Lycurgue à Sparte, Numa en Italie, et Pythagore pour toute la Grèce. Tous tendirent au même but, quoique par des chemins opposés.

A l'époque où Pythagore parut, riche de toutes les lumières de l'Afrique et de l'Asie, environ neuf siècles après Orphée, il y trouva le souvenir de ce Théosophe presque effacé de la mémoire des hommes, et ses institutions les plus belles ou méconnues ou rapportées à des origines fantastiques. Le misérable orgueil de passer pour autochtones, et de s'élever au-dessus des autres nations, en niant leurs bienfaits, faisait débiter aux Grecs mille extravagances, dont celles que j'ai déjà rapportées ne sont que la moindre partie. Profitant d'une certaine analogie qui se trouvait entre les noms de leurs villes et ceux des villes de la Phénicie ou de l'Égypte, analogie qui prouvait leur origine, ils faisaient naître dans la Thèbes béotienne le Souverain Universel, Hercule, sans s'inquiéter si mille autres lieux ne réclamaient pas cet insigne honneur. Pour eux le Menou des Indiens devenait le Minos de l'île de Crète, et le Scander aux deux cornes, le fils de Sémélé. Ils assuraient que Persée, fils de Danaé, avait été le législateur des Perses. Ils attribuèrent la découverte du fer aux Dactyles, l'invention de la charrue à Cérès, celle des chars à Erichthonius, et forgeaient une infinité de fables de cette espèce, plus absurdes les unes que les autres (1). Le Peuple devenu souverain, qui y croyait, commandait arrogamment aux plus fortes têtes d'y

---

(1) J'ai sous les yeux un gros Livre qui traite de la *Science de l'Histoire*, où la chronologie, fondée sur celle d'Ussérius, est présentée dans une série de nombreux tableaux. On y voit entre autres choses, que Prométhée enseigna aux hommes l'usage du feu l'an 1687 avant Jésus-Christ; que Cadmus montra aux Grecs l'art d'écrire l'an 1493; qu'un heureux hasard procura aux Dactyles la découverte du fer l'an 1406; que Cérès donna l'usage de la charrue l'an 1385; et tout cela plusieurs siècles après la fondation des royaumes de Sicyone et d'Argos, tandis que Phoronée avait déjà donné un code de lois aux Argiens; que Sparte avait été bâtie; qu'on avait frappé des monnaies d'or dans Athènes; et que Sémiramis avait étonné le Monde par les magnifiques Jardins qu'elle avait fait construire dans Babylone. Certes, c'est quelque chose d'admirable que des royaumes sans charrues, des codes de lois sans lettres, de la monnaie d'or sans feu, et des villes bâties sans fer!

croire. Les mystères établis pour faire connaître la vérité, ouverts à un trop grand nombre d'initiés, perdaient leur influence. Les Hiérophantes, intimidés ou corrompus, se taisaient ou consacraient le mensonge. Il fallait nécessairement que la vérité se perdît tout-à-fait, ou qu'il se trouvât une autre manière de la conserver. Pythagore fut l'homme auquel cette manière fut révélée. Il fit pour la science ce que Lycurgue avait fait pour la liberté. Ne pouvant point arrêter le torrent, il y céda, mais pour s'en emparer et le maîtriser.

Lycurgue, comme législateur, avait institué sur un seul point de la Grèce une sorte de congrégation guerrière, mélange singulier de despotisme et de démocratie, en apparence consacrée à la liberté, mais destinée au fond à comprimer les excès de tous les genres. Cette formidable institution, contre laquelle vint se briser le despotisme persan, renversa l'orgueil anarchique des Athéniens, et prépara les triomphes d'Alexandre. Pythagore, comme philosophe, institua une sorte de congrégation sacrée, assemblée secrète d'hommes sages et religieux, qui, se répandant en Europe, en Asie, et même en Afrique, y lutta contre l'ignorance et l'impiété, qui tendaient à devenir universelles. Les services qu'il rendit à l'humanité furent immenses. La secte qu'il créa, et qui aujourd'hui n'est pas entièrement éteinte (1),

---

(1) Il existe encore quelques formes et quelques pré-

en traversant, comme un sillon de lumière, les ténèbres amoncelées sur nous par l'irruption des barbares, la chute de l'Empire romain, et l'érection nécessaire d'un culte sévère et lugubre, a rendu la restauration des sciences mille fois plus facile qu'elle n'eût été sans elle, et nous a épargné plusieurs siècles de travaux. C'est elle qui a poussé en avant toutes les sciences physiques, qui a ranimé la chimie, débarrassé l'astronomie des préjugés ridicules qui arrêtaient sa marche, conservé les principes de la musique, appris à connaître l'importance des nombres, celle de la géométrie et des mathématiques, et donné des points d'appui à l'histoire naturelle. Elle a également influé sur le développement des sciences morales, mais avec moins de succès, à cause des obstacles qu'elle a rencontrés dans la métaphysique des écoles. J'ai assez parlé de cet homme admirable, dans plusieurs autres de mes ouvrages (1), pour devoir borner ici l'énumération de ses bienfaits.

---

ceptes parmi les Francs-maçons, qui en ont hérité des Templiers. Ces derniers les avaient reçus en Asie, à l'époque des premières Croisades, d'un reste de Manichéens qu'ils y trouvèrent. Les Manichéens les tenaient des Gnostiques, et ceux-ci les avaient puisés à l'École d'Alexandrie, où les Pythagoriciens, les Esséniens et les Mythriaques s'étaient fondus ensemble.

(1) Particulièrement dans mes Examens sur les *Vers dorés*.

CHAPITRE XII.

Récapitulation.

J'ai montré dans ce Livre, d'une vaste étendue, l'Intelligence humaine parvenue à son plus haut développement, revêtue de tout l'éclat que donne le génie, telle que l'astre du jour, arrivé au solstice d'été, demeurant comme en suspens au sommet de sa carrière, et n'abandonnant qu'à regret cette sublime station pour descendre d'abord lentement vers le point inférieur d'où elle était partie.

J'ai dit quel avait été le dernier Empire universel, et je pense avoir assez fait entendre qu'un pareil Empire ne pouvait être que théocratique. Il ne peut y avoir rien d'universel, rien de durable, rien de véritablement grand, là où la force divine n'est pas ; c'est-à-dire là où la Providence n'est pas reconnue.

Mais comme tout ce qui a commencé doit finir, j'ai tâché d'expliquer par suite de quelles lois éternelles cet Empire universel, après avoir brillé d'un long éclat, avait dû pencher vers son déclin, et perdre peu à peu son unité constitutive. On a vu quelle avait été la cause de sa première division ; et je crois avoir dit à ce sujet des choses aujourd'hui peu connues. Si le lecteur a remarqué l'origine que je donne à une foule de choses, j'espère qu'il aura éprouvé quelque satisfaction de voir avec quelle fécondité se sont développés les principes simples posés d'abord dans le premier Livre. Si, dès le commencement de cet Ouvrage, il a considéré seulement comme des hypothèses les événements que j'ai racontés, il aura dû convenir, du moins, qu'il était difficile d'en trouver de plus analogues à ceux qui devaient suivre. Au point où nous en sommes parvenus, il y a long-temps que l'histoire positive a commencé; et je ne sais trop quelle serait la main assez hardie pour oser poser la ligne de démarcation. Dans une chaîne où tous les chaînons se lient, lequel faudra-t-il regarder comme premier? Si la moitié de cette chaîne a été long-temps cachée dans l'obscurité, est-ce une raison pour en nier l'existence? Si, lorsque je la montre en l'éclairant, on dit que je la crée, qu'on prenne un autre flambeau, et qu'on me fasse voir, en la frappant d'une clarté plus vive, ou qu'elle n'existe pas, ou qu'elle existe autrement.

FIN DU TOME PREMIER.